¿Se Habla Dinero?

THE EVERYDAY GUIDE
TO FINANCIAL SUCCESS

LA GUÍA DIARIA PARA
EL ÉXITO FINANCIERO

Lynn Jimenez

**Traducción revisada por
Ana Rita García
Translation Editor**

BICENTENNIAL
1807
WILEY
2007
BICENTENNIAL

Published by John Wiley & Sons, Inc., Hoboken, New Jersey.
Published simultaneously in Canada.

Wiley Bicentennial Logo: Richard J. Pacifico

For general information on our other products and services or for technical support,
please contact our Customer Care Department within the United States at (800) 762-
2974, outside the United States at (317) 572-3993 or fax (317) 572-4002.

Wiley also publishes its books in a variety of electronic formats. Some content that
appears in print may not be available in electronic formats. For more information
about Wiley products, visit our Web site at www.wiley.com.

Library of Congress Cataloging-in-Publication Data:

Jimenez, Lynn.
    Se habla dinero? : the everyday guide to financial success / Lynn Jimenez.
        p. cm.
    Includes index.
    ISBN 978-0-470-07480-0 (pbk.)
    1. Latin Americans—United States—Finance, Personal. 2. Hispanic
Americans—Finance, Personal.   I. Title.
    HG179.J47   2008
    332.0240089 ' 68073—dc22

                                                          2007023233

Printed in the United States of America
10 9 8 7 6 5 4 3 2 1

¿Se Habla Dinero?

Contenidos

Contents

Agradecimientos

Todo lo que hay de bueno en este libro se lo debo a mi familia, a mis amigos, a las distintas fuentes de información y a los profesionales de la editorial. Asumo la responsabilidad de cualquier error que en él se pueda encontrar.

Me gustaría agradecer a todos aquellos que abrazaron la idea de este libro desde el comienzo y a quienes me dieron su apoyo incondicional. Quiero dar las gracias especialmente a Tina Frank, que produjo la chispa de este proyecto. A Jillian Manus, Elaine Petrocelli, Valerie Geller, Liliana Salas Grip, Judy Grant, Ray y Ann Brown, Jan Sluizer, María Hardman, Carole Rehbock, Jeannette Boudreau y a mi musa, Margarita Dorado, gracias por su estímulo y sugerencias valiosas.

Mi profunda gratitud se dirige a todos aquellos que me dieron su apoyo y su experiencia. La sabiduría de Leslie Keenan sobre el mundo editorial me mantuvieron con cordura y concentrada. Penny Nelson gentilmente y con buen humor me sacó de la cueva sana y salva. Ana Rita García añadió calor y brillo a este proyecto. Y a mi hermana, Denise Jiménez Adams, gracias por ser una maga del mercado y de la Web.

Le debo una inmensa deuda a aquellos que compartieron su conocimiento conmigo: Jesse Weller, Scott Hauge, doctora Sandra Hernández, Viola Gonzalez, William Wolverton, Marco Vinicio Vides, Roger Rubin, Carmen Domínguez y Randy Gridley; a Michael Powell, por su vital ayuda y a Vivian Montes de Oca, por el borrador de la traducción. Gracias a Stacey Small por su amable atención y entusiasmo. Mis humildes gracias a Debra Englander, cuya fe en este proyecto me aseguró que serviría a aquellos para quienes fue escrito.

A mis padres, Frank y Betty Jiménez, que nos enseñaron con su ejemplo y nos dieron el amor y la disciplina que necesitamos para desarrollar el carácter. Muchas de sus lecciones están contenidas en este libro.

Finalmente, a mi querido y paciente esposo, John Catchings, quien creyó que podía lograrlo y sufrió en silencio la ausencia de ricas cenas hogareñas y mis atenciones especiales, desaparecidas entre las páginas de este libro: Gracias. Te amo.

Acknowledgments

All that is good about this book I owe to my family, friends, sources, and publishing professionals. All that may be wrong with it is my responsibility.

I would like to gratefully acknowledge those who embraced the idea of this book from the outset and whose support never wavered. Besides my husband, I offer a special thanks to Tina Frank, who provided the spark that put the project on the road to reality. To Jillian Manus, Elaine Petrocelli, Valerie Geller, Liliana Salas Grip, Judy Grant, Ray and Ann Brown, Jan Sluizer, Maria Hardman, Carole Rehbock, Jeannette Boudreau, and my muse, Margarita Dorado, thank you for your encouragement, kindness, and valuable suggestions.

My deep gratitude goes to those who not only gave their support, but also their expertise. Leslie Keenan's wisdom and revelations about the world of publishing kept me sane and focused. Penny Nelson gently and with good humor brought me safely out of the cave. Ana Garcia's expert eye and ear added warmth and polish to this project. And to my sister, Denise Jimenez Adams, thank you for sharing your skills as a Web and marketing whiz.

I owe a huge debt to those who shared their knowledge: Jesse Weller, Scott Hauge, Dr. Sandra Hernandez, Viola Gonzales, William Wolverton, Marco Vinicio Vides, Roger Rubin, Carmen Dominguez, and Randy Gridley; to Michael Powell for vital assistance at a key moment; and to Vivian Montes de Oca for the draft translation. Thanks to Stacey Small for your kind attention and enthusiasm. And my humble thanks and respect to Debra Englander, whose faith in this project ensured it would serve those for whom it was written.

My parents Frank and Betty Jimenez taught us through example and gave us the love and discipline we needed to develop character. Many of their lessons are contained in this book.

Finally, to my dear, patient husband, John Catchings, who believed I could do this, and who suffered in silence when homemade dinners and little extras disappeared into the pages of this book: Thank you. I love you.

Introducción: Saber es poder

Si está leyendo este libro, significa que está listo para beneficiarse de las muchas oportunidades disponibles que existen para mejorar su éxito económico. Significa que tiene suficiente valor y juicio para comprender que no sabe todo sobre el dinero, al menos, por ahora. Significa que desea que sus hijos tengan recursos económicos sólidos.

¿Se habla dinero? lo ayudará a encontrar la vía a través del sistema estadounidense, para administrar, ahorrar, pedir prestado e invertir dinero sin tener miedo, avergonzarse o ser engañado. El Dinero tiene su propio lenguaje, su propio vocabulario, su propio código de palabras. Es fundamental que comprenda el lenguaje del dinero, cualquiera que sea el idioma que usted hable.

Tanto si está abriendo un pequeño negocio, comprando una casa o simplemente tratando de mejorar su nivel de vida, este libro lo ayudará a beneficiarse de lo que ya conoce, a descubrir lo que no sabe y a obtener éxito económico.

No se engañe. Usted y aproximadamente otros 42 millones de latinos que viven en Estados Unidos pueden prosperar. Los hispanos son el grupo minoritario más grande de la nación y son buenos trabajadores. Los bancos, las compañías de crédito y otros negocios en Estados Unidos lo saben, y anuncian sus servicios en español porque quieren expandirse e incluir a las grandes poblaciones latinas. Por eso están comprando o creando productos hechos a nuestra medida.

De hecho, nos estamos moviendo a paso acelerado hacia la clase media estadounidense. La porción de crecimiento más rápido en el mercado latino se encuentra entre las familias con ingresos anuales de 50.000 dólares o más. *¿Se habla dinero?* es una guía de consulta útil y rápida para una familia que está ascendiendo en la escala socioeconómica.

Más importante aun, puede utilizar este libro para ayudar a sus hijos a administrar mejor el dinero y sobrevivir económicamente. Está diseñado para estimular las conversaciones sobre el dinero entre

Introduction: Knowledge Is Power

If you are reading this book, it means you are ready to take advantage of the many opportunities available to improve your chances for financial success. It means you are courageous enough and wise enough to know you don't understand everything about money—yet. It means you want your children to have a solid financial foundation.

¿Se Habla Dinero? is here to help you find your way through the American system of using, saving, borrowing, and investing money without having to fear being embarrassed or cheated. Whether you speak Spanish or English, you must speak the language of "money" to understand how to use it to your own advantage.

Whether you are opening a small business, buying a home, or simply trying to improve your standard of living, this book will help you use what you know, learn what you don't, and be successful financially.

And make no mistake. You and the nearly 42 million other Latinos in the United States can prosper. Hispanics are the largest minority in the nation. And we are hard-working. Banks, credit card companies, and other businesses in the United States know this. That is why they are advertising in Spanish, why they are expanding in areas with large Latino populations, why they are buying or creating products tailored to us.

In fact, Latinos are moving into America's middle class at a rapid pace. The fastest-growing portion of the Hispanic market is among households earning $50,000 or more a year. *¿Se Habla Dinero?* can be used as a quick reference as your family climbs the financial ladder.

Even more important, you can use this book to help your children learn about money so they can survive financially. It is designed to encourage conversations about money between generations. It can make it easier for you to be honest with your family about what you can and cannot afford. It will help you teach your children good financial habits.

generaciones. Le hará más fácil ser honesto con su familia acerca de lo que puede o no proveer. Lo ayudará a inculcar en sus hijos buenos hábitos financieros.

Cuando converso de dinero con la gente, el público puede ser diferente, pero las preguntas son siempre las mismas: ¿Cómo hacer que mi dinero aumente? ¿Cómo puedo disfrutar del presente, pero ahorrar para el futuro? ¿Cómo puedo proteger lo que tengo? Algunas personas hasta desean saber cómo donarlo.

Llevo 17 años siendo comentarista de negocios para la estación de radio KGO. Mantengo informados a los radioyentes del área de la Bahía de San Francisco, sobre los temas que importan a todos: el costo de pedir dinero prestado, las ofertas de trabajo, la economía, las tendencias de los negocios y el mercado accionario.

"Traduzco" para mis oyentes las noticias de negocios. Deseo que entiendan el sistema financiero y prosperen. Pero ahora quiero ir más allá de mis radioyentes, deseo alcanzar a las familias que, como la mía, tienen ambiciones y sueños, pero que también necesitan un poco de información al respecto.

A mi padre lo enviaron a casa de la escuela su primer día de clase porque no hablaba inglés. Pero lo aprendió lo suficiente para tener, junto a mi madre, éxito en los negocios. Mis padres se aseguraron de que mi primer idioma fuera el inglés, por eso yo hablaba español sólo con mis abuelos.

Según fuimos creciendo, mi hermana y yo trabajamos codo con codo con nuestros padres en el negocio familiar. Comprendimos los riesgos que tomaron y los sacrificios que tuvieron que hacer para darnos la educación y las mejores oportunidades que pudieron. Este libro es mi tributo a su lucha y sus triunfos.

¿*Se Habla Dinero?* trata sobre las cuestiones más básicas sobre la administración de nuestros recursos económicos. Presenta lo fundamental sobre el dinero, los bancos, los ahorros, el crédito y el presupuesto. Pero también cubre temas más avanzados, tales como pedir prestado para comprar una vivienda o abrir un negocio, invertir y proteger su identidad financiera, y otros.

Escoja con libertad las partes de este libro que crea que lo pueden ayudar. Con él quiero evitar que usted caiga en las trampas que la ignorancia en estos asuntos, a veces, causa. Deseo que pueda convertir sus sueños en realidad. Es importante para mí que usted consiga el éxito, porque todos somos parte de una misma familia.

When I talk to people about money, the audiences may be different, but the questions are always the same: How do I make my money grow? How do I enjoy the present but save for the future? How do I protect what I have? Some people even want to know how to give their money away.

I have been KGO Radio's business reporter for 17 years. I keep listeners in the San Francisco Bay Area up to date on the business that matters to everyone: the cost of borrowing money, jobs, the economy, business trends, and the stock market.

I "translate" business news for my listeners. I want them to understand the financial system and to prosper. And now, I want to reach beyond my radio audience to families like mine, who have ambition and dreams, but who simply need a little knowledge.

My father was sent home from school on his first day because he spoke no English. But he learned it well enough to become, with my mother, successful in business. My parents made sure my first language was English. When I spoke Spanish, it was with my grandparents.

As we grew up, my sister and I worked side by side with our parents in the family business. We understood the risks they took and the sacrifices they made to give us the best educations and opportunities they could. It is to honor their struggle and their success that I am writing this book.

¿Se Habla Dinero? covers the most basic elements of our financial lives. It introduces you to the basics of money, banking, saving, credit, and budgeting. But it also covers more advanced issues, such as borrowing to buy a home or business, investing, and protecting your financial identity.

I want you to feel free to pick out the pieces of this book that will help you. I want you to avoid the traps that financial ignorance leads us into. I want you to turn your dreams into reality. It is important to me that you succeed, because we are all part of the same family.

I

Hablemos del dinero

Let's Talk Money

No es fácil hablar de dinero. Uno de nuestros grandes secretos en el trabajo es cuánto dinero ganamos. De pequeños nos enseñan a no hablar de cuestiones de economía familiar con extraños. Pero hablar de ello con personas de confianza hace que el dinero resulte menos misterioso.

It's not easy to talk about money. One of the best kept secrets at work is how much we earn. We're taught at an early age not to share the family's financial status with strangers; but talking about it with people you trust can make money less mysterious.

CAPÍTULO

1

Valores de la riqueza

¿Qué cree que es lo más importante en su vida? ¿Su familia, la justicia social, la educación, la independencia o la fe? Cualesquiera sean sus valores, el dinero puede estar de acuerdo con ellos. El dinero es sólo un instrumento, no es bueno ni malo, es la manera de administrarlo lo que le da un carácter negativo o positivo.

El dinero no es lo más importante en la vida, aunque a veces nos lo parezca cuando nos falta, pero adquiere importancia por el poder que conlleva.

Si se usa sabiamente, el dinero paga el alquiler, pone comida en la mesa, ofrece cierta seguridad, educa a nuestros hijos y, sobre todo, nos da independencia. Nos saca de apuros en caso de emergencia y nos permite ayudar a otros. Todas éstas son cosas positivas.

Pero también se puede usar imprudentemente, y si hacemos de él el centro de nuestra vida, puede robarnos la alegría y el amor de nuestros amigos y de nuestra familia. Si se usa con liviandad, por ejemplo en apuestas de juego, puede dejarnos llenos de deudas e incapaces de pagar las necesidades más básicas.

Lo más importante con respecto al dinero es saber controlar su uso; de lo contrario, el dinero lo controlará a usted, le causará preocupaciones, lo hará sentir culpable o lo hará temerlo. Por ello, tiene que controlar sus recursos financieros y establecer prioridades de uso. Por supuesto, es fácil decirlo, pero no tanto hacerlo. Aquí tiene un ejemplo de cómo lograrlo.

Tal vez su familia es de México y desea celebrar la fiesta de quinceañera de su hija, que es también una buena estudiante y desea

4

CHAPTER 1

Values for Wealth

What do you believe is most important in your life? Your family, social justice, education, independence, faith? Whatever your values, money can support them. Money is a tool. It is neither good nor bad. How you handle money determines whether it is a negative or positive force in your life.

Money is not the most important thing in the world, even though it may seem like it if you don't have it. But it is important for what it can do. If you use it wisely, money pays the rent, puts food on the table, offers some security, educates children, and in the end, can provide independence. Money can enable you to overcome emergencies and to help others. Those are all positive things.

Money also can be used unwisely. If you make it the most important thing in your life, it can rob you of the joy and love of family and friends. For instance, if you use it to gamble, you can end up in debt and unable to pay for your most basic needs. The most important thing you can do with money is control how you use it. If you don't, it will control you. Then you will worry about it, feel guilty about it, or fear it. And so you need to decide to take control of your finances by setting priorities for how you use your money. That is easier said than done. But here is an example of how to do it.

Perhaps your family is from Mexico, where a daughter's fifteenth birthday is cause for a big celebration. Your daughter is a good student who wants to go to college. So far, you have been able to save $2,000 to help her with college tuition. Now, with her fifteenth birthday approaching, you want to give her a *quinceañera*. Which is your

ir a la universidad. Usted ha conseguido ahorrar hasta ahora dos mil dólares para el futuro pago de la matrícula pero, por otra parte, también quiere ofrecerle una gran fiesta. ¿Cuál es su prioridad?

La mayoría de nosotros diría *mandarla a la universidad*. Pero muchos acabaríamos gastando una buena cantidad de dinero en el vestido, las joyas, las damas de honor, la banda de música y en todo lo necesario para una gran fiesta.

Una fiesta de quinceañera puede ser tan costosa como una boda, pero no tiene por qué ser así. Si limitamos el número de invitados, les pedimos a los familiares más cercanos que nos ayuden a preparar la comida y usamos un DJ o música grabada en lugar de una banda, podemos brindarle a nuestra hija un recuerdo inolvidable sin derrochar los ahorros que le servirán para ir a la universidad.

Si logra mantener bajos los costos de la fiesta, podrá destinar el dinero que ha ahorrado en la fiesta a la educación futura de su hija. Incluso la celebración puede ser una ocasión en la que los familiares de la quinceañera le ofrezcan dinero para su educación universitaria.

La recompensa por administrar su dinero de esta manera la tendrá luego en las situaciones que más lo requieren, como la educación de su hija.

Enseñando a nuestros hijos

Otra de las cosas importantes con respecto al dinero es enseñar a nuestros hijos a usarlo apropiadamente para que puedan sobrevivir y prosperar. Ésta es una tarea más fácil de lo que parece. Tiene que hablar simplemente con ellos de estos temas para eliminar el misterio y el miedo en torno al dinero.

Nuestros hijos nos observan constantemente y es probable que copien el modo como administramos el dinero. Comparta con ellos los momentos en los que paga sus cuentas y explíqueles por qué tiene que pagarlas y de dónde proviene el dinero.

La hija de una de mis amigas le pidió un par de zapatos caros a su madre, ésta le explicó cuánto ganaba por hora y calcularon juntas cuánto tendría que trabajar para ser capaz de comprarlos; esto sorprendió bastante a la hija, quien comprendió que tendría que esperar para comprarse unos zapatos nuevos. Mi amiga compartió con su hija "su secreto" sobre el ganar y gastar dinero, y ésta se sintió partícipe de los recursos financieros de la familia.

priority? Most of us would *say* giving her a college education. But what many of us would *do* is spend a lot of money for her dress, her jewelry, her maids of honor, a band, and a big party.

A *quinceañera* can be as expensive as a wedding, but it doesn't have to be. By limiting the number of attendants, asking a few close family members to help prepare the food, using a DJ or recorded music instead of a band, and keeping the guest list under control, you can give your daughter precious memories without raiding her college fund.

If you are good at keeping costs down, you may be able to take some of what you would have spent on the party and put it into her college savings. What's more, the celebration can be used by relatives as a reason to give your daughter money earmarked for her college education.

The reward of managing your money according to your values and priorities is that, at the end of the day, you have money for the things that are most important to you—in this case, your daughter's college education.

Teaching Our Children

One of the most important things you can do with money is teach your children how to use it properly so they can survive and thrive.

Teaching your children about money is easier than you think. First, talk about it. That may sound simple, but discussing money eliminates the mystery and the fear around it. Children watch every move you make, and they are most likely to handle money exactly the way you do. So, when you pay your bills, invite them over and explain why you have to pay them and where the money comes from.

When her child asked for an expensive pair of shoes, a friend of mine explained how much she earned an hour. Then she and her daughter calculated how long she would have to work to be able to buy those shoes. It made quite an impression. Her daughter understood why she would have to wait for her new shoes, and because she was let into the "secret" about earning and spending, she felt as though she was a part of the family's financial team.

But you cannot help your child if you cannot help yourself. That is why it is so important that *you* understand and take control of your money. This book will help you do that, and help you explain to your children what you are doing.

Para que unos padres puedan ayudar a sus hijos, primero tienen que aprender a controlar sus recursos económicos. Éste es el propósito de este libro, que lo ayudará a explicar a sus hijos cómo administrar su dinero.

Dado que este tema ha sido un desafío para los padres a lo largo de la historia, aquí le ofrecemos una breve reseña sobre el dinero.

Las diferentes formas del dinero

¿Sabía que la forma más antigua del dinero era el ganado y que todavía se usa en partes de África?

En la antigua Roma, los soldados eran pagados con sal. En México, los aztecas y mayas usaban como dinero oro en polvo sobre plumas transparentes o cacao. Históricamente, la concha marina fue una de las formas de dinero usadas más comúnmente. Los indígenas de la costa de América del Norte llaman *wampum* a las conchas marinas que usaban como dinero.

El uso más temprano de las monedas de metal se remonta al año 1000 antes de Cristo en China. Los historiadores también creen que el primer billete bancario apareció en ese mismo país, alrededor del año 118 antes de Cristo, y consistía en un cuadro de un pie hecho de piel de ciervo blanco con bordes de colores.

Las monedas de oro y plata empezaron a usarse hacia el año 500 antes de Cristo. Hoy en día, seguimos usando monedas con una cantidad variable de metal precioso en ellas, y dinero en billetes de papel.

Pero a medida que los mercados se extienden más allá de las fronteras nacionales, nuestra sociedad utiliza cada vez menos el dinero al contado. Ahora, muchos de nosotros usamos tarjetas de débito o de crédito que transfieren electrónicamente el dinero de unas manos a otras.

El dinero es siempre dinero en todas sus formas. Y la mayoría de nosotros tiene que trabajar para obtenerlo. Comencemos entonces el camino hacia el éxito financiero revisando algunas formas de utilizarlo sabiamente.

This has been a parent's challenge throughout history. Speaking of that, here is a brief history of money.

Money in Many Modes

Do you know that the oldest form of money is cattle? Cattle are still used as money in parts of Africa. In ancient Rome, soldiers were paid with salt. In Mexico, Aztecs and Mayans used cocoa beans or gold dust in transparent quills as money. Historically, one of the most widely used forms of money was seashells. Among American coastal Indians, the shell money was called wampum.

The earliest use of metal coins has been traced to China in 1000 B.C. Historians also believe the first banknotes appeared in China, around 118 B.C. They were one-foot squares of white deer-skin with colorful borders.

Gold and silver coins have been in use at least since 500 B.C. Today, we still use coins with varying degrees of precious metal in them, as well as paper money.

But as commerce extends beyond national borders, we are becoming a cashless society. Now, many of us use plastic debit and credit cards that trigger the electronic transfer of money from one owner to another.

Still, money is money in whatever form. And most of us have to work for it. So let's start on the road to financial success by going over some basic ways of using it wisely.

2

¿Tiene dinero? ¿Y ahora qué?

Tiene dinero. ¡Magnífico! ¿Y ahora qué?

Éste es su primer problema monetario, pero un problema bueno. Sus opciones son: gastarlo todo inmediatamente, gastar un poco y ahorrar otro poco, o ahorrarlo todo para una posible emergencia.

Para la mayoría de las personas el dinero no es un "lujo", ya que tarde o temprano lo necesitamos. En general, nos preguntamos: ¿dónde mantenerlo a salvo? y ¿cómo recuperarlo cuando lo necesitamos?

Algunas personas guardan su dinero debajo del colchón, otras en una jarra, lo que no es la mejor solución, porque aunque esté al alcance de su mano, también puede estar al alcance de un ladrón o de un incendio El dinero en efectivo no se puede reponer y si lo pierde tendrá que empezar a ahorrar de nuevo.

Proteja su dinero

¿Le preocupa que alguien le pueda robar el dinero en el banco, o que tal vez el banco cierre y lo deje sin nada?

No se preocupe. Su dinero estará a salvo si lo deposita en un banco en Estados Unidos. En general, es un país con una regulación firme, cuyas leyes se ejecutan y aplican con el mismo criterio para todos. Cuando una persona o compañía comete un delito, ya sea en la industria bancaria o cualquier otra parte, esta persona o entidad es juzgada en la Corte, y si es culpable, se la castiga. Puede tomar tiempo, pero la ley se cumple.

Por otra parte, el gobierno federal garantiza que usted reciba su dinero aunque el banco haya sufrido un robo, una quiebra o un

2

Got Money? Now What?

You have money. Great! Now what?

That is your first money problem. But it is a good problem to have. You have options: spend it all now, spend a little and save a little, or save it all for a rainy day.

For most people, money is not "extra." Sooner or later, you will need it. That raises two questions. First, where will it be safe? Second, how can you get to it when you need it?

Some people put their money in a mattress or a jar. Not good. You can get to it easily, but so can a fire or a thief. Cash is not replaceable, and you will be back to zero.

Protect Your Money

Do you worry someone will steal your money from a bank? Perhaps you worry that the bank will close and leave you with nothing.

If you put your money in a bank in the United States, it will be safe. For the most part, the United States is a nation of laws. That means the laws are written, enforced, and applied to everyone equally. When a person or company breaks a law, in banking or anything else, he or it is tried in court and, if found guilty, punished. It may take time, but the rule of law is carried out.

Meanwhile, the federal government guarantees that you will get your money back even if the bank is robbed, goes out of business, or is hit by a natural disaster. The same rules protecting your money in banks applies to money in credit unions and savings and loans. (I will explain what those are later in this chapter.)

desastre natural. Las mismas reglas que protegen su dinero en un banco se aplican con las cooperativas de crédito y sociedades de ahorros y préstamos. (Hablaré de éstas más adelante en este capítulo.)

La Corporación del Seguro Federal para Depósitos (Federal Deposit Insurance Corporation) asegura un máximo de 100.000 dólares del capital depositado por un cliente en un banco. Lo que significa que su cuenta corriente, de ahorros, de Mercado Monetario y cuentas de depósito a plazo fijo como los Certificados de Depósito están protegidos hasta esa cifra. La Administración Nacional de Cooperativas de Crédito (NCUA, sigla en inglés para National Credit Union Administration), que es también un ente gubernamental, asegura hasta 100.000 dólares los depósitos en las cooperativas federales. Las cooperativas autorizadas por el Estado utilizan un asegurador privado, el Seguro Americano de Acciones, que tiene la misma función.

Si tiene suerte y suficientes recursos para tener más de 100.000 dólares en una cuenta bancaria, le conviene diversificar esta cantidad y poner una parte en otro banco para que su dinero también pueda ser asegurado. Confirme siempre que la cuenta que desea usar esté asegurada.

Los bancos pueden hacer que su dinero aumente: El interés compuesto

¿Por qué dejar su dinero debajo del colchón? Además de que se lo pueden robar, no hace más que llenarse de polvo y abultar bajo el colchón. A usted le conviene que su dinero aumente en forma de interés. El interés es lo que un banco o cooperativa le paga por utilizar su dinero. (En algunos casos, las cuentas corrientes no pagan interés.)

Existen dos clases de interés, el simple y el compuesto. Si quiere que su dinero aumente, le conviene un interés compuesto por la razón que sigue.

El interés simple le paga los intereses solamente una vez al año. Por ejemplo, si el interés es del 5 por ciento por cada 1.000 dólares obtendrá 50 dólares de interés ($1.000 × 0.05). El año sucesivo obtendrá otros 50 dólares de interés, o sea $1.000 × 0.05, más los 50 dólares anteriores resultan 1.100 dólares en total. Al finalizar el décimo año tendrá un total de 1.500 dólares.

El interés compuesto le paga intereses por el uso de su capital ($1.000) más los del interés generado en su cuenta. Durante el

The Federal Deposit Insurance Corporation (FDIC) insures bank deposits of up to $100,000 per depositor per bank. That means your checking, savings, money market accounts, and timed deposits, such as certificates of deposit (CDs), are protected dollar for dollar up to that limit. The National Credit Union Administration (NCUA), also a government agency, insures your deposits in federal credit unions up to $100,000. State-chartered credit unions use a private insurer, American Shares Insurance, to do the same.

If you are lucky and wealthy enough to have more than $100,000 in one account at a bank, it is a good idea to put some of your extra money into a significantly different type of account or into a different bank so that it, too, can be insured. Always be sure to check that the account you want to use is insured.

Banks Can Make Your Money Grow: Compound Interest

Why not leave your money in the mattress? Besides the fact that it could be stolen, it does nothing but gather dust and make you uncomfortable when you sleep. You want your money to earn money in the form of interest. Interest is what a bank or credit union pays you for the use of your money. (In some cases, checking accounts do not pay interest.)

There are two types of interest: simple and compound. If you want your money to grow, you want compound interest. Here's why:

With simple interest, you get paid on your $1,000 only once a year. One thousand dollars earning 5 percent simple interest will bring you $50 ($1,000 × 0.05 = $1,050). The next year you get another $50 ($1,000 × 0.05), plus the first year's $50 dollars for a total of $1,100. At the end of 10 years you will have a total of $1,500.

With compound interest you are paid for the use of your $1,000 (your principal) *and* any interest already paid in your account. In the first year, you'll get the same $1,050. But the next year, you will be paid interest on your total ($1,050 × 0.05 = $1,102.60). At the end of 10 years you will have $1,628.89.

What's more, compound interest is generally calculated once every three months, or quarterly, so you get interest four times a year. That

primer año, obtendrá la misma cantidad de 1.050 dólares. Pero el año siguiente se le pagarán los intereses del capital inicial más los intereses generados ($1.050 × 0.05), o sea, un total de 1.102,60 dólares. Al finalizar el décimo año tendrá 1.628,89 dólares.

Además, el interés compuesto se calcula generalmente cada tres meses, o sea, trimestralmente, por lo que se le paga intereses cuatro veces al año, lo que significa más dinero en su bolsillo. Si ahorra 1.000 dólares y gana el 5 por ciento de interés compuesto trimestralmente, ganará casi un dólar más o sea 1.050; 5 dólares el primer año, y 14,93 dólares en los diez años siguientes, o sea un total de 1.643,62 dólares.

Compare después de diez años:

Interés simple = $1.500,00
Interés compuesto calculado anualmente = $1.628,89
Interés compuesto calculado trimestralmente = $1.643,62

No haga como la mujer que entró en la cooperativa de crédito latino del estado de Carolina del Norte y puso dos bolsas grandes sobre el mostrador. Cuando contaron el dinero tenía 40.000 dólares que le había llevado 20 años ahorrar. La mujer salió perdiendo, podría haber obtenido 40.583 dólares en 13 años si hubiera puesto cada año 2.000 dólares en una cuenta de mercado monetario que diera el 5 por ciento de interés.

Hay bancos de todo tipo

Una vez le preguntaron a un ladrón famoso, "¿Por qué roba los bancos?" A lo que éste respondió, "Porque es allí donde hay dinero." Y estaba en lo cierto. Todos los bancos tienen dinero, pero no todos son iguales. Hay diferentes clases: bancos, cooperativas de crédito y sociedades de ahorros y préstamos.

Los bancos

Un banco brinda a los clientes cuatro servicios básicos: el depósito seguro del dinero en efectivo, el pago de intereses por el dinero que deposita, transferencias monetarias a través de cuentas corrientes y préstamos para la compra de casas, autos, negocios y asuntos personales. La mayoría de las instituciones financieras, incluyendo

puts even more money into your pocket. If you save $1,000 and earn 5 percent interest compounded quarterly, you will make about a dollar more or $1,050.95 the first year, and $14.93 more or $1,643.62 over 10 years.

Compare after 10 years:

Simple interest	=	$1,500.00
Compound interest calculated annually	=	$1,628.89
Compound interest calculated quarterly	=	$1,643.62

Don't be like the woman who walked into the Latino credit union in North Carolina and placed two big bags on the counter. When it was all counted, she had $40,000. It took her 20 years to save that.

But she cheated herself. She could have made $40,583 in 13 years by putting $2,000 a year into a money market account earning 5 percent.

Banks Come in Different Flavors

A famous bank robber was once asked, "Why do you rob banks?" He replied, "Because that's where the money is." He was right. All banks have money. But not all banks are the same. There are different types: banks, credit unions, and savings and loans.

Banks

A bank offers customers four basic services: safe storage for your money, interest payments on money you deposit, money transfers through checking accounts, and loans for homes, cars, businesses, and personal use. Most financial institutions, including credit unions and savings and loans, perform the same services, with variations. Banks also offer automated teller machines (ATMs), credit and debit cards, trust accounts, wire transfers, individual retirement accounts (IRAs), and now even investments in stocks and bonds. Unlike credit unions or savings and loans, some banks also offer letters of credit so you can buy and sell goods overseas.

las cooperativas y las sociedades de ahorros y préstamos, brindan servicios parecidos pero con pequeñas variantes. Los bancos también ofrecen el cajero automático o ATM, tarjetas de crédito y de débito, cuentas fiduciarias, giros telegráficos, cuentas de ahorros para la jubilación conocidas como IRA y también inversiones en acciones y bonos. A diferencia de las cooperativas o de las sociedades, algunos bancos también ofrecen letras de crédito con las cuales se puede comprar y vender mercancía en el extranjero.

Un banco es un negocio con fines de lucro. Significa que una de sus responsabilidades es pagar ganancias en forma de dividendos a sus dueños. Los bancos ganan de distintas formas, pero normalmente lo hacen cobrando una tasa de interés por préstamos de dinero más alta de la que tienen que pagar ellos y cobrando cuotas a sus clientes por sus servicios.

Las cooperativas de crédito

Una cooperativa de crédito es una organización financiera que pertenece a sus miembros, unidos a través de una asociación, una profesión o una residencia en común. Una cooperativa no tiene fines de lucro, por tanto no tiene que pagar a los accionistas ganancias en forma de dividendos. Por esta razón, los miembros obtienen préstamos con una tasa de interés más baja de la de los bancos comerciales; las cuotas por los servicios prestados también son menores. Tradicionalmente, las cooperativas destinan las ganancias al servicio de las necesidades monetarias de sus asociados, a la educación financiera, al costeo de gastos y como fondo de emergencias. Reciben dinero a través de los depósitos de sus asociados y luego lo prestan a otros miembros. Las cooperativas ofrecen cuentas corrientes, de ahorros, de mercado monetario, de jubilación, certificados de depósito a plazo fijo, tarjetas de crédito y de débito, cajeros automáticos (ATM), cuentas fiduciarias, giros telegráficos, y préstamos para casas, autos y asuntos personales.

La cantidad de dinero que las cooperativas pueden usar para préstamos de negocio es limitada, pero los asociados pueden tomar préstamos personales por encima de su ingreso bruto y usarlos para iniciar un negocio. Muy pocas cooperativas otorgan préstamos puros, y las que lo hacen requieren empeñar bienes raíces para asegurarse que se pagará el préstamo. De ahí que conviene utilizar la cooperativa para transacciones bancarias de uso personal y un banco comercial para transacciones de negocios.

A bank is a for-profit business. That means one of a bank's responsibilities is to pay profits in the form of dividends to those who own it. Banks earn profits in many ways, but most often by lending money at a higher rate of interest than they must pay for it, and by charging customers fees for various services.

Credit Unions

A credit union is a financial organization owned by its members. Membership is based on a common relationship such as your union, the type of work you do, or where you live. A credit union is a not-for-profit business. That means it does not have to pay shareholders profits in the form of dividends. For that reason, members can borrow at interest rates lower than those of commercial banks, and there are fewer charges for services. Traditionally, credit unions use money they earn on deposits to focus on serving members' financial needs, to provide financial education, to pay expenses, and to build emergency reserves.

They take in money through members' deposits and then loan that money to members. Credit unions offer checking, savings, money market accounts, retirement accounts, and timed CDs. They offer credit and debit cards, ATMs, trust accounts, and wire transfers. They make home, auto, and personal loans.

The amount of money credit unions are allowed to use for business loans is limited. But members may take out personal loans up to a certain number of times their gross income and use that to build a business. Very few credit unions make pure business loans, but those that do require that you pledge your real estate to make sure you pay the loan back. It may be better to use a credit union for personal banking and a commercial bank for business banking.

Savings and Loans

A savings and loan (S&L) is an association that accepts deposits from the public and invests at least 65 percent of that money in home loans. It is a for-profit business that often provides services similar to those offered by banks. An S&L may be chartered by the state or federal government, and your accounts are insured by the FDIC.

Las sociedades de ahorros y préstamos

Una sociedad de ahorros y préstamos es una asociación que acepta depósitos del público e invierte al menos el 65 por ciento de ese dinero en préstamos para comprar una casa. Tiene fines de lucro y normalmente provee servicios similares a los de los bancos. Las S&L (sociedades de ahorros y préstamos) pueden ser estatales o federales por lo que las cuentas de los clientes están aseguradas por la Corporación Federal del Seguro para Depósitos.

Las transacciones bancarias por Internet

Si tiene un ordenador o computadora y se puede conectar a la red, puede hacer sus transacciones bancarias a través de Internet. La mayoría de los bancos y cooperativas ofrecen servicios en la red: acceso al saldo de una cuenta, transferencia de fondos y pago de cuentas. Algunos bancos sólo operan a través de este sistema. Estos "bancos directos" también tienen fines de lucro, pero como las cooperativas, sus cuotas de servicios son menores que las de los bancos locales. Pueden ofrecer una tasa de interés mayor en las cuentas de mercado monetario y los certificados de depósito (CD), pero, a su vez, exigen un cantidad mínima fija de dinero depositado para evitar cargos mensuales. Los depósitos por Internet o "bancos directos" están asegurados por la Corporación Federal del Seguro para Depósitos.

Las casas de canje

Las casas que canjean cheques *no* son bancos y cobran mucho, de 5 a 50 dólares por cambiar un cheque; cobran un 2 por ciento por cambiarle el cheque de su salario, mientras que le resulta gratis si lo deposita en su cuenta bancaria o cooperativa. Pedir un préstamo por unos días mientras recibe su salario puede costarle un 500 por ciento de interés anual.

Tal vez usted o algún conocido recurre a estas casas de canje porque no sabe utilizar un banco, no tiene documentos de identidad apropiados o necesita dinero antes de recibir su salario; pero si lo piensa, verá que estas casas cobran demasiado y no le permiten mejorar económicamente.

Le conviene recurrir a los bancos aunque algunos le cobren 5 dólares por cambiarle un cheque si no tiene una cuenta bancaria

Online Banking

If you have a computer and are connected to the Internet, you can do your banking online. Most banks and credit unions make it possible for you to find out your account balances, transfer funds, and pay bills online. But there are some banks that operate online *only*. Like a local bank, these "direct banks" are profit-making. But like a credit union, their overhead is lower than your corner bank. That is why they are able to offer higher interest rates on money market accounts and timed deposits (CDs). However, they may require that a very large amount of money be left in your account to avoid fees. Deposits in online or "direct banks" are insured by the FDIC.

Check-Cashing Stores

Check-cashing stores are *not* banks. They are very expensive to use. Check-cashing stores charge $5 to $50 to cash a check. You pay 2 percent to cash a payroll check, while putting money into your own account at a bank or credit union is free. And if you borrow money for a short period until you get your paycheck, you can owe as much as 500 percent in interest a year.

You or someone you know may use these stores because you don't know how to use a bank, you don't have proper identity papers, or you need to borrow money even before you get your paycheck. But if you think about it, you'll realize these stores cost too much. You will never get ahead.

Even though some banks will charge you $5 to cash a payroll check if you don't have an account with them, or hold your money for at least two business days to make sure the check you deposit is good, you are better off if you can avoid check-cashing stores. There is a new type of bank account offered by one major bank in California called the Essential Bank Account. It is a starter account with low balance requirements. That may be a place to start if you are fearful of traditional banking.

Other ways to avoid having to use a check-cashing store include asking if your employer, a supermarket, or some other store owner will cash a check for you. Do whatever you can to avoid check-cashing stores. But if you must use one, get a list of all fees you will have

con ellos o le hagan esperar 2 días para asegurarse de que el cheque tiene fondos. Evite en lo posible las casas de canje. Existe un nuevo tipo de cuenta ofrecida por uno de los bancos principales de California que se llama Cuenta Bancaria Esencial y requiere depósitos iniciales bajos. Ésta puede ser una buena opción para usted si teme a los bancos tradicionales.

Otra manera de evitar usar las casas de canje es pedir a su empleador o al cajero de un supermercado o de una tienda que le cambie el cheque en efectivo. Si por cualquier circunstancia no puede evitar recurrir a una casa de canje, pida una lista de los cargos que le van a cobrar e, "importantísimo," un recibo o un registro escrito de su transacción.

Los bancos, las sociedades y las cooperativas también prestan dinero a sus clientes. Los bancos pueden ofrecer préstamos de negocios o personales, para la compra de un auto o una casa. Las sociedades se especializan en préstamos para casas. Las cooperativas los ofrecen para uso personal, para la compra de una casa, un auto y ocasionalmente para negocios. Hablaremos de préstamos en el capítulo 9.

to pay and always—*always*—get a receipt, a written record of your transaction.

Banks, S&Ls, and credit unions also lend customers money. Banks are able to make business loans as well as personal, car, and home loans. S&Ls specialize in making home loans. Credit unions make personal, home, car, and, in some rare cases, business loans. We will discuss borrowing starting in Chapter 9.

3

Escogiendo un lugar para su dinero

Hemos visto que sacar el dinero de debajo del colchón y depositarlo en un banco o cooperativa es más seguro. También sabe que sus ahorros aumentarán con más rapidez si su dinero está en un banco ganando interés compuesto que metido debajo de su colchón. La gran pregunta ahora es: ¿cuál es el mejor banco para usted?

Buscando un banco

Antes de depositar su dinero en un banco o cooperativa, plantéese estas preguntas sobre el personal de servicio o la compañía. ¿Son honestos? ¿Me tratan con respeto? ¿Me explican claramente todas las reglas? ¿Me ofrecen los servicios que necesito? ¿Sus precios son razonables? A veces se necesita indagar un poco antes de escoger un banco donde meter su dinero.

Utilice el mismo criterio de selección que usa cuando quiere encontrar la frutería que venda la verdura más fresca, o la tienda que tenga la ropa más duradera. Para saber si el banco, cooperativa o asociación trata honradamente a sus clientes, hágase estas preguntas:

- ¿Está asegurado mi dinero?
- ¿Cuánto tarda el banco en acreditar un depósito en mi cuenta? (De 24 horas a 5 días).
- ¿Cuánto interés gano si lo pongo en una cuenta de ahorros?
- ¿Me cobrarán por mantener abierta una cuenta corriente?, y de ser así, ¿cuánto?

3

Picking a Place for Your Money

Now you know that taking money out of your mattress and putting it into a bank or credit union keeps your money safe. You also know that your savings will increase faster if your money is in a bank earning compound interest than if it is stuffed in your mattress. The big question now is: what bank is best for you?

Shopping for a Bank

Before you put your money into a bank or credit union, think of what is most important to you about the people and companies with whom you do business. Are they honest? Do they treat you with respect? Do they explain all the rules clearly? Do they offer services you need? Are their prices reasonable? You may have to shop around before you find the best place to put your money.

There is nothing strange about shopping for a place to put your money. You shop for the freshest fruits and vegetables. You shop for the most durable and long-lasting school clothes. Apply the same shopping skill to choosing a bank or credit union. To find out whether the bank, credit union, or savings and loan (S&L) treats customers fairly, ask a lot of questions:

- Is your money insured?
- How long after you deposit your money does the bank wait to credit your account? (You may have to wait from 24 hours to 5 days until your deposit will be credited to your account.)

- ¿Me cobrarán algo por los cheques que emita?
- ¿Me cobrarán por cambiar en efectivo un cheque de mi salario?
- ¿Recibiré un estado de cuenta mensual por correo postal o por Internet?
- ¿Me cobrarán por usar el cajero automático (ATM) de otras instituciones financieras?
- ¿Me cobrarán por el servicio bancario electrónico?
- ¿Mantendrán mi información personal de forma privada y segura?
- ¿Me ofrece el banco servicios bilingües si los necesito?
- ¿Cómo son las transferencias monetarias fuera de Estados Unidos? (Vea el capítulo 22.)

Cada banco tiene una regulación diferente sobre estos temas. Antes de decidir dónde depositar su dinero, lleve consigo esta lista de preguntas a dos o más bancos o cooperativas y anote sus respuestas. También puede ser de gran ayuda hablar con sus amigos y familiares para ver si están contentos con sus bancos.

Abriendo una cuenta bancaria

¿Es usted realmente usted? Un banco o cooperativa no tienen la forma de determinar si usted es quien dice ser, a menos que le pidan una identificación que lo confirme. Si desea abrir una cuenta de ahorros, cuenta corriente o cualquier otro tipo de cuenta, necesitará dos clases de identificación.

La mayoría de los bancos o cooperativas pide un documento de identificación con foto, como la licencia de conducir o el documento de identidad del estado donde vive, la identificación militar de Estados Unidos o un pasaporte. En algunos casos, los bancos o cooperativas aceptan la matrícula consular, que es una tarjeta de identidad con foto emitida por el Consulado de México a ciudadanos mexicanos que viven en Estados Unidos.

Otro tipo de identidad podría ser una tarjeta de crédito, la tarjeta de la seguridad social o una tarjeta de identidad de su trabajo. Algunos bancos aceptan un documento de identidad como estudiante. Si tiene un documento de identificación con foto, pero no una tarjeta de crédito, pregunte en el banco si aceptan como identificación secundaria un recibo de pago de su trabajo o una factura mensual de algún servicio público.

- How much interest do you earn if you put money into a savings account?
- Does it cost anything to maintain a checking account, and if so, how much?
- Are you charged per check you write?
- Can you cash your paycheck with no charge?
- Do you get a monthly accounting of your money in the mail or online?
- Does your bank or credit union charge you to use automated teller machines (ATMs) other than its own?
- Are you charged for online banking?
- Does the bank or credit union keep your financial records private and safe?
- Does the bank provide bilingual services if you need them?
- How does the bank or credit union handle money transfers outside the United States? (See Chapter 22.)

Each bank has a different policy about each of these questions. Take this list, visit a couple of banks or credit unions, and write down answers to these questions before you choose where to put your money. It also helps if you talk to your friends and relatives to see if they like their own bank.

Opening a Bank Account

Are you really you? A bank or credit union has no way to determine whether you are who you say you are unless you provide identification that can be verified. Whether you want to open a savings account or a checking account or any other type of account, you will need two types of identification.

Most banks or credit unions require a primary identification with your picture on it. That could be a driver's license or identification card from the state in which you live, a U.S. military identification, or a passport. In some cases, banks or credit unions will accept the *matricula consular*, which is a picture identity card issued by the Mexican Consulate to Mexican citizens who live in the United States.

A secondary identification could be a major credit card, a Social Security card, or an employee identification card. Some banks will accept a current student ID as a secondary identification. If you have

Una vez que ha presentado su identificación, se le harán algunas preguntas sobre datos personales, como nombre, fecha de nacimiento, el apellido de soltera de su madre, su dirección, números de teléfono de su trabajo y casa, y el nombre y apellido de su empleador. (Vea el ejemplo de la solicitud bancaria en el apéndice.) Si le piden que firme su solicitud, escriba siempre la fecha al lado de su firma para que no exista duda de cuándo fue abierta. Después de rellenar la solicitud, dé al banco el dinero que desea usar para abrir la cuenta.

Si el proceso de abrir una cuenta bancaria o solicitar un préstamo le parece abrumador, no es usted el único. Lo siguiente es lo que puede hacer: antes de ir al banco o cooperativa, llame y pregunte a un representante o gerente qué documentación debe llevar consigo para abrir una cuenta bancaria. Vaya con tiempo suficiente, no se presente pocos minutos antes de ir a su trabajo pues no tendría tiempo suficiente para hacer todo correctamente.

Si el representante del banco le ofrece más servicios de los que usted planeó aceptar, *no* se sienta obligado a tomar una decisión al instante. Es perfectamente válido abrir cuentas básicas, adquirir la información necesaria y decidir más tarde si desea hacer algún cambio o añadir otros servicios. Haga lo que más le convenga y recuerde, los bancos y cooperativas lo quieren como cliente y harán lo posible para ayudarlo en este proceso.

a primary ID but lack a major credit card, check with the bank to see if a pay stub or utility bill in your name is acceptable.

Once you have presented your identification, you will be asked for some basic information such as your name, birth date, mother's maiden name, address, phone numbers at work and at home, and the name of your current employer. (See sample bank application in Appendix C.) If you are asked to sign your application, always put the date next to your signature so there is no doubt about when your account was opened. After you fill out the application, you give the bank the money to open the account.

If the process of opening a bank account or applying for a loan seems overwhelming, you're not alone. Here's how to help yourself. Before you go to the bank or credit union to open your account, call and ask an account representative or a manager what identification you should bring with you. Don't expect to be able to pop in and open a bank account in a few minutes on your way to work. Leave enough time to do this right.

If the bank's representative offers you more services than you planned to sign up for, *do not* feel pressured to make a decision on the spot. It is perfectly acceptable to open basic accounts, take written information with you, and then decide later whether you want all the bells and whistles. Just do what is comfortable for you. And remember, banks and credit unions want your business and will do their best to help you through the process.

4

Lo que su banco puede hacer por usted

No sólo desea ahorrar su dinero, también quiere tenerlo disponible cuando lo necesite. Para ello, tiene muchas opciones, pero no deje que las alternativas lo confundan. Comencemos con lo básico y sigamos desde allí.

La mayoría de las personas abre una cuenta de ahorros y una corriente, pero cada persona tiene diferentes necesidades. Por ejemplo, en el caso de la familia Vega, los padres, María y José, necesitan una cuenta corriente para pagar sus deudas, y otra de ahorros para guardar su dinero para emergencias y para la educación de su hijo, Pedro. Este joven tiene 17 años y le gusta gastar dinero, pero no quiere llevar un talonario de cheques o mucho efectivo consigo. Después está la abuelita que vive con ellos, la señora Vega, que recibe cheques de la Seguridad Social. A ella le gusta ahorrar su dinero para poder ayudar a la familia con sus gastos. Veamos qué tipo de cuenta bancaria sería la más apropiada para cada miembro de la familia Vega.

MÁS

Un consejo breve: Poner su dinero en una caja fuerte no es lo mismo que depositarlo en un banco, ya que en la caja fuerte no está asegurado y no genera interés.

CHAPTER 4

What Your Bank Can Do
for You

You not only want to save your money; you also want to be able to use it when you need it. You have many options. But do not let all the choices confuse you. Let's start with the basics and build from there.

Most people open a savings account and a checking account, but everyone's needs are different. For instance, in the Vega family, parents Maria and Jose need a checking account to pay their bills, and a savings account so they can put money away for emergencies and their son's education. Their 17-year-old son Pedro likes to spend money without having to carry a lot of cash or a checkbook. Then there is grandmother Vega, who lives with her son's family. She gets a Social Security check and likes to save her money so she can help with family expenses. Let's look at which type of bank account will serve the needs of each member of the Vega family.

MORE

Warning: Putting your money into a safety deposit box is not the same thing as putting it into a bank. It is not insured, and it does not earn interest in a safety deposit box.

Cuenta de ahorros

Una cuenta de ahorros le permite cobrar interés sobre el dinero que deposita en el banco. Cada vez que ingresa dinero en la cuenta, tiene que rellenar un comprobante de depósito en el que debe indicar su nombre, la fecha del depósito y la cantidad depositada. Cuando quiera sacar dinero de su cuenta de ahorros, tendrá que rellenar un formulario similar, o sea, un comprobante de retiro. (Vea el ejemplo, en el apéndice C.)

Existen diferentes tipos de cuentas de ahorros. Una cuenta regular de ahorros generalmente permanece abierta el tiempo que desee, requiere un depósito mínimo, paga interés cuatro veces al año, y le permite hacer depósitos ilimitados. Puede que tenga que pagar un cargo por el servicio. La mayoría de los bancos no lo cobran si el cliente mantiene un saldo mínimo en la cuenta y hace al menos un depósito mensual. El interés que gana con estas cuentas es muy bajo y variable, o sea cambia cuando el costo del dinero cambia para el banco. (Puede usar la cuenta de ahorros para protegerse de cheques rechazados).

Si desea una tasa de interés más alta, puede abrir una cuenta de Mercado Monetario. La abuelita Vega busca una tasa alta porque su mayor preocupación es ganar lo más posible y añadirlo a lo que cobra de la Seguridad Social. Estas cuentas requieren un saldo de apertura mínimo, normalmente de 2.500 dólares. El interés en una cuenta de Mercado Monetario es variable y se paga por lo general mensualmente. Le permite hacer depósitos, retiros de dinero y transferencias bancarias sin cargos de servicio, siempre que mantenga el saldo mínimo. El número de cheques que se le permite firmar es limitado, de 3 a 6.

Esta clase de cuenta le conviene a la abuela Vega porque ella no necesita firmar muchos cheques, puede mantener el saldo mínimo y la cuenta no tiene muchos gastos.

Si no va a necesitar el dinero por un plazo determinado de tiempo, puede ganar más interés con un depósito a plazo fijo o un certificado de depósito (CD). Significa que tiene que depositar cierta cantidad de dinero en una cuenta durante un período de 7 días a 5 años para que le dé una tasa de interés *fijo*. Tanto a la abuela como al matrimonio Vega les convienen los CD, porque su finalidad es ahorrar a medio y largo plazo, para metas futuras como la educación universitaria de su hijo.

La cantidad mínima necesaria para abrir un CD puede oscilar entre los 100 y los 1.000 dólares. La duración del CD también varía y

Savings Account

A savings account lets you earn interest on the money you deposit, or put into the account. When you deposit money into this account, you fill out a deposit slip telling the bank who you are, the date you are making the deposit, and the amount you are putting into your account. When you withdraw money from your savings, you fill out a similar form, a withdrawal slip. (See example in Appendix C.)

There are many different types of savings accounts. A regular savings account generally remains open as long as you want it, requires a minimum deposit, pays interest four times a year, and allows unlimited deposits. You may have to pay a service charge. However, most banks do not collect that fee if you keep a certain balance in the account and make at least one monthly deposit. The interest paid on money in these accounts is very low and it is variable, meaning it may change as the cost of money to the bank changes. (You can use this savings account to protect against bounced checks.)

If you want a higher rate of interest, you could open a money market account. Grandma Vega is looking for a high interest rate because her main concern is to earn as much as she can to supplement her Social Security. These accounts require a minimum opening balance, usually $2,500. Interest on money market accounts is variable and is generally paid every month. You are allowed deposits, withdrawals, and transfers with no service charge as long as you maintain that balance.

But with a money market account the number of checks you are allowed to write is limited to between three and six. This kind of account works well for Grandma Vega because she does not have a lot of expenses and does not need to write a lot of checks. That means she is also able to maintain the minimum balance.

If you don't need your money for a while, you can earn even more interest by using a timed deposit, or a certificate of deposit (CD). That's when you put a certain amount of money into an account, leave it there from seven days to five years, and earn a *fixed* rate of interest on it. Both Grandma Vega and Mr. and Mrs. Vega use CDs to save for medium and long-term goals, such as their son's college education.

The amount of money needed to open a CD varies from a few hundred to many thousands of dollars. And the amount of time

la puede escoger de acuerdo con sus necesidades. No podrá retirar el dinero antes del tiempo estipulado, de lo contrario parte del interés ganado se pierde y a veces se le cobra una penalidad, por eso le conviene dejar el CD durante toda su duración y cobrar el máximo del interés al final.

Las necesidades económicas del matrimonio Vega cambian, por eso prefieren comprar CD que tienen una duración de 3 a 6 meses y con fechas de vencimiento diferentes. En cambio, la abuelita Vega está ahorrando dinero para dejárselo a sus hijos, por eso prefiere comprar CD de 5 años y renovarlos cuando vencen.

Algunos bancos ofrecen cuentas especiales de ahorro "para menores", niños o adolescentes, con el fin de enseñarles a ahorrar. Se pueden abrir con una cantidad mínima, a veces de un dólar, y no cobran por el servicio. La mayoría de los bancos ofrecen también cuentas de ahorros para estudiantes sin cargos de servicio. Los Vega le han abierto una cuenta así a su hijo y éste ingresa lo que gana trabajando por las noches después de la escuela para cuando tenga que ir a la universidad.

Algunos bancos han creado cuentas de ahorros para mayores de 55 años. La abuela Vega podría usar esta cuenta si no tuviera ya su dinero en una cuenta de mercado monetario. Para que le resulte más fácil ahorrar, muchos bancos y cooperativas ofrecen planes de ahorros que transfieren automáticamente el dinero de la cuenta corriente a la de ahorros. El matrimonio Vega utiliza uno de estos planes para ahorrar con más facilidad.

Las cooperativas no suelen ofrecer estas cuentas especiales para jóvenes o personas mayores porque no cobran el servicio administrativo de las cuentas de ahorros o corrientes. Sin embargo, pagan interés sobre el dinero que se ingrese en ellas. Tanto si tiene sus ahorros en un banco o en una cooperativa, probablemente usted desea que le envíen un estado de cuenta mensual por correo postal o Internet, y que le indiquen cuánto dinero tiene, y los depósitos o retiros de dinero que ha hecho.

Cuentas corrientes

Una cuenta corriente le permite retirar o ingresar dinero. Lo puede hacer firmando un cheque, rellenando un justificante de retiro o reintegro, usando una tarjeta de cajero automático (ATM) o utilizando una tarjeta de débito que autorice al banco electrónicamente a extraer

you leave the money in the account depends on your needs. But if you withdraw the money early, your earnings will be reduced and you may have to pay a penalty. If you leave the money in the CD for the full time, until maturity, you receive your original deposit back, plus interest.

Mr. and Mrs. Vega are careful about the length of time they tie up their money because their needs change. So they use three- and six-month CDs, which mature at different times. Grandma Vega is saving her extra money to leave to her children, so she is putting it into five-year CDs and renewing them when they mature.

You may qualify for a special savings account. Some banks offer junior accounts for children. These can be opened with as little as $1 and have no service charge. The idea is to teach children the benefits and good habit of saving. Most banks also offer student savings accounts without charge. Mr. and Mrs. Vega have made sure Pedro is using one of those. He puts money from his after-school job into this account every payday to save for college.

Some banks have created senior savings accounts for people over 55. Grandma Vega could use this if she weren't already using her money market account. What's more, many banks and credit unions offer savings plans that automatically transfer money from a checking account into a savings account to make it easier for you to save. Mr. and Mrs. Vega have signed up for one of these plans so they can save painlessly.

For the most part, credit unions do not offer special accounts targeted at younger or older customers. That is because credit unions do not charge fees for savings or checking accounts. Instead, they pay you interest on whatever money you put into those accounts. Whether you save at a bank or a credit union, you probably want an account that sends you a statement every month, in the mail or online, that shows how much money you have in your account and how much you have put into it and taken out of it.

Checking Account

A checking account lets you withdraw, or take money from your account. You can take money out of your checking account by writing a check, filling out a withdrawal form, using an ATM card to get cash, or by using a debit card to authorize the bank to electronically take money out of your account and put it into someone else's. Having a

dinero de su cuenta e ingresarlo en la de otra persona. Tener una cuenta corriente le permite hacer pagos de facturas sin tener que pagar un giro bancario y sin que necesite llevar consigo mucho dinero en efectivo. Incluso, en ocasiones, hasta puede ganar intereses.

¿A qué se llama ATM?

Una ATM es una máquina de cajero automático. Es la que vemos en el exterior de muchos bancos y utilizamos con una tarjeta de crédito o de débito para ingresar o retirar dinero, ver el saldo, transferir dinero de una cuenta a otra o incluso comprar sellos. Es más barato y seguro utilizar una ATM que pertenezca a su banco o a la red financiera autorizada por él. Si usa la máquina independiente de las tiendas de licores o un ATM de otro banco que no sea el suyo, le van a cobrar una cuota y puede comprometer la seguridad de su cuenta bancaria.

Existen casi tantas clases de cuentas corrientes como bancos. Existen cuentas corrientes básicas, regulares, de depósito directo, y las que generan interés. Escoja la que mejor se adapte a sus necesidades. ¿Necesita firmar muchos cheques? ¿Desea que su trabajo deposite su salario directamente en su cuenta corriente?

La mayoría de los bancos comerciales cobra una cuota mensual por tener una cuenta corriente; las cooperativas, por el contrario, no. Los bancos no cobran estas cuotas si se mantiene un saldo mínimo en la cuenta. Este saldo varía de banco a banco. Existen bancos que ofrecen cuentas corrientes gratuitas, con uso de cheques, cajero automático (ATM), giros telegráficos y demás servicios, por eso le conviene investigar y comparar unos con otros. Pero tenga en cuenta que un banco o cooperativa que ofrece cuentas gratuitas o con cuotas bajas no siempre responde a sus necesidades y puede ser que tenga que usar dos bancos o un banco y una cooperativa para obtener el servicio que necesita.

El matrimonio Vega escogió una *cuenta corriente regular* que le permite depositar directamente los cheques de sus salarios y firmar un número ilimitado de cheques. Dado que los Vega ingresan sus salarios directamente en sus cuentas, los bancos no les cobran una cuota mensual y además gozan del servicio de transferencia automática de una cuenta a otra.

checking account means you do not have to pay for a money order to pay your bills. It means you no longer have to carry around large amounts of cash. And, depending on where you bank, you may even earn interest on money in your checking account.

What Is an ATM?

An ATM is an automated teller machine. It is the machine you see on the outside of many banks. You use an ATM card or a debit card to deposit or withdraw money from this machine, view your bank balance, transfer money from one account to another, even buy stamps. It is cheaper and safer to use an ATM that belongs to your bank, or to the network authorized by your bank. If you use stand-alone machines at liquor stores or ATMs at a bank other than your own, you may have to pay high fees or may compromise the security of your bank account.

There are almost as many different types of checking accounts as there are banks. There are basic checking, regular checking, direct deposit checking, and interest-bearing checking accounts. The type of account you pick depends on your needs. Do you need to write a lot of checks? Do you want your paycheck deposited directly into your checking account?

Most checking accounts at commercial banks carry a monthly service charge. Those at credit unions do not. Banks waive those fees if you keep a certain amount of money in your checking account at all times. That amount differs with each bank. Then there are a few banks that offer free checking accounts, free checks, free ATM withdrawals, free outgoing wire transfers, and other services. So, it pays to shop around. But remember, a bank or credit union with no or low fees may not always meet your needs. You may need to use two banks or a bank and a credit union to get the most "bang" for your banking buck.

Mr. and Mrs. Vega have chosen a *regular* checking account that allows them to directly deposit their paychecks and to write an unlimited number of checks. Because the Vegas' paychecks are deposited directly into their accounts, checking account fees are waived. And don't forget, the Vegas have added a twist to their banking practices—the automatic transfer to savings.

La cuenta corriente *básica* normalmente le permite firmar un número limitado de cheques gratuitos, y luego le cobra por los sucesivos, además de cobrarle una cuota mensual. Las cuentas *bancarias directas* están pensadas para hacer la mayoría de las transacciones por Internet, por teléfono, por correo o con el cajero automático, ATM. Los jóvenes usan más estas cuentas porque les gusta Internet. Pero recuerde que le van a cobrar por hacer un depósito en persona en una sucursal o por llamar a una de las oficinas. La cuenta corriente que genera interés requiere mantener un saldo mínimo relativamente alto, de 2.500 dólares.

Tal vez le parecerá que una cuenta que genera interés es la más conveniente, pero no siempre es así, pues puede requerir mantener un saldo mínimo muy alto y ofrecer una tasa de interés muy baja. Puede que le convenga cambiar de banco o de cooperativa, o depositar la mayor parte de su dinero en una cuenta de mercado monetario o en CD y pagar una cuota mensual para mantener una cuenta corriente. Otra posibilidad es usar un banco electrónico que le ofrezca tasas de interés más altas, cobros mensuales más bajos y un saldo mínimo menor. Por eso hay que preguntar en diferentes bancos y compararlos.

Cuotas

Aunque tenga una cuenta corriente gratis, su banco o cooperativa le puede cobrar diferentes cuotas; la más común es por un cheque rechazado o por un giro al descubierto. Si comete un error al firmar un cheque, pagar con una tarjeta de débito o retirar dinero del cajero por una cantidad superior a lo que dispone en su cuenta, ésta quedará en "números rojos". Este error puede costarle mucho. Los cargos por sobregiro o pago al descubierto fluctúan entre los 20 y 34 dólares por cheque, por eso le conviene solicitar a su banco o cooperativa un plan de protección por sobregiro que transfiera automáticamente dinero de su cuenta de ahorros a su cuenta corriente y le evite tener cheques al descubierto.

Si por cualquier caso necesita suspender el pago en un cheque, le cobrarán de 10 a 30 dólares. Algunos bancos cobran también por los talonarios de cheques que usted ordene, cargándoselos en su cuenta. Es muy importante que mantenga un registro de estos cobros en su talonario de cheques. También le cobrarán por utilizar una caja fuerte para guardar documentos importantes o joyas, por hacer giros bancarios, por emitir cheques de viajero y por otros servicios administrativos.

Basic checking accounts usually let you write a certain number of checks free, and then charge for each one you write after that, in addition to your monthly charge. *Direct banking* accounts expect you to do most of your banking online or by phone, mail, or ATM. Pedro uses one of these accounts because he likes to bank online. But remember, you are charged even for making a deposit in person at a bank branch and for making phone calls to a branch. Another type of account, *interest-bearing* checking, requires that you maintain a relatively high balance in your account, usually $2,500.

Do not automatically conclude that an interest-bearing checking account is the best deal. It may require a very large minimum balance and pay a very low interest rate. You may be able to make more on your money by using a different bank or a credit union, or by putting most of your money into money market accounts or CDs, and then paying a small service charge for your checking account. Another option is to use an Internet bank, which may offer higher interest rates for your checking account combined with lower monthly fees and balance requirements. Again, it pays to shop.

Fees

Even if you have free checking, you may be charged some fees by your bank or credit union. The most common fee is for a bounced check, or an overdraft. If you make a mistake and write a check, pay by debit card, or make an ATM withdrawal that is more than the amount you have in your account, the account is "overdrawn." That is a very expensive mistake. The fee for an overdraft ranges from $20 to $34 per check. It is a good idea to ask your bank or credit union for an overdraft protection plan. That will let you use a savings account to automatically transfer money to your checking account so you don't bounce a check.

It will also cost you money to stop payment on a check for any reason. Those charges average $10 to $30. In addition, it is likely that your bank will charge you for each box of checks you order and will take the money out of your account to pay for them. It is very important to make a record of that in your personal check register. You will also be charged a monthly fee if you rent a safety deposit box for important papers or jewelry. Other fees may be charged for money orders, traveler's checks, bill-paying services, and more.

Tarjetas de débito

Hay varias formas de pagar algo con su cuenta bancaria sin necesidad de firmar un cheque. Por ejemplo, puede usar una tarjeta de débito. Ésta puede ser emitida por un banco o cooperativa. Cuando la usa para pagar sus compras o poner gasolina, autoriza el pago electrónico a través de su banco y el importe gastado se retira *instantáneamente* de su cuenta bancaria. La tarjeta de débito *no* es una tarjeta de crédito, por lo tanto el pago *no* se difiere. Usar una tarjeta de débito es como pagar en efectivo.

También puede usar la tarjeta de débito para retirar dinero en efectivo de una cuenta corriente, de ahorros y de mercado monetario a través de un cajero automático (ATM). Es muy importante estar seguro de que dispone de suficiente dinero en su cuenta para pagar lo que gaste y no quedarse al descubierto.

Pedro prefiere usar una tarjeta de débito en lugar de dinero en efectivo o cheques para pagar la cuenta del restaurante o sus entretenimientos, pero tiene que tener cuidado y evitar pagar cuotas. Tiene que tener en cuenta dos cosas con respecto al pago de cuotas; una es saber en qué casos su banco le va a cobrar cuotas, ya que cada entidad bancaria tiene reglas diferentes, y otra, que normalmente se pagan cuotas por una transacción con la tarjeta de débito cuando se ingresa un número de identificación personal o PIN (Personal Identification Number), lo que no ocurre cuando se firma un recibo (firma de débito). Algunos bancos ofrecen puntos para recibir recompensas cuando se utiliza esta firma.

Las tarjetas de débito presentan también algunas desventajas: se la pueden robar y usar fácilmente, dejándole la cuenta en blanco. Algunos bancos y agencias emisoras de tarjetas de débito le ofrecen "*cero* gravamen," por lo que le restituyen el dinero robado, pero para ello tiene que presentar primero, y en un número limitado de días, la denuncia del robo o pérdida de la tarjeta, de lo contrario se quedará "desamparado." Así que si usa una tarjeta de débito, hágalo con prudencia, *nunca* se la dé a nadie, excepto a un restaurante, y *nunca* la use para comprar algo por Internet.

Pedro aprendió esta lección cuando su mejor amigo le prestó la tarjeta de débito a su primo para que comprara comida. El primo, además de la comida, compró unos neumáticos, una funda para el volante del coche, puso gasolina, pagó unas cuantas comidas y se fue conduciendo al anochecer. El amigo de Pedro estuvo esperando a su primo un buen rato y para cuando fue a denunciar la pérdida, ya era demasiado tarde.

Debit Cards

There is another way of paying for something from your bank account that does not involve writing a check. Instead, you use a debit card, sometimes called a check card (and in some cases an ATM card). A debit card can be issued by a bank or credit union. When you use it to pay for groceries or gasoline, you are authorizing your bank to make the payment from your account electronically. That means the cost of your groceries is taken out of your bank account *immediately*. This is *not* a credit card, so payment is *not* delayed. Using a debit card is just like paying cash.

You may also use a debit card with a checking, savings, or money market account to withdraw cash from an ATM. It is particularly important that you are sure you have enough money in your account at the moment you use your debit card, so you do not spend more money than you have.

Pedro prefers to use a debit card rather than using cash or writing a check to pay for his meals out and entertainment. But he has to be careful because using a debit card may involve paying a fee. There are two things that will determine whether you pay. First, every bank has different policies about when debit fees are applied. That makes it very important that you ask your bank about debit fee policies. Second, you are more likely to pay a fee on a debit card transaction if you enter a personal identification number (PIN), than if you sign a receipt (signature debit). Some banks offer points toward gifts when you use a signature debit.

There are some downsides to using debit cards. Debit cards may make you a bigger target for thieves. If someone takes your debit card, he can empty your account. Some card issuers and banks offer you "zero liability" if that happens, meaning the bank will replace your money. But you *must* report the loss or theft of your debit card with in a fixed number of days. If you miss that deadline, you are out of luck. So, if you use a debit card, use common sense. *Never* give it to someone else, say, at a restaurant. And *never* use it to buy something online.

Pedro learned these lessons when his best friend lent his debit card to a cousin to help him buy groceries. The cousin not only bought groceries, he picked up a set of tires, some gasoline, a steering wheel cover, and a few meals as he drove off into the sunset. Pedro's friend kept waiting for his cousin to return, and by the time he reported his debit card was gone, it was too late.

Otra cosa más, usar una tarjeta de débito no crea un historial de crédito; eso se consigue con las tarjetas de crédito y pagándolas a tiempo.

Tarjetas de crédito

Una tarjeta de crédito le permite comprar algo por un importe limitado y prorrogar el pago de 15 a 21 días. Es conveniente pagar el total de la cuenta de la tarjeta de crédito a tiempo, para no tener que pagar intereses. Así lo hace el matrimonio Vega. Si no paga el total para la fecha debida, adeudará intereses sobre la cantidad que queda por pagar. También puede pagar cada mes el mínimo debido, que representa el 4 por ciento del saldo total incluyendo interés. Este método lo mantendrá endeudado más tiempo y aumentará los intereses que pagar. (Recuerde: Tomar o pedir dinero prestado cuesta dinero.)

¡Cuidado! Si no paga a tiempo la cuenta de su tarjeta de crédito o excede su límite, tendrá que abonar un cargo de 15 a 39 dólares. Además, su tasa de interés de esa tarjeta, y tal vez de las otras que tenga, aumentará. También se incrementará la tasa de interés que tendría que pagar por préstamos para la compra de una casa, auto o derechos de propiedad. *Es importante que administre su crédito con cuidado y que se proteja.* Volveremos a hablar de este tema en el capítulo 10.

No todas las tarjetas de crédito ofrecen crédito. Algunas son tarjetas de cargo, o sea requieren el pago completo cada mes, no cobran interés y no establecen un importe limitado de lo que puede gastar. Otra opción es una tarjeta prepagada o de valor almacenado que está respaldada por dinero real, pagado de antemano. Cuando la usa, se extrae el importe gastado de la cantidad depositada en la tarjeta. No paga interés, aunque le pueden cobrar una cuota inicial al comprar la tarjeta y "cargarla." Ésta es una buena manera de enseñar a un adolescente a administrar sus gastos. Así lo hicieron los Vega, que enseñaron a Pedro a administrar sus gastos de ropa y material escolar.

Por último, hay una tarjeta "intermedia": Las tarjetas de crédito aseguradas que requieren que deposite una cierta cantidad de dinero en una cuenta bancaria. El límite de su crédito (cantidad máxima que puede cargar) corresponde a la cantidad de dinero que ha depositado en su cuenta. De esta forma, el banco sabe que

One more thing: using a debit card does not build a credit history. To do that, you need to use a credit card and to pay any charges on time.

Credit Cards

A credit card allows you to buy something, costing up to a certain limit, and delay paying for it for 15 to 21 days. If you charge something and pay it off in full within the 15 to 21 days, you will owe no interest. That is how Mr. and Mrs. Vega like to use their credit card. If you do not pay the total by the date the payment is due, you will owe the remaining amount of your purchase, plus interest. Or you may pay the minimum due, which is usually 4 percent of your total balance every month including interest. This method takes a long time and requires you to pay a lot of interest. (Remember, that is what you pay to "rent" or borrow money.)

If you do not pay your credit card bill on time or charge more than your credit limit, you will have to pay a fee ranging from $15 to $39. *Beware.* If you are late on one credit card, your interest rate is likely to go higher on that card, and perhaps on every other credit card you use. What is more, late credit card payments may increase the interest rate you will have to pay for home, car, and home equity loans. *It is important that you manage credit carefully to protect yourself.* We will discuss that fully in Chapter 10.

Not every credit card is a credit card. Some are charge cards. A charge card requires that you pay all charges due in full every month. It imposes no interest and no limit on how much you can spend with your card. Another alternative is a prepaid or stored-value card. It is backed up by real cash paid in advance. Then when you use the card, the amount of cash left on that card is reduced by your purchase. You may pay initial fees to buy the card and to "load" it, but you pay no interest. This is a good way to teach a teenager how to manage spending. It is how Mr. and Mrs. Vega taught Pedro to manage his spending for school clothes and supplies.

Finally, there is an "in-between" card. Secured credit cards require that you deposit a certain amount of money in a bank account. The credit limit (how much you can charge) is the same amount as the amount of money you have deposited in your account. That way, the bank knows you have the money to pay off your charges. This

tiene dinero para pagar sus cargos. Esto es lo que Pedro usará para prepararse para las emergencias cuando vaya a la universidad y para crearse un historial de crédito.

Otros servicios bancarios

La mayoría de los bancos ofrece también cuentas especiales. Las cuentas de transferencias electrónicas están a disposición de personas que reciben regularmente pagos del gobierno federal a través de un depósito directo. Ésta es la clase de cuenta que la abuela Vega usa para depositar los cheques que recibe de la Seguridad Social. Las cuentas electrónicas de activos son para aquellos que reciben beneficios del gobierno local o estatal a través de un depósito directo, pago automático de la nómina u otros tipos de depósito directo. Algunos bancos ofrecen cuentas corrientes de beneficios de empresa. Si su patrón participa y usted usa el depósito directo de sus ingresos, obtendrá una cuenta corriente gratuita.

Los bancos están desarrollando también otros productos financieros tales como servicios de seguros y corretaje. *Compare siempre* lo que le ofrecen diferentes bancos antes de aceptar uno de estos servicios. Los bancos también ofrecen servicios tradicionales, tales como cajas fuertes, cheques de viajero, giros bancarios y formas de enviar dinero a otras personas que viven dentro y fuera de Estados Unidos. Además, la mayoría provee servicios de pagos automáticos en cuentas que, en algunos casos, pueden ser gratuitos. Si se conecta a la red Internet a través de un ordenador o computadora, el banco le ofrece una forma de mantener un registro de lo que gasta.

Recuerde que un banco o cooperativa es una empresa que le presta un servicio. Seleccione el banco y escoja los servicios que mejor respondan a sus necesidades. Si no le gusta su banco, no tiene por qué seguir con él, puede transferir su dinero a cualquier otro.

is what Pedro will use to prepare for emergencies when he goes to college. It will also help him build a credit history.

Other Banking Services

Most banks also offer special accounts. Electronic transfer accounts are available for people who receive regular payments from the federal government by direct deposit. This is the kind of account Grandma Vega uses for her Social Security check. Electronic asset accounts are for those who get state or local government benefits by direct deposit, automated payroll, or other direct deposits. Some banks offer company benefits checking accounts. If your employer participates and you use direct deposit, you will get a free checking account.

Banks are branching out into other financial products as well, such as insurance and brokerage services. It *always* pays to shop around before signing up for these. Banks also offer traditional services such as safety deposit boxes, traveler's checks, money orders, and ways to send money to others living inside or outside of the United States. In addition, most provide automatic bill-paying services. In some cases, that can be free. And again, if you use a computer to go online, at least one bank offers you a way to keep track of what you spend by category.

Just remember, a bank or credit union is in business to serve you. Pick the one that meets your needs. Pick the services that meet your needs. And if you don't like your bank, you are not married to it. You can move your money to another one.

Herramientas para administrar el dinero: Cómo obtener el máximo y evitar tener problemas con su banco

Hasta ahora nos hemos concentrado en lo que su banco puede hacer por usted. Pero también hay algo que usted puede hacer por sí mismo, y es realizar sus *transacciones bancarias con buen criterio*. Es importante que calcule lo que ha ahorrado o gastado en cada transacción. Es importante que lleve de manera apropiada un registro de lo que ha hecho con su dinero. Es importante que lea lo que el banco le envía. Todo esto es válido tanto si tiene mucho como poco dinero. Si trata de recordar todo, es fácil que se olvide de algo, y firme un cheque sin fondos, se olvide de hacer un pago o pierda una buena oferta. Y todo esto puede costarle muy caro.

Haga el balance de su cuenta

Si ingresa dinero o lo extrae de su cuenta bancaria usando un cheque o una tarjeta de débito, anote siempre la transacción en su registro.

Cada mes su banco le envía un "estado de cuenta" por correo o por Internet, o sea, un reporte detallado de sus transacciones que incluye depósitos, retiros de fondos, cheques firmados, transacciones de la tarjeta de débito, transferencias automáticas y cargos por servicios. Este estado de cuenta es una herramienta valiosa, pues le permite comparar lo que ha anotado en su registro con el que el

Money Management Tools: How to Make the Most of Your Money and Stay out of Trouble with Your Bank

So far, we have focused on what your bank can do for you. There is also something you can do for yourself: *Bank responsibly.* It is important that you add and subtract what you save and spend at the moment you make a transaction. It is important that you properly record what you have done with your money. It is important that you read what your bank sends you. This is true whether you are rich or poor. If you try to keep everything in your head, you will forget something. That can lead to a bounced check, a missed payment, or a missed opportunity. Each of these can be a very expensive mistake.

Balance Your Account

If you put money into your bank account, or take it out by using a check or a debit card, always record your transaction in your register.

Each month your bank will send you a "statement" by mail or online. That is a detailed accounting of your transactions. It includes deposits, withdrawals, checks written, debit card transactions, automatic transfers, and service fees. This is a valuable tool for you. It gives you the opportunity to check what you've written in your register with the records kept by the bank. *Do not throw the unopened*

Ejemplo de registro

Número de Cheque	Fecha	Descripción	Retiro/Cuotas/ Débito (−)	Depósito/Interés/ Crédito (+)	Saldo
					3.000,00
111	4/3	Alquiler	1.200,00		1.800,00
Débito	7/3	Gasolina	30,00		1.770,00
ATM	9/3	Depósito		1.000,00	2.770,00
Cuotas	12/3	Costo de cheques	25,00		2.745,00

banco mantiene. *No deje en un rincón un estado de cuenta sin abrir.* Es muy importante que compare su registro con el del banco. Algunas veces existe una gran diferencia entre lo que el banco muestra que tiene en la cuenta y lo que usted cree que tiene. (Véase apéndice C.)

La fecha de las transacciones en el estado de cuenta no corresponde al día en que usted la hizo sino al día en que el banco la realizó. En la parte superior del estado de cuenta aparece el mes o período.

Hay dos pasos a seguir para determinar exactamente cuánto tiene en el banco. El primero es comparar las entradas y los recibos de su registro con los que figuran en el estado de cuenta. (Haga una marca en el espacio provisto en su registro para llevar mejor la cuenta). El total debería corresponder al del banco.

El segundo paso es hacer el balance de pagos *del período* calculado por el banco (el período del estado de cuenta). A veces, el banco añade una página detrás del estado de cuenta para que haga este cálculo.

Este segundo paso incluye otros pasos más breves. Primero, haga una lista de todas las extracciones o retiros de fondos, cheques, transferencias automáticas y cargos por servicios que corresponden al período del estado de cuenta del banco, súmelos y escriba el total. Debajo del total, escriba el saldo del estado de cuenta. Haga una lista de todos los depósitos o transferencias recibidas en su cuenta y calcule el total. Ahora añada el saldo del banco del estado de cuenta a los depósitos en su cuenta. Finalmente, reste el total de su lista de cheques y débitos al total de sus depósitos y del saldo del estado de cuenta. El resultado corresponde a su saldo actual.

Sample Bank Register

Check Number	Date	Description	Withdrawals/ Fees/Debit (−)	Deposit/Interest/ Credit (+)	Balance
					3,000.00
111	3/4	Rent	1,200.00		1,800.00
Debit	3/7	Gasoline	30.00		1,770.00
ATM	3/9	Deposit		1,000.00	2,770.00
Svc. Chg.	3/12	Cost of checks	25.00		2,745.00

statement into a drawer. It is very important that you compare your records to the bank's. Sometimes there is a big difference between what the bank says you have in your account and what you think you have. (See Appendix C for a sample bank statement.)

The bank statement will not include every transaction through the day you receive it. Instead, it will include every transaction through the day the bank did the calculation. You will find your statement period somewhere at the top of the statement.

To determine exactly how much you have in the bank is a two-step process. Step one is to compare your register entries and receipts with those listed on the bank's statement. (Put a check mark in the space provided on your register to help you keep track.) That total should match the bank's.

Step two helps you figure out your balance *since* the bank did the calculation (after the statement period). Very often, a bank will put a worksheet on the back of your statement to help you with this.

Step two has lots of little steps. First, make a list of all withdrawals, checks, automatic transfers, and service charges after the bank's statement date. Add them up and write down the total. Then, below that, write down the balance from the bank statement. Next, list any deposits or transfers into your account and total that up. Now add the bank balance from the statement with the deposits to your account. Finally, subtract the total of your list of checks and debits from the total of your deposits and the bank statement balance. That should tell you what your current balance is.

Pasos para determinar el balance

1. Lista de los cheques, débitos, cargos por servicios y transferencias en su cuenta, con el total.
2. El saldo correspondiente al período del estado de cuenta.
3. Lista de los depósitos y transferencias recibidas en la cuenta, con el total.
4. Reste el total de cheques y débitos pendientes del total del saldo y de los depósitos.
5. Calcule el saldo final.

Si tiene más de una cuenta con el mismo banco, lo más probable es que todas aparezcan en el mismo estado de cuenta. Los bancos y las compañías de tarjetas de crédito también proveen estados de cuenta similares. (Vea un ejemplo en el apéndice B.) En este caso también es conveniente leer el estado de cuenta de las tarjetas de crédito tan pronto como lo reciba y comprobar que los cargos que aparecen son correctos y que nadie sin su autorización ha usado su tarjeta.

Otra manera de evitar problemas con el banco es tener un plan de protección para sobregiros, que consiste en que los bancos o cooperativas le permitan hacer transferencias automáticas de su cuenta de ahorros a su cuenta corriente para cubrir sobregiros (cheques rechazados). La mayoría de los bancos y cooperativas ofrecen acceso telefónico o electrónico (Internet) a la cuenta bancaria. Si le preocupa la piratería en Internet, utilice el acceso telefónico.

Use el banco con inteligencia

Ahora ya sabe que llevando la cuenta de sus transacciones bancarias se evitan problemas o sorpresas. Los bancos le ofrecen herramientas que lo ayudan a administrar su dinero. A muchas personas les gusta usar el depósito directo, que es cuando su empleador o ente gubernamental deposita su salario o cheque directa y electrónicamente en su cuenta bancaria. Generalmente el dinero depositado así está disponible un día antes que con otros medios. Por otra parte, los bancos le ofrecen descuentos si utiliza este método, pues reducen trabajo administrativo y obtienen los fondos más pronto.

Tenga en cuenta que un empleador puede tomar dinero de su cuenta sin decírselo u obtener su permiso si se da cuenta de que le

Steps to Find Your Current Balance

1. List checks, debits, service charges, and transfers out of the account, and calculate the total.
2. Write the balance shown for the statement period.
3. List deposits and transfers into the account, and calculate the total.
4. Subtract the total of outstanding checks and debits from the total of the statement balance and add deposits.
5. Calculate the end balance.

If you have more than one account with a bank, most often it will combine several accounts on one statement. Banks and credit card companies also provide similar statements for your credit card accounts. (For an example, see Appendix C.) In this case also, it is wise to read the credit card statement as soon as you get it to make sure the charges shown are correct and to detect whether any unauthorized person is using your credit card account.

There are more ways to stay out of banking trouble. Use overdraft protection plans. Banks or credit unions will allow you to use an automatic transfer from your savings account to your checking account to cover any overdrafts (bounced checks). What's more, most banks and credit unions offer access to your account over the phone or on the Internet. If you are nervous about computer hackers, at least arrange to be able to get to your account via the telephone.

Smart Banking

Now you know how to stay out of trouble by banking responsibly. Banks also offer tools to help you manage your money to your own advantage. Many people like to use direct deposit. That is when your employer or the government sends your paycheck or benefit check electronically directly to your bank account. In most cases, this means your money is available one day sooner than average. Banks are also willing to give discounts on monthly fees because it reduces paperwork and gives the bank your money sooner.

But be aware that an employer can take money from your account without telling you or getting your permission, if it finds it paid you incorrectly previously. In very few cases, this can result in bounced

pagó incorrectamente con anterioridad. En muy pocos casos esto puede dar lugar a cheques rechazados (sobregiros) que pueden dañar su historial de crédito. Antes de aceptar el sistema de depósito directo de su salario, lea cuidadosamente el contrato que su empleador le pide que firme.

Otra herramienta que ofrecen los bancos y hace más fácil ahorrar dinero consiste en las transferencias automáticas de una cuenta corriente a una cuenta de ahorros. Para ello, tiene que dar su autorización al banco para que éste transfiera la cantidad que desee con la frecuencia que usted determine. Al cabo de unos meses, se acostumbrará a prescindir de esa cantidad y se encontrará ahorrando sin hacer un gran esfuerzo. Y recuerde: Anote estas transferencias en su registro de transacciones.

Algunos servicios bancarios pueden ser una espada de doble filo. Los pagos automáticos de facturas o recibos le garantizan el pago puntual del alquiler y de la factura del teléfono, pero también le limitan las posibilidades de administrar el flujo de fondos con más flexibilidad en momentos de apuros económicos. Con este sistema, las compañías a las que usted paga tienen acceso a su cuenta aunque carezcan de una protección de privacidad apropiada. En algunos casos, los consumidores han tenido problemas al cancelar los servicios de pagos automáticos. Conviene mantener una lista de los recibos pagados automáticamente (a través de transferencias o tarjetas de crédito), de las compañías que reciben los pagos y de los importes pagados. De esta manera, si sucediera algo o usted falleciera, su familia podría comprender su situación financiera.

Cuando utiliza un cajero electrónico, aparece en el recibo o comprobante el "saldo disponible," que es una cantidad de dinero superior de la que usted en realidad dispone. El "saldo disponible" es una forma de anticipar dinero si lo desea o una pequeña línea de crédito que puede resultar valiosa en caso de emergencia, pero sea cauteloso porque tendrá que pagar interés si utiliza esa cifra. Limítese a usarla sólo en caso de gran necesidad.

checks (overdrafts), which can hurt your credit rating. Read the contract your employer asks you to sign carefully before agreeing to direct deposit.

Another tool offered by banks can help you save money with very little pain. Automatic savings transfers make automatic deposits from your checking account to your savings account. You have to authorize the transfers, state the amount of each transfer, and how often they are to be made. After the first few times, you won't even miss the money, and saving for your future will become painless. One warning: Do not forget to record the transfers into your transaction register.

Other banking services can be double-edged swords. Automatic bill paying will help you make sure your rent or phone bill is paid on time. But it can also leave you without the flexibility you need to manage cash flow if things get tight. What's more, it gives merchants who may not have appropriate privacy safeguards access to your bank account. In some cases, consumers have had problems ending automatic bill-paying arrangements. It is a good idea to keep a list of each bill paid automatically by transfer or credit card, to whom it is paid, and for how much. That way, if something happens to you or you die, your family will be able to understand your finances.

Finally, some banks will show you an "available balance" on your ATM or debit card receipt. This can make you think you have more money in your account than you do. It is a form of cash advance or a small line of credit. It can be very helpful in an emergency. But if you use it, you pay interest, so use it carefully and only when absolutely necessary.

Administrando y ahorrando dinero para tener independencia

Managing and Saving Money for Independence

¿Por qué ahorra? Ahorra para protegerse de lo inesperado: un salario pagado tarde, una emergencia de salud, un problema con el auto. Ahorra para tener más posibilidades: para pagarse los estudios, para cambiar de trabajo, para mudarse a un apartamento nuevo. Ahorra para mejorar su futuro: comprar una casa, enviar a su hijo a la universidad o crear un fondo para la jubilación. Ahorra para tener la libertad de no tener miedo y lograr lo que desea. Ahorra para hacer realidad sus sueños.

Why save money? You save to protect yourself from the unexpected: a late paycheck, a health emergency, a problem with your car. You save to give yourself options: to get more education, to switch jobs, to move to a new apartment. You save to improve your future: to buy a home, to send a child to college, to build a retirement fund. You save to give yourself freedom from fear and want. You save to make your dreams reality.

C A P Í T U L O

6

Ahorrar: A corto y a largo plazo

Si piensa por qué ahorramos, se dará cuenta de que las necesidades pueden ser de corto, medio o largo plazo. Por ejemplo, cada mes tiene que pagar el alquiler o la hipoteca, y a veces el salario que gana no basta para cubrir estos gastos, por eso guarda dinero cada mes y ahorra a corto plazo. Si puede guardar dinero para pagar las cuentas mensuales, también puede ahorrar para otras necesidades más lejanas en el futuro.

Ahorrar para comprar un auto, una casa o pagar la universidad, son formas de ahorro más prolongadas que las de pagar mensualmente el alquiler. Ahorrar para la jubilación toma dos tercios de la duración de su vida. En muchos casos, la cantidad de tiempo de que dispone antes de necesitar del dinero, determina el método que usará para ahorrarlo.

Otro motivo para ahorrar son las emergencias. Ahorrar la cantidad que necesita para mantenerse de tres a seis meses le permitirá afrontar la mayor parte de las emergencias. Si tiene que mantener una familia, trate de ahorrar el dinero suficiente como para mantenerse seis meses. Crear un fondo para emergencias requiere tiempo y fuerza de voluntad para no tocarlo, pero aunque sea poco, cuando se presente una emergencia, podrá afrontarla.

Si quiere ser capaz de disponer inmediatamente del fondo para una emergencia, ingréselo en una cuenta que le dé interés, pero que no le cobre una penalidad por retirarlo antes de un determinado plazo, como por ejemplo una cuenta de mercado. Si está ahorrando para comprar una casa, ingréselo en una cuenta que genere intereses más altos que los que dan las cuentas bancarias o

CHAPTER 6

Saving: The Long and Short of It

If you think about the reasons we save, you will notice that you face short-, medium-, and long-term needs for your money. For instance, each month you have to pay your rent or your mortgage. Often, it takes more than one paycheck to meet that expense. So, every month, you save for the short term. If you can do that, you can save for other needs farther into the future, step by step.

Saving for a car, a home, or college is just a longer version of saving to pay that monthly rent. Saving for retirement takes about two-thirds of your lifetime. In most cases, the length of time you have before you need the money determines the method you'll use to save it.

And then there are reasons to save money you hope you'll never need: emergencies. Three to six months of living expenses should get you through most emergencies. If you have to support a family, you should try to put away enough money to last you six months. An emergency fund takes time to build and will-power to leave untouched. But even if your fund is a small one, when an emergency hits, your cushion will allow you to be able to handle it.

You want to be able to get to your emergency fund right away. So put it into an account that earns interest, but does not charge you a penalty for early withdrawal, such as a money market account. If you are saving to buy a home, put your money into an account that earns higher interest than bank or money market accounts, such as a certificate of deposit (CD).

If you are saving for retirement, put your money into long-term investments that earn interest or dividends and that make it

de mercado monetario, por ejemplo en un Certificado de Depósito. Si está ahorrando para su jubilación, póngalo en inversiones a largo plazo que generen interés o paguen dividendos y de donde le sea difícil retirarlo. ¿Por qué? Para evitar la tentación de usar el dinero de su jubilación en cosas innecesarias.

Piense otra vez en el tipo de cosas por las que ahorra; algunas podría considerarlas una inversión, como la hipoteca de una casa o los estudios universitarios. Otras son bienes que pierden valor, como un auto o la ropa. ¿Qué tipo de bienes cree que son más importantes? Unos pantalones vaqueros o una fiesta majestuosa no le van a dar techo para cobijarse ni pagan los estudios de su hijo.

No le estoy sugiriendo que vaya al trabajo con agujeros en los zapatos o sin impermeable en un día de lluvia pero, en general, podemos prescindir de estos artículos, al menos temporalmente, para poder dar los primeros pasos hacia la independencia económica.

Entonces, ¿cuáles son estos primeros pasos? Consisten en administrar inteligentemente el dinero de que dispone y sacarle el mejor provecho. Los pasos siguientes consisten en *invertir* su dinero inteligentemente para que se multiplique.

Pero antes de seguir, veamos los obstáculos que puede encontrar. Muchos empleos pagan salarios bajos, por lo que resulta difícil tener los medios para pagar una vivienda, un seguro médico, un vehículo o comida. Muchos de nosotros tenemos que estirar el dinero para que nos alcance hasta finales de mes y a veces recurrimos a las tarjetas de crédito para resolver una situación, lo que nos lleva más tarde a deber más dinero y difícilmente podemos pagar el mínimo requerido, por lo que tenemos que tomar decisiones difíciles.

Por ejemplo, cuando una querida amiga mía llegó a Estados Unidos desde Cuba por primera vez, su familia tenía poco dinero, pero se atuvieron a lo básico y consiguieron ahorrar. Lo "básico" no incluía un auto, por eso, pasaba cuatro horas diarias en autobús para ir a las clases que tomaba y al trabajo. Cuando finalmente la familia compró un auto por el que pagó 400 dólares en efectivo, lo usaba como si fuera un autobús, nunca con menos de dos personas en él.

Aunque resulte difícil ahorrar, es importantísimo hacerlo. El Proyecto de Seguridad de Jubilación del *Pew Charitable Trust* y el Consejo Nacional de La Raza encontraron que más de la mitad de los latinos no ahorra nada para su jubilación. En 2001, sólo el 25 por ciento de los trabajadores hispanos tenía un plan de jubilación ofrecido por los empleadores, mientras que el 50 por ciento de los

difficult for you to withdraw your money. Why? Because you do not want to be tempted to use retirement money for things that are unnecessary.

Look at the categories of things you save for again. You'll notice there are things you could call an investment, such as a home mortgage or college education. Then there are depreciating assets, things that lose their value, such as a car or clothes. Which purchases do you think are most important? The expensive pair of jeans or fancy party will not put a roof over your head or your child through school.

I am not suggesting that you walk to work in the rain in shoes with holes and no coat. But most of us could do without a lot of those depreciating assets, at least temporarily, in order to take the first steps toward independence.

So what are the first steps? The first steps involve wise money *management.* That is, using the money you have to the best advantage. The next steps involve wise *investment* to make your money grow.

Before you learn how to take those steps, let's look at some of the hurdles you might face. Many jobs pay low wages that make it difficult to afford housing, health care, transportation, and food. Too many of us have to stretch to make our money last through the end of the month. Sometimes we use our credit cards just to get by, and then find we owe so much money, we can barely afford to pay the minimum due. So, we have to make some hard choices.

For example, when a dear friend of mine first arrived in the United States from Cuba, her family had little money. But by sticking to basics, they were able to save. "Basics" did not include a car. She spent a total of four hours a day on the bus to get to classes and to work. When the family did buy a car, they paid $400 cash and used it as though it were a bus. The car never carried fewer than two people.

As difficult as it is, it is critical that you save. The Pew Charitable Trust's Retirement Security Project and the National Council of La Raza found that more than half of Latinos save no money at all for retirement. Only 25 percent of Hispanic workers took advantage of an employer-provided retirement plan in 2001, compared to half of the overall workforce. More than half of Latinos age 55 through 59 years old have *nothing* in

trabajadores en general sí lo tenía. Más de la mitad de los latinos entre los 55 y los 59 años no tiene *ningún* plan de jubilación, y se calcula que el número de hispanos mayores de 65 años aumente y llegue a los 15,2 millones para 2050. ¿Quién va a cuidar de usted cuando no pueda trabajar?

¿Cuánto necesitará para su jubilación? La cantidad se puede calcular de varias maneras, una de ellas se muestra en la sección de abajo. Pero lo que más necesita es sentido común y ahorrar lo suficiente para generar el 80 por ciento de su ingreso actual para cuando se jubile. Aunque, vistos los problemas que se presentan con la asistencia de MediCare y la Seguridad Social, puede que requiera más.

MÁS

Ingresos de la jubilación: Para darle una idea de lo que necesitará ahorrar para mantenerse cuando se jubile, calcule que, por cada mil dólares de ingreso mensual que utiliza, necesitará 300 mil dólares en ahorros. Si gasta 50.000 dólares anuales, necesitará ahorrar un millón doscientos cincuenta mil dólares.

Pero no se asuste. Recuerde que no está haciendo esto completamente solo. Muchas personas cuentan con la Seguridad Social o una pensión determinada de su empleador o sindicato. Pero si no tiene ninguna de estas redes de seguridad para la jubilación, tendrá que construírselas solo. Más adelante en este libro, le enseñaremos a usar los planes de jubilación llamados IRA y 401(k).

Si ya tiene una red de seguridad financiera o ahorros, o ambas cosas, calcule su valor y réstelos a la cantidad que cree necesitará para jubilarse. El resultado corresponde a la cantidad que deberá ahorrar para obtener su independencia económica y la garantía de poder mantenerse cuando no sea capaz de seguir trabajando.

La jubilación no es la única meta en su vida, también necesita un techo. Si no desea estar pagando un alquiler mensual por una vivienda que nunca será suya, puede pensar en comprarse la suya propia. Una vivienda no sólo ofrece un lugar dónde vivir sino que también representa una inversión para su jubilación. Si decide comprarla, necesitará crear un plan de ahorros especial con este fin.

Además, necesita alimentar, educar y vestir a su familia. Todas estas necesidades pueden parecer abrumadoras, pero no puede dejar su jubilación pendiente hasta que llegue el momento, ni dejar de comer hoy por ahorrar dinero para mañana. Pero si usa el dinero como una herramienta práctica, administrándolo inteligentemente e invirtiéndolo, será capaz de encontrar un equilibrio entre su presente y su futuro.

retirement accounts. And the number of Hispanics 65 or older is expected to grow to 15.2 million by 2050. Who will take care of you when you can no longer work?

What will you need for retirement? There are lots of ways to calculate that. One is demonstrated in the box on this page. But common wisdom is that you need to save enough to generate 80 percent of your current income to live in retirement. With threats to Medicare and Social Security looming, you may need more.

Don't panic. Remember, you are not doing this entirely alone. For most people, there is Social Security. Some people have a defined pension from their employer or their union. But if you have neither of those retirement safety nets, you *will* have to do it all yourself. We'll show you how by using individual retirement accounts (IRAs) and 401(k)s later in this book.

MORE

Retirement needs: To give you a sense of what you need to save to support yourself when you retire, figure that for every $1,000 in monthly income you'll draw, you will need about $300,000 in savings. To draw $50,000 a year, you will need $1.25 million dollars.

If you have a safety net or savings, or both, subtract them from the amount you think you need for retirement. That is what you will need to save to declare financial independence. That is what will take care of you financially when you can no longer work.

Retirement is not your only goal in life. You need a roof over your head. If you don't want to pay a landlord rent every month, you may want to buy a home. A home offers not only a place to live, but it can help you build your retirement nest egg. If you want to buy a home, you will need to create a separate savings plan for that.

What is more, you need to feed, educate, and clothe your family. There are so many demands on your money, it can all seem overwhelming. You cannot put your life on hold until you retire. You cannot stop eating now to save money for the future. But by learning to use money as a tool, to manage and invest it, you will be able to perform the balancing act between the present and the future.

CAPÍTULO 7

Su plan para la independencia financiera

No voy a engañarlo, no es fácil ahorrar. Pero ahora que sabe *por qué* tiene que hacerlo, le será más fácil comprender *cómo* lograrlo aunque no tenga mucho dinero. Dar el primer paso es la parte más importante de este proceso que lo llevará a la independencia económica.

Los hispanos nos estamos moviendo con gran rapidez en la escala social hacia la clase media estadounidense. La comunidad latina con el mayor crecimiento económico se encuentra entre las familias que ganan más de 50.000 dólares al año. Pero no estamos creciendo económicamente tan rápidamente como podríamos. Para hacerlo, tenemos que dar este primer paso y *retribuirnos primero*. ¿Qué significa esto? Significa que consideramos el ahorro una prioridad y que una cuenta de ahorros es tan importante como pagar un recibo mensual, o como incluso enviar dinero a los miembros de la familia.

La mejor manera de ahorrar es comenzar ahora, hacerlo consistentemente, y si puede, automáticamente, deduciendo de su salario o con transferencias automáticas de una cuenta a otra. En teoría, la cantidad que ahorra debería basarse en lo que va a necesitar para ser independiente económicamente, no en lo que le queda a final de mes después de pagar las cuentas. (¡Recuerde lo importante que es encontrar un equilibrio económico!)

CHAPTER 7

Your Plan for
Financial Independence

I won't lie to you. It is not easy to save money. But now that you know *why* you have to save, it will be easier to understand *how* to do it, even if you do not have a lot of money. Taking the first small step toward wise money management is the most important part of your journey to financial independence.

Hispanics are moving into America's middle class very rapidly. The fastest-growing portion of the Latino community is among households that earn more than $50,000 a year.

Still, we are not building wealth as quickly as we could. To build wealth, you must take that first step and *pay yourself first*. What does that mean? It means that you consider saving as the most important category in your budget. It means you treat your savings account as though it is the first bill you have to pay every month, even before you send money to family members.

The best way to save is to start now, do it consistently, and if you can, do it automatically through payroll deductions or automatic transfers from one account to another. Ideally, the amount you save should be based on what you need for financial independence, not what you have left after you use your money for everything else. (Remember the balancing act!)

El incentivo de ahorrar

El ahorro regular puede traerle muchos beneficios. Si desde los 25 años ahorra dos mil dólares anualmente, habrá acumulado 80.000 dólares para cuando tenga 65. Pero con un interés compuesto del 6 por ciento, anual, el importe final será de aproximadamente 335.000 dólares.

Si a partir de los 40 años ahorra anualmente 4.000 dólares previo a la deducción de impuestos con un rendimiento del 6 por ciento, añadirá la cantidad aproximada de 233.783 dólares para cuando tenga 65 años.

¿Está comenzando a ahorrar tarde? Si a los 50 años deposita 15 dólares al día en un plan de jubilación, ahorrará 450 dólares al mes. En 20 años, con un 7 por ciento de interés (a través de acciones, bonos y cuentas de Mercado Monetario (Money Market Accounts), podrá tener 237.000 dólares, lo que le dará una mensualidad para su jubilación de unos 750 dólares, de manera que si cobrara también la jubilación de la Seguridad Social y contara con un trabajo de tiempo parcial, podría arreglárselas. Cuanto más tarde comience a ahorrar, más cantidad de sus ingresos tendrá que destinar al ahorro. Así que comencemos a trazar de inmediato un plan de administración de su dinero.

Cómo crear un presupuesto rentable

Antes que decidir cuánto dinero va a dedicar a su futuro, necesita saber cuánto dinero entra y sale al mes, para poder hacer un plan financiero, de la misma manera que un arquitecto diseña un plano antes de construir una casa.

Lo primero es hacer un presupuesto para entender mejor cómo gasta el dinero cada mes. He incluido uno al final del libro (Apéndice B), así no tendrá que recordar las distintas maneras en las que gasta su dinero. Si tiene un ordenador o computadora, puede usar programas presupuestarios tales como Quicken, Microsoft Money u otros.

¿Por qué hacer un presupuesto?

El mayor beneficio que le brinda un presupuesto no es el económico, sino el emocional. Le evita tensiones. Mi amiga Margarita, quien me animó a escribir este libro, me dijo que cuando piensa en el dinero se pone nerviosa porque teme que nunca tiene suficiente y se avergüenza por no hacer lo que su madre trató de enseñarle: ahorrar.

Your Incentive to Save

Here is what steady savings can do for you. If you save $2,000 a year from age 25, you will have deposited $80,000 by the time you are 65 years old. But with compound interest at an annual rate of 6 percent, those deposits grow to about $335,000. Putting away $4,000 a year, pretax, starting at age 40, with a 6 percent return, adds up to about $233,783 by the time you are 65 years old.

Are you getting a late start? If at age 50 you put $15 a day into your retirement accounts, you would save $450 a month. In 20 years at 7 percent interest (through stocks, bonds, and money market accounts), you would have $237,000. That will give you retirement income of about $750 a month. With Social Security and a part-time job, you could get by. But the older you are when you starting saving, the more of your income will have to be put into savings. So let's start putting a money management plan together right away.

Making a Budget Pay

Before you decide how much to pay yourself first, you need to know how much money comes in and how much goes out. That way, you can make a financial plan, in the same way an architect draws a plan for a home.

The first part of your financial plan is a budget. It helps you understand how you spend your money every month. I have included one in the back of the book (Appendix B) so you will not have to try to remember all the different ways you spend your money. If you have a computer, you can use budget software such as Quicken, Microsoft Money, or others.

Why Budget?

The biggest benefit a budget provides is not *financial*, it is *emotional*. Budgets drive stress away. My friend Margarita, who encouraged me to write this book, told me that when she thinks of money, she feels stress. She fears she will never have enough money. And she is ashamed that she cannot do what her mother tried to teach her to do: save money.

Del mismo modo en que deseo ayudar a mi amiga a vencer la tensión, el miedo y la vergüenza, querría ayudarlo a usted a hacer lo mismo. Si dedica ahora unos momentos en hacer un presupuesto, aunque no lo haga al pie de la letra, estará tomando control de algo que si no, le puede crear tensión. Tendrá control de su dinero en lugar de que el dinero tenga control sobre usted.

El juego del presupuesto

Cuando pienso en el presupuesto, lo comparo con el juego del ajedrez; o sea, tengo que moverme con astucia para evitar que mis oponentes me aparten de mi dinero. Tengo que usarlo como una herramienta que me ayude a alcanzar mis metas.

Después de hacer un presupuesto y ver hacia donde va su dinero, tiene que pensar si realmente quiere que vaya en esa dirección. Seguro que no se dirige por el camino deseado. ¿Por qué? Porque la mayoría de nosotros despilfarra el dinero. Planear un presupuesto puede ayudarlo a evitar el despilfarro y a comenzar a ahorrar más sin mucho esfuerzo.

¡Listo, prepárese, presupuesto!

¡Comencemos el juego del presupuesto! Primero, organícese. Encuentre una mesa. Límpiela. Si tiene 20 carpetas, ¡excelente! Si no, búsquese algunos clips y gomas elásticas. Acerque todas sus cuentas a la mesa junto con el presupuesto que se encuentra al final de este libro. Ordene sus cuentas dentro de las carpetas por grupos o categorías o ponga una goma o clip para mantenerlas juntas. Ahora ya está organizado.

Cómprese un cuaderno de notas que pueda meter en un bolsillo o en una bolsa. Trate de anotar todo lo que gaste por lo menos durante una semana. (Para obtener mejores resultados debería mantener el registro de sus gastos durante un mes). Anote el resto de sus gastos mensuales en la hoja del presupuesto con los datos de las cuentas que organizó antes en las carpetas. Si tiene una cuenta que paga una vez al año, divídala entre 12. Incluya el dinero que envía a sus familiares bajo el título "Regalos, sustento familiar."

Ahora rellene su hoja de ingresos. Asegúrese de anotar todo lo que recibe de sus trabajos, pensión o jubilación; no olvide los ingresos por

I want to help my friend to overcome stress and fear and shame. I want to help you do the same. So, if you put a little time into making a budget now, even if you don't stick to it perfectly, you will be taking control of the thing that causes you great stress. You will be in charge of your money instead of the other way around.

The Budget Game

I think of budgeting as a game, like chess. I want to outsmart all those people who want to separate me from my money. I want to use money as a tool that will help me reach my goals.

Once a budget shows you where your money goes, the challenge is to figure out if that is where you *want* it to go. I guarantee it is not all going where you think it is. Why? Because most of us fritter our money away. Using a budget can help you stop frittering so much and start saving more with little pain.

Ready, Set, Budget!

Let the budget game begin! First, get organized. Find a table. Clean it off. If you have 20 file folders, great. If not, get some paper clips or rubber bands. Bring all of your bills to the table along with the budget from Appendix B. Put your bills into the folders or into piles according to the budget categories. Put a rubber band around them or clip them together. Now you are organized.

Next, buy a small notebook you can carry in your purse or back pocket. Try to write down everything you spend for at least a week. (For better results, you should try to keep track of what you spend for a month. But do the best you can.) Then, fill in the rest of your monthly expenses by using those piles of bills you organized earlier to fill in the blanks. If you have a bill you pay once a year, divide it by 12. Include the money you send to relatives under "Gifts, family support."

Now, fill in your income sheet. Be sure to list what you earn at all of your jobs or from your pension. Write down any income from rental property, interest on savings, certificates of deposit (CDs), and bonds. Be sure to include alimony or child support payments you receive.

el alquiler de una propiedad, por el interés de los ahorros, certificados de depósito y bonos. Asegúrese de incluir los pagos que recibe por pensión alimenticia o sustento para sus hijos.

No se juzgue ni se dé por vencido. Será un esfuerzo que valdrá la pena hacer, le ayudará a comprender las consecuencias de sus gastos. Si después de restar lo que ha gastado a lo que ha ganado se queda sin nada o tiene que pagar más de lo que ha ganado, *necesita aumentar sus entradas o reducir sus gastos.*

Ahorre más con ayuda

Como decíamos anteriormente, en nuestra vida tenemos metas diferentes de ahorro de corto y largo plazo. Con una de estas metas, podemos recibir ayuda: ahorrar para nuestra jubilación. Se puede ahorrar para el futuro aún antes de que el Tío Sam (el gobierno) tome su tajada cobrándonos impuestos. ¿Cómo? Si su empleador le ofrece un plan de ahorro para la jubilación del tipo 401(k) y usted decide aceptar, el dinero que invierte en el plan se deduce de su salario y sólo pagará impuestos de la cantidad restante del salario. Eso es lo que el señor Vega está haciendo; de los 40.000 dólares que gana al año, destina 2.000 dólares para su plan de jubilación 401(k), por lo tanto paga impuestos sólo por los 38.000 dólares restantes. De esta manera, lleva más dinero a casa que si no tuviera el plan 401(k).

El dinero que el señor Vega destina al plan 401(k) genera intereses sin que usted tenga que pagar impuestos sobre la ganancia. Los pagará sólo cuando retire el dinero. Éste es un regalo a largo plazo porque en muchas ocasiones los empleadores, como el del señor Vega, añaden una porción de dinero en su plan 401(k). Si no aprovecha esta oportunidad, pierde la contribución que aporta su empleador. Y para facilitar las cosas, está en marcha una reforma de proyecto de ley sobre pensiones que permitirá a los empleados, con la autorización de su empleador, inscribirse automáticamente en un plan de jubilación, lo que hará la tramitación mucho más fácil.

Si no está inscrito en un plan 401(k) en su trabajo, puede abrir una Cuenta de Inversión para la jubilación o IRA (Investment Retirement Account). Esto es lo que la señora Vega está haciendo. Los depósitos en un plan IRA puede realizarlos por su parte (lo que requiere cierta disciplina) o pedir a su banco que los transfiera automáticamente.

Al igual que el plan 401(k), el dinero que invierte en un plan IRA regular y la ganancia en intereses no están supeditados a impuestos. Los

Don't judge yourself and don't give up. This will be well worth your effort. It will help you understand the consequences of your spending. If, after subtracting what you spend from what you earn, you have nothing left, or owe more than you earn—*you need to earn more or spend less.*

Save More with Help

As we discussed earlier, we face lots of different short-term and long-term savings goals in our lives. But there is one area in which we get a lot of help: *saving for retirement.* And that is *not* a budget buster. That's because you can save money for your future even before Uncle Sam takes his cut for taxes. How? If your employer offers a 401(k) retirement savings plan and you decide to make a contribution, the money you put into that plan is deducted *before* you pay taxes. This is what Mr. Vega is doing. He earns $40,000 a year and puts $2,000 into his 401(k). Because that money is deductible, Mr. Vega pays income taxes on only $38,000 of his salary. That leaves him with more take-home pay than if he had saved that money outside of a 401(k).

What's more, the money Mr. Vega put into the 401(k) grows tax free until he takes it out. It is only then that he pays taxes on the money. But this is a gift that keeps on giving, because in many cases, employers, such as Mr. Vega's boss, match a small portion of the money put into a 401(k). By not using a 401(k), you are throwing the match money away! And to make it even easier for you to save for retirement, a new pension reform bill will let employers offer automatic enrollment in 401(k) plans, meaning you are enrolled without having to do a lot of paperwork.

If you don't have a 401(k) at work, you can open an individual retirement account, or IRA, of your own. That is what Mrs. Vega is doing. Unless you have your bank automatically transfer money to an IRA account, you will have to put the money into an IRA yourself. So, this takes a little bit more discipline.

Like a 401(k), what you put into a regular IRA is not taxed, and what you earn on the money in the IRA is not taxed until it is withdrawn. There is another kind of IRA, a Roth IRA, that allows you to put money in *after* you pay taxes. That Roth IRA money also grows tax free, but when you retire and withdraw it, you do not have to pay

pagará sólo cuando retire el dinero del plan. Existe otro tipo de plan IRA, el *Roth* IRA, donde deposita el dinero después de haber pagado impuestos y que a la vez genera intereses. La diferencia es que, cuando usted retire el dinero en un futuro, no tendrá que pagar nada. Con el plan *Roth* IRA paga al principio, pero tendrá un respiro al final.

Hablaremos más adelante de otros planes de jubilación y beneficios que reducen el pago de impuestos. De todas formas, el gobierno federal quiere facilitarle el ahorro para su jubilación. Si no cuenta con muchas opciones, establezca depósitos automáticos deducidos de su salario para que le resulte más fácil guardar algo para su futuro.

Presupuestos y opciones

Si tuviera que escoger entre ganar más o gastar menos, ¿qué escogería? ¡Créame!, la forma más sencilla de conseguir un presupuesto equilibrado es gastar menos. ¿Cómo sé que es la forma más fácil? Porque es lo primero que una gran corporación hace cuando desea obtener más ganancias de manera rápida: Reduce sus costos.

Hacer un presupuesto lo ayudará a calcular qué gastos puede disminuir sin dejar de pagar sus deudas ni perjudicar su estilo de vida, y le permitirá tomar decisiones más acertadas. (Vea el ejemplo de presupuesto en el apéndice B.)

Observe los tipos de gastos. ¿Destina más al entretenimiento, ordenadores y televisión que al ahorro? ¿Gasta más comiendo fuera que lo que gastaría preparando comida en casa? De ser así, pregúntese por qué.

Hacer un presupuesto también lo ayuda a educar a su familia a administrar su dinero, ya que si ella entiende la necesidad del ahorro, entenderá por qué algunas veces tiene que decirle que "no." Si su familia comprende las metas económicas del conjunto y la necesidad de atenerse a un presupuesto, pondrá de su parte para conseguirlo.

En lugar de considerar el presupuesto como algo desagradable que le recuerda lo que no puede hacer, considere realmente lo que es: un proyecto de gastos, un tranquilizante de tensiones, un juego y una herramienta educativa, ¡nada mal para ser unas hojas de papel!

Un presupuesto resulta útil para muchas cosas, entre ellas: ahorrar, como veremos en el próximo capítulo.

taxes. So, with a Roth IRA, you give up a tax break in the beginning to get a tax break at the end.

There are other tax-favored retirement plans and benefits that we will discuss later, but for now, understand that the federal government is on your side in trying to make it easy for you to pay yourself first, at least for retirement. And if you can do nothing else, use automatic payroll deposit with an automatic savings deduction to make it easier to put something away for your future.

Budgets and Options

If you had to choose between earning more and spending less, which would you pick? Believe it or not, the easiest way to bring your budget into balance is to spend less. How do I know it is the easiest way? Because that's the first thing a big corporation does when it wants more profit fast. It cuts costs.

You can use the budget in Appendix B to help you figure out where to cut costs without hurting your ability to live and pay your bills. It helps you make choices.

Look at the categories. Do you spend more on entertainment or computers or television than you do on paying yourself first? Do you spend more on eating out than on groceries to eat in your own home? If so, why?

There is something else a budget can do for you. It can help you educate your family about money. If they understand where all the money goes, they will understand why you have to say "no" sometimes. If they understand the family's financial goals and how a budget helps the family reach them, they will do their part to stick to the budget with you.

So, instead of thinking of a budget as an unpleasant reminder of what you can't do, think of it as what it really is: a spending blueprint, a stress reliever, a game, and an educational tool. Not bad for one little budget.

And there are many more ways to make a budget work for you and build your savings, as we'll learn in the next chapter.

Consejos presupuestarios para el desempleado

Incluso los mejores planes pueden derrumbarse cuando pierde su trabajo. Aquí le brindamos algunas formas de mantenerse a flote mientras busca un nuevo empleo.

1. Cambie la forma en que gasta *antes* de que se termine el seguro de desempleo.
2. Haga una lista de las obligaciones financieras por orden de importancia. Lo ayudará a establecer las prioridades en su vida y a eliminar lo innecesario.
3. Por ahora, pague la cantidad mínima del saldo de la tarjeta de crédito tan pronto como reciba la cuenta para no tener que pagar penalidades.
4. Si cree que se va a atrasar en el pago de sus cuentas, contacte a sus acreedores para establecer un plan de pago. Preferirán que les pague algo en vez de nada.
5. Considere con cautela los préstamos hipotecarios. Si tenía establecida una línea de crédito sobre esta hipoteca antes de quedarse sin trabajo, úsela sólo para las emergencias. No la utilice a la ligera, no comprometa su hogar por haber gastado en cenas y teatros que pagó con las tarjetas de crédito.
6. Recurra al dinero de sus ahorros sólo como último recurso, pues tendrá que pagar "saladas" penalidades e impuestos sobre la cantidad que retira del plan IRA y 401(k), y perderá casi la mitad de lo que retire. Si tiene que usar sus ahorros, utilice primero el dinero de las cuentas de ahorro regular, de Mercado Monetario o de la cuenta corriente y segundo, recurra a los CD que tenga.
7. Obtenga dinero extra haciendo trabajos temporales mientras busca un empleo regular. Venda lo que pueda o ponga en alquiler una habitación de su casa.
8. Diga a todas las personas que conoce que está buscando empleo.

Budget Tips for the Unemployed

Even the best-laid financial plans can crumble when you lose a job. Here are some ways to keep your head above water while you look for a new job.

1. Change the way you spend *before* you run out of unemployment insurance.
2. List financial obligations in order of importance. Doing that will help you decide what is absolutely necessary in your life. Eliminate what is not.
3. For now, pay the minimum amount on your credit card balance, but pay the bill as soon as it arrives, so you do not owe late fees.
4. If you believe you will fall behind on your bills, contact your creditors to establish a payment schedule. They would rather be paid something than nothing.
5. Turn to home equity loans cautiously. If you have a home equity line of credit established before you lose your job, you can use it in emergencies. Do not use it lightly because your home should not be put at risk to pay for dinners and movies you put on credit cards.
6. Take money out of your retirement savings only as a last resort. Penalties and taxes on withdrawals from IRAs and 401(k) will eat a third to a half of the money you take out. If you have to draw on savings, use money in regular savings, money market, or checking accounts first. Next, tap any CDs you have.
7. Make extra money by taking temporary jobs while you look for full-time employment. Organize a garage sale or rent out a room.
8. Tell *everyone* you know you are looking for a job.

Consejos para aumentar sus ahorros

¿Está gastando más de lo que gana, o viviendo muy justo con su salario? No es usted el único; a más de una cuarta parte de los consumidores en Estados Unidos no les queda dinero a final de mes después de pagar las cuentas.

El ingreso de las familias hispanas es de aproximadamente 34.000 dólares al año, o sea, el 73 por ciento del promedio nacional. Gastamos en comida más del 100 por ciento de la media de consumidores; el 35 por ciento más en ropa de niños y el 11 por ciento más en servicios telefónicos. Los hispanos que viven en Estados Unidos envían a sus familiares en los países de origen muchos millones de dólares.

Si queremos poner más dinero en nuestro futuro tenemos que dar menos a otros. Podemos lograrlo sin mucho esfuerzo, simplemente siendo más cuidadosos y haciendo algunos ajustes. Es una gran ventaja gastar menos de lo que ganamos.

Un joven de 25 años necesita ahorrar aproximadamente 167 dólares al mes para crearse un "montoncito." Si usted ahorra esta cantidad cada mes hasta los 65 años terminará teniendo 336.000 dólares. Vamos a ver qué ajustes puede hacer para llegar a ahorrar así.

- Ponga diariamente 50 centavos en una jarra y ahorrará 15 dólares al mes.
- Evite usar el cajero automático (ATM), pagar tarde o pagar cargos de cuenta y ahorrará al menos 30 dólares.

Tips to Increase Savings

Are you spending more than you earn or living paycheck to paycheck? You are not alone. More than a quarter of all U.S. consumers have no spare cash after they pay expenses.

Hispanics' household income is about $34,000 a year. Though that's 73 percent of the national average, we spend 100 percent more on food than consumers overall, 35 percent more on children's clothing, and 11 percent more on telephone services than the average consumer does. In addition, Hispanics born outside the United States send many millions of dollars home to relatives.

If we want to pay ourselves more, we should try to pay others less. You can do that without a lot of pain by simply being more careful and by squeezing here and there. There is a big payoff to living below your means.

A 25-year-old needs to save about $167 a month to build a nest egg. If you save that every month until you're 65, you will end up with $336,000. Here is how squeezing can get you there:

- Put 50 cents a day in a jar to save $15 a month.
- Avoid ATM and late charges, and watch debit charges to save at least $30.
- Drink 12 fewer cans of soda a month and save $12.
- Order 20 regular coffees a month instead of cappuccinos a month to save $40.

- Beba doce latas de refresco menos al mes y ahorrará 12 dólares.
- Ordene veinte tazas de café en lugar de cappuccinos y ahorrará 40 dólares al mes.
- Lleve la comida preparada a casa sólo tres veces a la semana y ahorrará 60 dólares mensualmente.
- Tome menos cervezas y cócteles al mes en un bar y ahorrará 10 dólares.

Estos gastos suman 167 dólares al mes. ¿Quiere ahorrar más?

- Salga a comer fuera dos veces menos al mes y ahorrará al menos 30 dólares.
- ¿Compra juegos de video, o se suscribe a ellos a través de Internet usando el ordenador? ¿Puede comprar o suscribirse a uno menos?
- ¿Va a hacerse cada semana la manicura? ¿Puede ir una vez cada dos semanas, en vez de semanalmente?
- Lave su auto y ahorrará por lo menos 12 dólares.
- No fume. Si lo hace, no sólo gasta 5 dólares en cigarrillos al día sino que tendrá que gastar más en el futuro en cuidados médicos como resultado de este hábito.

¿Cree que no puede ahorrar dinero porque no incurre en estos gastos? No se preocupe. Hay otras maneras de ahorrar.

Pequeños pasos para grandes ahorros

- Compre gasolina sin plomo. Funciona con todos los autos, excepto con aquellos cuyos manuales dicen que requieren un alto índice de gas octano.
- Compare con atención las tarifas telefónicas. ¿Cuántas líneas necesita? ¿Su hijo necesita un radiomensaje o *pager*? ¿Con el plan familiar del teléfono móvil ahorra dinero? ¿Necesita cable *premium* para la TV?
- Reduzca los gastos bancarios. Busque un banco o cooperativa de crédito que le ofrezca más intereses por su dinero y que no le cobre cuotas. Trate de evitar las cuentas de ahorros regulares pues dan sólo el 1 por ciento de interés. Las cuentas de Mercado Monetario pagan más. Y como regla general, los Certificados de Depósito (CD) generan más que las cuentas de Mercado Monetario, aunque requieren que mantenga su dinero mínimo de tres a seis meses.

- Bring your lunch from home three times a week and save $60 a month.
- Drink fewer beers or cocktails at a bar and save $10 a month.

That adds up to $167 a month. Want to save more?

- Eat dinner out two fewer times a month and save at least $30.
- Do you buy video games or subscribe to online computer games? Could you buy or subscribe to one less?
- Ladies, do you get your nails done every week? Could you get them done every other week?
- Wash your own car and save at least $12.
- Do not smoke. You not only spend $5 a day on cigarettes; you will have to spend more later on health care as a result of your habit.

You say you can't save this money because you don't spend it on these items in the first place? Don't worry. There are other ways to keep more of your money.

More Small Steps to Big Savings

- Buy unleaded gasoline. It works, except in cars whose manuals specifically demand high-octane gas.
- Shop carefully for the best telephone rates. How many phone lines do you need? Does your child need a pager? Will a family cell phone plan save you money? Do you need premium cable?
- Reduce bank fees. Find a bank or credit union that pays you to keep your money with them, so you don't have to pay the bank. Try not to use regular savings accounts. They pay just about 1 percent interest. Money market accounts pay more. And as a general rule, certificates of deposit (CDs) pay more than money market accounts do, though you will have to be able to leave your money alone for at least three to six months.
- Penalties for spending more than you have in your accounts are expensive and hurt your credit rating. So, have your bank use your savings account as a backup.
- Keep track of how you use your credit card. Keep a register, just like a checkbook, and write down and deduct every debit purchase so you have a clear idea of what you are spending. If you are on a tight budget, you can do the same with your credit card purchases.

- Las penalidades por exceder lo que tiene en sus cuentas son altas y dañan su historial de crédito, por eso disponga con el banco para que su cuenta de ahorros lo proteja de los sobregiros.
- Para saber exactamente lo que gasta con su tarjeta de crédito, le aconsejamos que mantenga un registro como si fuera un talonario de cheques; anote y deduzca el importe de sus compras y pagos, y así sabrá lo que gasta.
- No es necesario recurrir al servicio bancario de pagos automáticos de cuentas, a no ser que uno trabaje siete días a la semana y 18 horas al día. Si no es así, no le pida al banco que pague sus cuentas, hágalo usted mismo. Lo mantendrá al corriente de sus costos. Además, los errores cometidos por pagos automáticos son difíciles de corregir con rapidez.
- ¿El emisor de su tarjeta de crédito le cobra una cuota anual? Negocie con el banco. Pida que se la eliminen o reduzcan.
- ¿Limpia su casa o arregla su jardín usted mismo? ¿Puede hacerlo?
- Para enseñar a sus hijos a economizar, reúna al final del año el material escolar usado y, al comienzo del año siguiente, ofrezca a sus hijos pequeños incentivos monetarios por usar el material del año anterior. Esto les enseña a utilizar lo que ya tienen en lugar de comprar siempre material nuevo.

Mayores ahorros

Ha llegado el momento de apretarse el cinturón. Tendrá que hacer algo más radical si desea seriamente acumular riqueza o si tiene poco tiempo para pagar una deuda, comprar una casa, pagar la matrícula universitaria de su hijo o ahorrar para su jubilación. Reduzca el gasto mayor después de los impuestos: disminuya el costo de su vivienda. Múdese a un apartamento más barato, compártalo con un coinquilino o múdese con un familiar que le tolere pagar menos alquiler del que paga ahora. Si ya es dueño o dueña de una casa, cámbiela por otra más barata. Véndala y múdese a una más pequeña y utilice el dinero que le quedó para invertir en su futuro. Si no quiere venderla, compártala con alguien.

Si ya es propietario de su casa, es posible reducir el pago mensual de la hipoteca al refinanciarla. Hágalo solamente si planea permanecer en ella al menos de tres a cinco años y si puede conseguir una tasa de interés hipotecario lo suficiente baja como para pagar el costo del refinanciamiento y salir ganando.

- Automatic bill-paying services do not always make sense. Unless you work seven days a week, 18 hours a day, do not pay a bank to pay your bills. Pay them yourself. It keeps you connected to costs. What's more, mistakes made by automatic bill-paying services are difficult to correct quickly.
- Does your credit card issuer charge an annual fee? Negotiate. Ask to have the fee eliminated or reduced.
- Do you clean your own house or do your own gardening? If not, can you?
- To teach your children how to economize, collect used school supplies at the end of the school year. At the beginning of the next year, offer them a small cash incentive for every item on their new school supply list they can check off by using the older supplies. This teaches them how to use what they have instead of always buying new.

Bigger Savings

Now it's time for the big squeeze. If you are serious about accumulating wealth or if you have little time to save to pay off debt, buy a home, raise tuition for your college student, or even save for retirement, you may want to do something radical. Reduce your biggest expense after taxes—cut the cost of keeping a roof over your head. Move to a cheaper apartment, get a roommate, or move in with a tolerant family member who will let you pay less rent than you pay now. If you own a home, trade down. Sell your larger home to move into a smaller, less expensive one and use the cash left over to invest for your future. If you don't want to sell, get a housemate.

If you already own a home, it may be possible to reduce your monthly mortgage by refinancing it. Do this only if you plan to stay in the home for at least three to five years and if you can get a mortgage rate low enough so you can pay the cost of refinancing and still come out ahead.

Here is a smaller big squeeze. *Shop* for car insurance. The rates are all over the map. If you have a good driving record, you may be able to save several hundred to $1,000 a year. If you have an emergency fund, raise your deductibles on collision and

Aquí tiene otro consejo: investigue y compare precios de seguro del auto. Existen tasas de interés muy diferentes. Si tiene un buen historial como conductor, puede ahorrar de cien a mil dólares anuales. Si tiene ya un fondo para emergencias, reduzca el precio de la póliza del seguro aumentando en, al menos, 500 dólares la cantidad deducible del seguro a todo riesgo y de cobertura de accidentes.

Y hablando de autos, si necesita comprar uno nuevo, adquiéralo con, al menos, unos meses de uso. ¿Por qué? Porque los automóviles se desvalorizan inmediatamente el 20 por ciento a las pocas millas. Si decide venderlo una semana después, los compradores potenciales pensarán que el auto tiene algo malo. Nadie le pagará el precio completo, ni siquiera el comerciante que se lo vendió. Y no olvide que cuanto mayor sea el precio de su auto, mayor es lo que paga anualmente por el derecho de licencia.

Y para terminar, elimine la deuda que tenga con tarjetas de crédito. Si no paga todo el importe completo durante el ciclo de pago, le cobrarán del 11 al 29 por ciento de interés por cada dólar que debe. El 40 por ciento de los usuarios de tarjetas de crédito arrastra un saldo negativo de un mes a otro. La mitad de esas familias debe más de 2.200 dólares y la otra mitad, menos. El promedio de deuda es de 5.000 dólares.

Si debe 2.200 dólares con una tasa de interés del 13 por ciento y paga un mínimo del 2 por ciento, tardará seis años en cancelar su deuda y acabará pagando en total 3.179 dólares. Por lo que es muy importante que limite su uso y sus gastos al máximo, y así poder pagar su deuda lo más pronto posible.

Para evitar que caiga en esta trampa tan costosa, hablaremos de la administración de sus tarjetas de crédito en el capítulo 10. Por ahora, recuerde que ahorrará dinero si paga totalmente cada mes el saldo de sus tarjetas de crédito.

Éstas son unas de las tantas maneras que existen de reducir fácilmente el dinero que destina a otros y no a su propio futuro.

comprehensive coverage to at least $500 to lower your insurance premium.

Since we are talking about cars, if you must have a new one, buy a car that has been used at least a few months. Why? Because the moment you drive a new car off the lot, the value of your auto drops by 20 percent. If you chose to sell it a week after buying it, potential buyers would think there was something wrong with it. No one will give you full price, not even the dealer you bought it from. And don't forget the price of your car determines how much you have to pay for your license fee every year.

And last, but certainly not least, *eliminate* credit card debt. If you have credit card charges you cannot pay off in one billing cycle, you are paying 11 to 29 percent interest on every dollar you owe. Forty percent of cardholders carry a balance from month to month. Half of those families owe more than $2,200, half owe less. The average owed is $5,000!

If you owe $2,200 with an interest rate of 13 percent, and pay the minimum of 2 percent, it will take you six years and a total of $3,179 to pay it off. So, it is very important that you stop charging and squeeze every penny you can to pay off your debt as fast as you can.

We will discuss managing credit cards in Chapter 10 so that you don't fall into this very expensive trap. For now, remember you will save money by paying your total credit card bill every month.

These are just a few of hundreds of relatively painless ways you can reduce what you pay others so that you can pay yourself more first.

III

Pedir prestado con inteligencia

Borrowing Wisely

Pedir prestado o recurrir al crédito es como el fuego: en pequeñas dosis calienta, pero en grandes, quema. De todas formas, no tiene por qué temerlo; si recurre al crédito con prudencia y sensatez, puede ayudarlo a comprar una casa, a abrir un negocio o a pagar la universidad. ¿Cómo? Si pide prestado y paga su crédito puntualmente, crea un historial de crédito positivo, consigue la confianza de sus acreedores y abre las puertas hacia la creación de riqueza.

Pero el crédito también quema si no lo usa con criterio. Si no paga a tiempo lo que pidió prestado, su prestamista o la compañía de tarjetas de crédito le cobrará intereses y penalidades, lo que aumentará más su deuda. Su historial crediticio se perjudicará y hasta puede causarle la bancarrota. Así sería difícil crear riqueza.

El crédito es una forma de préstamo, como la hipoteca de una casa, un bono, una cuenta de débito o una carta de crédito. Pero es interesante notar que en términos no financieros la palabra crédito se refiere a la *integridad* y el *honor*. De hecho, un lema de Dun & Bradstreet cuando comenzaba a crear una de las firmas líderes en servicios financieros en Estados Unidos, era: "El crédito. La confianza del hombre en el hombre."

Borrowing money or using credit is like fire. It can warm you or it can burn you. Still, you do not have to be afraid of credit. Like a warming fire, it can help you and work for you. If you use credit responsibly, it can help you buy a home or a business, or pay for a college education. How? Borrowing money and paying it back on time creates a record of responsibility. It demonstrates to lenders that you can be trusted to use good judgment. And it gives you leverage to build your wealth.

But you will be burned if you do not use credit responsibly. If you fail to repay what you borrow on time, your lender or credit card company will charge you interest and late fees that increase what you already owe. Your credit rating will be ruined, and you may have to file for bankruptcy. It will be difficult to build wealth.

In financial terms, credit means a loan of some sort, such as a home loan, a bond, a charge account, or letter of credit. But it is interesting to note that in nonfinancial terms the word credit refers to *trustworthiness* and *honor*. In fact, an early motto of Dun & Bradstreet, a leading financial services firm in the United States, was, "Credit—Man's Confidence in Man."

CAPÍTULO 9

¿Por qué pedir prestado?

Si existe el mínimo riesgo de perjudicar su reputación al solicitar un préstamo, ¿por qué hacerlo? Lo toma porque, como sugiere el lema de Dun & Bradstreet, debe tener confianza en sí mismo. Si no cree en usted, ¿entonces quién va a hacerlo?

En algunos casos pide prestado para añadir poder al dinero que ya tiene. Por ejemplo, cuando quiera comprar una casa, un préstamo junto con lo que ya ha ahorrado le sirve para pagar la entrada; cuando quiera invertir en sí mismo y en su familia; cuando necesite pagar los estudios para mejorar su educación. Pide prestado para aumentar sus ingresos futuros, para iniciar o expandir un negocio. En cada uno de estos casos, tiene que utilizar el crédito para invertir en sí mismo y en su familia. Este tipo de préstamos son considerados "positivos", pues demuestran que tiene confianza en que podrá cumplir con sus obligaciones y mejorar su vida.

Si pide prestado inteligentemente, puede incluso ahorrar dinero. Digamos que quiere comprar su primera casa. Si paga todo en efectivo y nunca utiliza el banco ni el crédito, el préstamo para la casa puede costarle más de lo que suele costar. Esto sucede porque no hay suficiente información sobre la valía de su crédito para convencer a los prestamistas de que es usted digno de su confianza. Se lo considerará un prestatario a riesgo y se lo forzará a pagar una hipoteca con tasas de interés más altas. Pero si pide prestado con sabiduría y crea un expediente, conseguirá pagar menos interés en una deuda considerada "positiva."

Existen también "deudas negativas." Muchas personas piden prestado para comprar cosas que pierden valor, tales como cenas,

CHAPTER 9

Why Borrow?

If there is even the slightest risk that borrowing can blacken your honor, why do it? You take the risk because, as Dun & Bradstreet's motto suggests, you must have confidence in yourself. If you don't believe in yourself, who will?

In some cases, you borrow to give added power to the money you already have. For example, to buy a home, you add to what you have saved for a down payment by taking out a mortgage. You borrow to invest in yourself and your family. That means you take out a student loan to improve your education. You borrow to improve your future earnings by getting a loan to start or expand a business. In each of these cases you have used credit to invest in yourself and your family. Those kinds of loans are considered "good debt." They indicate that you are confident you will meet your obligations and improve your life.

Borrowing wisely also may save you money. Let's say you want to buy your first home. If you pay cash for everything, but never make use of banking and credit, your home loan may cost you more than average. That's because there is not enough information about your creditworthiness to convince lenders you are worthy of their trust. You will be seen as a risky borrower and forced to pay higher interest rates for your home loan. But if you borrow wisely to build a file, you will be able to pay less interest on your "good debt."

Then there is "bad debt." Many people borrow to buy things that lose their value, such as dinners, clothes, and cars. Now, I am not saying that you shouldn't buy a car if that is the only way you can get to work or school, but consider my friend Margarita.

ropas y autos. Con ello, no quiero decir que no debe comprar un auto si es la única manera de ir al trabajo o a la escuela, pero considere la historia que le voy a contar de mi amiga Margarita.

Mientras ahorraba para la entrada del auto, Margarita se sentía privada y avergonzada porque no podía gastar dinero de la forma en que solía hacerlo: Ir de compras con sus amigas o salir fuera los fines de semana. Pero se alegró cuando finalmente pudo comprar el auto porque pensaba que se lo merecía. Era un Lexus, mucho mejor que su auto anterior y se sentía segura con él.

Pero, al poco tiempo, su felicidad se desvaneció rápidamente porque sus pagos mensuales, el seguro, el registro y los impuestos correspondientes aumentaron considerablemente; así que se quedó sin dinero para ahorrar o ir de compras. Además, si decidía vender el auto, salía perdiendo mucho dinero debido a su rápida desvalorización.

Lo importante es llegar a ser rico, no aparentarlo. Por lo tanto, es mejor no pedir prestado para comprar cosas que pierden valor; pero si tiene que hacerlo, pida lo menos posible y páguelo tan pronto como pueda. Si compra ropa esta semana, hágalo sabiendo que tiene ahorrado suficiente dinero para pagar la cuenta dentro de unos 20 días y que crea así, también, un historial de crédito. ¿Y a quién le interesa su historial? *A usted.* Y ahora le explico por qué.

Su historial de crédito

Si un banco, negocio o compañía de tarjetas de crédito le va a dar un crédito o un préstamo, querrá saber si es capaz de devolverlo. Si usted paga puntualmente, representa menos riesgo que alguien que no lo hace.

¿Cómo saben los acreedores si usted representa un riesgo mayor o menor? Porque consultan su informe de crédito: su nombre, dirección, número de seguridad social, fecha de nacimiento, lugar de empleo, cuentas de crédito y lo que debe en ellas. También consultan registros públicos tales como los de bancarrota, divorcio, arrestos criminales y condenas.

Observan su historia de crédito, que es una evaluación estadística o puntuación de la potencialidad de pagar sus cuentas. Ésta se llama también puntuación FICO (Fair Issac Corporation), nombre de la corporación que desarrolló el modelo estadístico usado por los prestamistas y oficinas de crédito para calcular el riesgo de un préstamo. Dado que existen tres oficinas principales de crédito (Experian, Equifax y TransUnion) con sus correspondientes registros, es probable que tenga al menos tres puntuaciones separadas.

While saving for a down payment on a car, Margarita felt deprived and embarrassed that she could not spend money the way she used to on shopping trips with friends or on weekend getaways. But she was happy when she finally bought her car because it was the kind of car she felt she deserved. It was a Lexus—a big improvement over her old car. She felt safe in it.

But her happiness faded quickly because her monthly payments were higher, insurance cost more, and registration and taxes were more expensive. All of which left her with less money to save and to spend on those shopping trips! What's more, if she had to sell her car, she would have to sell it for less than she paid for it because cars lose value as they age.

The point here is you want to *be* rich, not *look* rich. So, it is best not to borrow to buy things that lose value. But if you have to, borrow as little as possible and pay it off as quickly as possible. If you buy clothes this week, knowing you have the money saved to pay the bill in 20 days or so, you are building your credit history. Who cares about your credit history? *You do.* Here's why.

Your Credit Score

If a bank, business, or credit card company is going to give you credit, that is, lend you money, they want to know whether you are able to pay it back. If you are more likely to pay what you owe on time, you pose less risk than someone who is not likely to pay.

How do firms know whether you are a big risk or a small risk? They look at your credit *report.* That includes your name, address, Social Security number, birth date, where you work, and a list of credit accounts and what you owe on them. A credit report also includes public records, such as a bankruptcy, divorce, or criminal arrests and convictions.

Most important, lenders look at your credit *score* (or credit bureau risk score). This is a statistical assessment of your likelihood of paying your bills based on your credit history. The credit score is also called a FICO score, named after the corporation (Fair Isaac Corporation) that developed a statistical model used by lenders and credit bureaus to calculate the risk of lending money to you. Because three major credit bureaus (Experian, Equifax, and Trans Union) each keep records on you, you are likely to have at least three scores.

Seguro que desea que su puntuación en su historial de crédito sea como la de su equipo favorito: alta. Si su puntuación es alta, su índice lo es. Los prestamistas la utilizan para ayudarse a decidir si pueden prestarle dinero o no, qué cantidad y cuánto interés cobrarle por un préstamo. Cuanto más alta es su puntuación, *más bajas* son las tasas de interés que paga. Incluso algunos empleadores consultan su puntuación para decidir si lo emplean o no.

La puntuación oscila entre los 300 y 850 puntos. Se toma en consideración la cantidad que debe, su historial de pago, el tipo de deuda que tiene y el tiempo que lleva endeudado. La mitad de los consumidores con créditos en Estados Unidos tiene una puntuación por encima de los 723 puntos. La otra mitad está por debajo de esta cifra. El Instituto Americano de Contables Públicos Certificados dice que alguien con 720 puntos puede ser apto para una tarjeta de crédito con una tasa de 9,6 por ciento mientras que alguien con 600 puntos tendría que pagar el 18 por ciento de interés. Con un saldo de 1.000 dólares en una tarjeta, la persona con una puntuación alta ahorraría anualmente 86 dólares en intereses.

Esta puntuación no se basa en la edad, raza, nacionalidad, sexo o estado civil, como tampoco en su salario, ocupación o historial laboral, aunque como decíamos antes, algunos prestamistas consultan también estos aspectos antes de decidir si le dan un préstamo.

MÁS

Revise su historial de crédito. Se puede obtener una copia gratuita de su informe de crédito cada 4 meses (un máximo de 3 copias al año) ordenándola a una de las tres oficinas principales. También puede ir a la dirección de Internet www.annualcreditreport.com o llamar al 877-322-8228.

Obtener su puntuación del historial de crédito, a diferencia de su informe de crédito, le costará dinero. Si está dispuesto a pagar por esta información, puede pedírsela a las oficinas de crédito o ir a www.myfico.com.

¿Pero qué sucede si no tiene un historial de crédito? ¿Y si ha pagado siempre todo en efectivo? No importa, en realidad quiere decir que no compra lo que no puede pagar, aunque a veces pagar todo en efectivo tiene sus desventajas. Puede ser que no ahorre para el futuro, que no se decida a comprar una casa o a pagar unos estudios. Así que comencemos poco a poco y aprendamos a usar el crédito de manera sensata.

You want your credit score to be like your favorite team's score: *high*. If your credit score is high, your credit rating is high. Lenders use your credit score to help them decide whether to lend you money, how much to lend you, and how much interest to charge you for the loan. *Higher* credit scores mean you pay *lower* interest rates. What's more, some employers look at your credit score to decide whether to hire you.

Credit scores range from 300 to 850. They take into account how much you owe, your payment record, what kind of debt you carry, and how long you have used credit. Half of consumers in the United States who use credit have a score above 723. Half have a score below that. The American Institute of Certified Public Accountants says someone with a score of 720 could qualify for a credit card rate of 9.6 percent, while someone with a score of 600 would have to pay 18 percent. On a $1,000 credit card balance, the high-scoring person would save $86 in interest in a year.

These scores do not include your age, race, national origin, sex, or whether you are married. They also do not include your salary, occupation, or job history, though as mentioned earlier, lenders may look at those in addition to your credit score when considering whether to give you a loan.

But what if you do not have a credit history? What if you have always paid cash for everything? There is nothing wrong with that. In fact, that keeps you from buying what you can't afford. Still, there is a downside to buying everything with cash. It can keep you from investing in yourself. It may make it impossible to buy a home or to pay for an education. So let's start slowly and learn how to handle credit responsibly.

MORE

Check your credit. You can get a free copy of your own credit report three times a year by ordering a copy from one of the three major credit bureaus every four months. You can go online at www.annualcreditreport.com or by calling 877-322-8228.

Unlike your credit report, a look at your credit score will cost you money. If you're willing to pay a fee, you can order that from the credit bureaus or www.myfico.com.

10

El crédito y las tarjetas de crédito

Aprender a crear y a usar un crédito requiere un poco de esfuerzo, pero le otorga mucho poder, aunque también conlleva preocupaciones. Así que nos concentraremos aquí en cómo crear un crédito con prudencia y atención.

Sea precavido

Cuando pida dinero prestado, necesitará tener en cuenta unos cuantos aspectos sobre las tarjetas de crédito. Primero, recuerde lo que explicamos en el capítulo 2 sobre el *interés compuesto* y cómo puede aumentar sus ahorros. El uso inapropiado de las tarjetas de crédito puede aumentar sus deudas haciéndolas crecer ya que se le cobrará interés por el saldo que deja debiendo. Cuanto más tarde en pagarlo, más interés pagará. En casos extremos, puede terminar debiendo más en interés que lo que gastó con su tarjeta.

Segundo, es más fácil administrar una tarjeta de crédito cuando sabe para qué la quiere. ¿Es por comodidad o para emergencias? Todos nos encontramos cortos de dinero de vez en cuando. Una tarjeta de crédito puede ayudarlo a sobrevivir períodos breves de tiempo cuando tiene poco dinero y se encuentra ante una emergencia. ¿Desea crear un historial de crédito? Como no puede hacerlo usando una tarjeta de débito, es conveniente usar una de crédito. Compre sólo con la tarjeta lo que puede pagar en efectivo y así demostrar que será un buen pagador.

¿Cree que va a gastar más si usa una tarjeta de crédito? Eso sería peligroso. Si no gana lo suficiente para comprar lo que desea, reduzca

10

Credit and Credit Cards

Learning how to build and use credit takes a little work and gives you a lot of power. It can also give you a lot of pain. So we are going to concentrate on building credit slowly and carefully.

Be Careful

However you build your ability to borrow, you will need to be aware of a few points, especially about credit cards. First, recall that in Chapter 2 we talked about *compound interest* and how it can make your savings grow. Misusing credit cards can do the same thing to your debt—make it grow. You are charged interest on the balance that you owe. The longer you take to pay off your balance, the more interest you pay. In extreme cases, you can end up owing more in interest than you spent on your purchases.

Second, it is easier to manage a credit card if you are clear about *why* you are getting one. Is it for convenience and emergencies? Everyone finds himself short of cash now and then. A credit card can help you manage very short periods when you are low on cash and face an emergency. Do you want to build a credit history? Since you cannot to do that by using a debit card, it is a good idea to use a credit card for something you could buy with cash today to demonstrate you will be a good credit risk tomorrow.

Or do you think a credit card will give you more to spend? This is very dangerous. If you do not make enough money to buy what

los gastos o busque un segundo ingreso. Si se mete en deudas por mantener un estilo de vida que no puede permitirse, se meterá en problemas económicos antes de que logre salir de su deuda.

Por último, cuando solicite una tarjeta de crédito, préstamo o servicio financiero, lea hasta comprender la oferta y el contrato. Es importante que conozca las reglas básicas y el costo de un préstamo *antes de* firmar la solicitud o el contrato. Si no entiende, haga preguntas, es parte de la búsqueda de la mejor oferta. No se preocupe si no entiende todo.

Su primer crédito

Si no tiene un historial de crédito, lo primero que debe hacer es residir y trabajar de seis meses a un año en un lugar, para empezar a crearse uno. ¿Recuerda la familia Vega? Establecieron su crédito demostrando que eran dignos de tenerlo. Usted también puede obtenerlo si paga sus cuentas de servicios y alquiler a tiempo. Si no tiene una cuenta corriente o de ahorros, abra una con un banco, cooperativa, o sociedad de ahorros y préstamos, y úsela. Si lo hace, el proceso de conseguir un crédito seguro será relativamente sencillo. Si elige no usar un banco o cooperativa para establecerlo, el proceso será más difícil, pero no imposible. (Hablaremos de ello más tarde.)

Su primera tarjeta de crédito

La forma más simple de crear un historial de crédito es solicitar una tarjeta de crédito de primer orden. Como decíamos en el capítulo 3, hay diferentes clases de tarjetas de crédito. Si no tiene un historial, puede solicitar una tarjeta de crédito *asegurada*. De hecho, esto es lo que los Vega planean hacer con su hijo, Pedro, cuando vaya a la universidad.

Una tarjeta de crédito asegurada está respaldada por el dinero que ha depositado en el banco o cooperativa que emitió la tarjeta. Ingrese unos 500 dólares en una cuenta y le darán una tarjeta que se parece a cualquier otra tarjeta de crédito y le permite cargar del 50 al 100 por ciento de la cantidad que depositó. No necesita pagar el saldo completo, puede pagar sólo el importe mínimo requerido ese mes, siempre que su saldo mensual no sea mayor que la cantidad que ha depositado en la cuenta.

you want, cut expenses or find a second income. If you rely on debt to maintain a lifestyle you cannot afford, you will get into trouble before you get out of debt.

Finally, when you apply for a credit card, or any loan or financial service, *read and understand* the offer and the contract. It is important that you know the basic rules and the cost of borrowing *before* you sign the application or contract. If you do not understand, ask questions. It is all part of shopping for the best deal. You may not understand everything, but do the best you can.

Your First Loan

If you have no credit history at all, the first thing you should do is to live and work in one place for at least six months to a year. Remember the Vega family? They established credit by demonstrating they were worthy of it. You can too, by paying your utility bills and rent on time. If you do not have checking and savings accounts, open them at a bank, credit union, or savings and loan, and use them. If you can do this, your road to safe credit will be relatively simple. If you choose not to use a bank or credit union to establish credit, your road to safe credit will be more difficult, but not impossible. (We will cover that later.)

Your First Credit Card

The simplest way to create a credit record is to apply for a major credit card. Recall from Chapter 3 that there are different kinds of credit cards. If you have no credit history, you can apply for a *secured* credit card. In fact, this is what Mr. and Mrs. Vega plan to do for their son Pedro when he goes to college.

A secured credit card is backed (secured) by your own money, which is deposited into the bank or credit union that issues the card. You put that money, usually up to $500, into an account. Then you get a card that looks like any other credit card and lets you charge from 50 to 100 percent of the amount of your deposit. You do not have to pay off what you charge every month, as long as you make a minimum monthly payment and as long as your balance is not more than the amount you have deposited.

Tenga cuidado con las tarjetas de crédito aseguradas. Algunos emisores imponen cuotas muy altas por la solicitud, el programa o el proceso administrativo. La Acción del Consumidor, una organización no lucrativa que protege a los consumidores, aconseja que *no acepte* una tarjeta que imponga cuotas por el programa, iniciación o solicitud de la misma.

Los cargos que podría pagar por las tarjetas aseguradas incluyen: cuotas anuales, interés sobre su saldo, cargos de mínimo 30 dólares si excede su línea de crédito y cargos e interés por anticipos de dinero efectivo. Pero si paga su saldo total a tiempo cada mes y no usa su tarjeta para obtener efectivo, todo lo que tendrá que pagar es una cuota anual, que resulta una forma barata de probar que es digno de tener crédito.

Como su meta es demostrar que es responsable financieramente, asegúrese de que el emisor de su tarjeta reporta "la puntualidad" de sus pagos a las tres oficinas principales de crédito, para permitirle acumular puntos positivos en su historial. Los Vega esperan que su hijo cree su historial utilizando su tarjeta asegurada mientras asiste a la universidad, así tendrá buen puntaje cuando se gradúe.

Otra forma de mejorar su tarjeta asegurada es solicitando al emisor que le aumente su línea de crédito sin requerir un depósito mayor. Al año, seguramente podrá comenzar a buscar una tarjeta de crédito regular más conveniente. Pero ahora vamos a hablar de otras maneras posibles de crear un historial de crédito.

Cómo crear un historial de crédito en circunstancias adversas

Si ya tiene un historial negativo o no tiene forma de documentar sus ingresos, tal vez no pueda abrir una cuenta en un banco o cooperativa. Esto puede ser costoso porque, como señalábamos antes, su efectivo no genera interés y corre el riesgo de perderlo en un incendio o un robo. También significa que tendrá que obtener giros postales o bancarios (money orders) para pagar sus cuentas de servicios y del teléfono. Usar sólo efectivo le hace más difícil demostrar que es apto para obtener un crédito.

Sin embargo, hay otras maneras de crear un historial de crédito para los que no pueden tener cuentas en un banco o cooperativa. La forma más común es establecer crédito con un comerciante. Los grandes comerciantes mexicanos FAMSA, Sears o los dueños de negocios locales ofrecen a personas con poco historial o sin él la

Here is one caution about secured credit cards: some card issuers impose expensive application, program, or processing fees. Consumer Action, a nonprofit organization that lobbies for consumers, advises that you *do not* accept a card that imposes program, setup, or application fees.

Secured credit card fees you may have to pay include: annual fees, interest on your balance, charges of at least $30 if you go over your credit limit, a fee for cash advances, and interest on cash advances. However, if you pay off your balance every month on time and don't use your credit card for cash, all you will have to pay is an annual fee. That is an inexpensive way to prove you are creditworthy.

Since your goal is to demonstrate that you are financially responsible, make sure your credit card issuer reports your "on-time" payments to the three major credit bureaus. That gives you a good credit score. Mr. and Mrs. Vega hope their son Pedro will build his credit score by using his secured card while in college. That way he will have a good credit history when he graduates.

Another way to improve on the secured card is to ask your credit card issuer to boost your credit limit without requiring a bigger deposit. Then, after about a year, you should be able to start shopping for a regular credit card. Before moving on to that, here is help for those who choose another way to build credit.

Creating a Credit History the Hard Way

If you already have a very bad credit history or have no way to document your income, you may not be able to use a bank or credit union to help you manage your money. This can be expensive because, as pointed out earlier, your cash earns no interest and is always at risk of fire or theft. It also means you have to buy money orders to pay utility and phone bills. And using cash exclusively makes it more difficult to prove you are worthy of credit.

But there are ways for people who cannot use a bank or credit union to build a credit history. The most common way is to establish a credit account with a retailer. The big Mexican retailer FAMSA, Sears, or other local business owners enable people with little or no credit history to charge their purchases. As customers repay a loan, they can use that history to get more credit.

posibilidad de adeudar sus compras. Los clientes pueden usar esta información sobre su saldo de deudas para obtener más crédito.

Los grandes jugadores financieros ofrecen a personas "sin bancos" tarjetas de crédito con líneas de crédito bajas, servicios para hacer efectivo los cheques y transferencias de dinero. La General Electric está promoviendo tarjetas con líneas de crédito bajas que pueden ser usadas solamente con un comerciante específico, digamos Wal-Mart o J. C. Penny. J. P. Morgan ofrece tarjetas con etiquetas privadas a través de Circuit City.

La meta es lograr líneas de crédito más altas y tarjetas más versátiles. La ventaja de estas tarjetas con una línea de crédito baja es que son más baratas que las casas de préstamos del barrio. Pero las tasas de interés pueden ser más altas que las de las tarjetas convencionales o aseguradas y las tarjetas sólo se pueden usar en la tienda del comerciante que las ofreció. Tiene que evaluar los pros y los contras en cada situación. Le puede convenir comprar con frecuencia al comerciante que ofrece la tarjeta y estar dispuesto a pagar una prima para obtener un crédito.

Otra alternativa para estas personas es encontrar una firma nueva en Internet que ofrezca depósitos automáticos de cheques, pagos de cuentas, tarjetas de crédito y acceso limitado al cajero automático (ATM). Dado que estas firmas están vinculadas a una oficina nacional de crédito, el informe de sus pagos puede crear o mejorar su historial de crédito. (Vea apéndice A.)

Una de las limitaciones de estas alternativas es que no generan ganancia, ni ofrecen cuentas de ahorros, de mercado monetario o certificados de depósito, ni dan a la comunidad préstamos para comprar una casa, un negocio o un auto. Todo lo que hacen es facilitarle gastar más dinero y hacerlo apto para obtener un crédito, por eso es mejor usarlas sólo como una herramienta que le permita acceder a éste. Tan pronto como logre su crédito, continúe con el proceso que lo lleva a crear riqueza.

En busca de una tarjeta de crédito de primer orden

Vamos a buscar la tarjeta de crédito regular que le resulte más conveniente. Ésta no es una tarea tan simple como la de escoger fruta fresca en el mercado, ya que los emisores de tarjetas no le explican claramente sus costos y términos. Algunas veces las condiciones están escritas en un lenguaje complicado, pero ahora vamos a hacerlo más

Big financial players are reaching out to the "unbanked" with low-limit credit cards, check-cashing services, and money transfers. General Electric is pushing low-limit credit cards that can be used only at a specific retailer, say at a Wal-Mart or J. C. Penney. J. P. Morgan offers private-label cards through Circuit City.

The goal is to move you to higher-limit and more versatile credit cards. The advantage to these low-limit cards is that they are cheaper than neighborhood loan shops. But their interest rates can be higher than conventional or secured credit cards and you cannot use them outside of the retailer offering them. You have to weigh the pros and cons, depending on your situation. If you buy a lot at a retailer offering a card and are willing to pay a premium to get credit, this could be a good thing.

Another alternative for those who choose not to build a credit history through a bank or credit union is found at a new online firm that offers automatic check deposit, bill paying, and a debit card, including limited access to ATMs. Because the firm is linked to a national credit bureau, your payment record can create or improve your credit history (see Appendix A).

One thing conspicuously absent from these alternatives to banks and credit unions is the opportunity to earn money on your money. These operations do not offer savings accounts, money market accounts, or certificates of deposit. They do not offer home or car or business loans to the community. All they do is make it easier for you to spend your money and qualify for credit so you can spend more money. They should be seen only as a tool for you to establish yourself as worthy of credit. As soon as you have done that, move on so you can build wealth.

Shopping for a Major Credit Card

We are going shopping again—this time for the regular credit card that is best for you. This is not as simple as picking the ripest fruit at the market. That's because credit card issuers don't make it easy for you to understand costs and terms of your credit cards. Sometimes the rules are written in complicated language. We are going to uncomplicate that language right now so you can compare cards and get the best deal.

Each credit card has different *features*, such as finance charges (annual percentage rates [APRs] and interest rates), grace periods,

sencillo para que pueda comparar unas tarjetas con otras y obtener el mejor resultado.

Cada tarjeta presenta diferentes factores, tales como: cuotas financieras (APR/tasa de interés), períodos de gracia, penalizaciones, cargos anuales, anticipo de efectivo y pagos mínimos requeridos. Estos son factores que debe comparar para escoger de la forma más conveniente.

Si usted espera, como los Vega, pagar completamente su saldo cada mes, y no le importa prescindir del beneficio del millaje, puede encontrar una tarjeta que no cobre una cuota anual y que ofrezca períodos de gracia más largos. Si cree que no va a poder pagar el saldo total cada mes, busque una tarjeta con una tasa de interés o APR baja.

Características de las tarjetas de crédito

El *cargo financiero*, lo que los emisores de las tarjetas llaman APR o tasa de porcentaje anual, es el costo por pedir prestado sobre una base anual. Si paga completamente el saldo de su tarjeta de crédito cada mes, nunca tendrá que pagarlo. Pero si no paga el total de lo que debe, este cargo o cuota es el precio que paga por tomar prestado. Las compañías de tarjetas de crédito y otros prestamistas basan esta tasa en su puntuación de crédito. Si no tiene suficiente historial de crédito para establecerla, pagará un interés APR más alto hasta que su puntuación aumente e indique que es digno de pagar una tasa más baja.

La mayoría de las veces el APR es variable, cambia cuando otras tasas de interés lo hacen. Encontrará la tasa APR y la frecuencia con la que cambia en la solicitud y el contrato de la tarjeta de crédito.

Generalmente el APR que paga por el saldo negativo de su tarjeta de crédito está determinado por uno de estos tres métodos: el del saldo ajustado, el del promedio diario sobre el saldo o el de los dos ciclos sobre el promedio diario del saldo.

El método del saldo ajustado aplica los cargos financieros después de deducir pagos o créditos. Éste es el más conveniente. El del promedio diario sobre el saldo calcula las compras nuevas divididas por el número de días en el ciclo de la factura y cobra interés sobre esa cantidad. Es el más común y ligeramente más favorable para los emisores de tarjetas. El de los dos ciclos sobre el promedio diario del saldo es *mucho* más complejo y favorece a las compañías de tarjetas de crédito.

penalty charges, annual fees, cash advance fees, and required minimum payments. Those are the features you will use to compare which card is best for you.

If, like Mr. and Mrs. Vega, you expect to pay your full balance every month, and rewards such as frequent flyer miles are not important to you, you may want a card with no annual fee that offers a longer grace period. If you expect to carry a balance from month to month, you may prefer a card with a low interest rate or APR.

Credit Card Features

The *finance charge*, which credit card issuers call the APR or annual percentage rate, is the cost of borrowing money on a yearly basis. If you pay your credit card bill in full every month, you will never have to pay a finance charge (interest). But if you don't pay the total of what you owe, this is the price you pay to borrow. Credit card companies and other lenders base your annual percentage rate on your credit score. If you don't have enough credit history to create a credit score, you will pay a higher APR until your score indicates you are worthy of paying a lower rate.

Most of the time the APR is variable. That means the APR can change from time to time based on when other interest rates change. You should be able to find your APR and how often it changes on your credit card application and credit card agreement.

Generally, the APR or interest rate you pay on a credit card balance is determined in one of three ways: the adjusted balance method, the average daily balance method, or the two-cycle average daily balance method.

The adjusted balance method applies finance charges after deducting payments or credits. This is the most favorable to you. The average daily balance method calculates new purchases divided by the number of days in a billing cycle and charges interest on that amount. This is most common and slightly more favorable to the card issuer. The two-cycle average daily balance method is *much* more complex and favors the credit card company.

The *grace period* is the number of days you have to pay off your balance before you are charged interest. That period usually lasts between 15 and 21 days. If you mail your payment, be sure to send it so it gets to your credit card company at least a day before it's due

El *período de gracia* es el número de días que tiene para pagar su saldo total antes de que se le cobren intereses. Este período dura normalmente de 15 a 21 días. Si envía su pago por correo, asegúrese de enviarlo con tiempo suficiente para que la compañía de crédito lo reciba al menos un día antes de la fecha de vencimiento y así evitar penalizaciones por pagos tardíos. *No* solicite una tarjeta de crédito que no conceda períodos de gracia, o tendrá que pagar interés por cada compra que efectúe aunque pague todo lo que debe inmediatamente.

Las *penalizaciones o multas* pueden llevarlo a la ruina. Si no transfiere o envía por correo un pago antes de su fecha del vencimiento, pagará aproximadamente 34 dólares de penalización. Otra manera de penalizar que tienen las compañías de crédito por no pagar a tiempo es aumentar la tasa de interés (APR), que puede llegar a ser de un 30 por ciento. En algunos casos, la "cláusula universal por pagos morosos" permite a su prestamista aumentar la tasa de interés que le aplica si se atrasa en sus pagos con *otros* acreedores.

Otra penalización que debe evitar es el cargo por sobrepasar su límite. Casi todas las tarjetas tienen un límite que va de 500 a 10.000 dólares o más. Si utiliza su tarjeta para comprar cosas que cuestan más que su límite, su prestamista le cobrará una cuota de aproximadamente 31 dólares. Para evitar esos cobros, lea lo que está impreso en letras pequeñas cuando solicita o acepta una tarjeta de crédito. ¡Algunos emisores de tarjetas aplican penalizaciones retroactivas o las cobran hasta que paga completamente su saldo!

Existen otros cobros comunes en las tarjetas de crédito que no son penalizaciones: las cuotas anuales que oscilan entre los 35 y los 50 dólares. Algunas veces pueden ser negociables. Si tiene un buen historial de crédito, algunos emisores de tarjetas no se la cobran o se la reducen, pero sólo si lo solicita. Hay compañías sin escrúpulos que cobran 9 dólares por pagar sus cuentas a través de Internet o por pagar su saldo total. ¡Éste es el país del *plástico!* Consumidores, ¡tengan cuidado!

Los cargos por transferencias de saldos se aplican cuando se transfiere el saldo de una tarjeta de crédito a otra. Lo puede hacer para obtener una tasa de interés más baja por una cierta cantidad de tiempo y así pagar su deuda más rápidamente. Pero tenga cuidado, porque algunas veces estos cargos de transferencia de saldos pueden ser bastante altos.

to avoid late penalties. *Do not* apply for a credit card without a grace period, or you will have to pay interest on everything you buy, even if you pay all you owe immediately.

Penalty charges can put you into the poorhouse. If you do not transfer or mail in your payment by the deadline, you will owe, on average, a $34 late penalty. As further punishment for risky payment behavior, your credit card company may charge you a higher interest rate (APR), sometimes as high as 30 percent. In some cases, the "universal default clause" allows your lender to increase your interest rate if you fall behind on payments to *other* creditors.

Another penalty to avoid is the fee for going over your credit limit. Nearly every credit card has a limit, from $500 to $10,000 or more. If you use your credit card to buy things worth more than that, your lender will charge you a penalty that averages $31. These charges are a good reason you should read the fine print when you apply for or accept a credit card. Some issuers make penalties retroactive, or even charge penalties if you pay off your whole balance!

There are other common credit card fees that are not penalties, but which can add up. There are annual fees, which range from $35 to more than $50. Sometimes these are negotiable. If you have a good credit history, some card issuers will waive or lower this fee, but only if you request it. Some unscrupulous credit card companies charge you up to $9 to pay bills online. Others may charge you for paying your balance off in full. In the land of plastic, it is buyer beware!

Balance transfer fees are applied when you transfer a balance you have on one credit card to another card. You may do this to get a lower interest rate for a certain amount of time to help you pay off your debt faster. But be careful, because sometimes the transfer fees are quite high.

Another very important feature on credit cards is the *minimum payment due.* This is the smallest amount of money you can pay each month. Here is an important tip: *You will never get out of debt by paying the minimum.* That is because you pay 10 to 29 percent interest on every dollar you owe. If you owe $2,200 on a card with 18 percent interest, and pay a minimum of 2 percent or $44 a month, it will take you *32 years* and cost you *$5,530* in interest, more than *double* what you borrowed. And it will take you that long *only* if you do not charge another cent on that card.

Otra característica o factor importante de las tarjetas de crédito es *el pago mínimo vencido*. Este pago es la cantidad mínima que puede pagar al mes. Le aconsejamos que lo evite, pues *nunca saldrá de deudas pagando solamente el mínimo*. Esto se debe a que paga del 10 al 29 por ciento de interés por cada dólar que debe. Si debe 2.200 dólares en una tarjeta con un 18 por ciento de interés y paga un mínimo del 2 por ciento o sea 44 dólares, tardará *32 años* en saldar la deuda que terminará siendo de 5.530 dólares con intereses, más del doble de lo que pidió prestado. Tardará en pagarla todavía más si añade otro centavo de deuda a la tarjeta.

Todos estos factores afectan su puntuación e historial de crédito, por eso le conviene entenderlos bien y utilizarlos a su favor.

¿Ha establecido ya un crédito? Evite meterse en problemas

Después de resultar apto para obtener crédito, úselo con inteligencia. Cargue a su tarjeta sólo las cantidades que pueda pagar en un mes, o tres como máximo. Pague todas sus cuentas a tiempo. Recuerde, los pagos tardíos comportan penalizaciones saladas, intereses altos y pérdida de puntos en su historial de crédito.

Si le han aprobado una tarjeta de crédito, no hay necesidad de solicitar varias más. Puede dañar su puntuación. Si desea más de una, hágalo con cautela. Solicite una tarjeta para la gasolina, y tal vez otra de primer orden después de uno o dos años.

No cargue su tarjeta hasta el límite. Trate de usar no más de la tercera parte del crédito disponible. Una cosa que su puntuación de crédito mide es la diferencia entre su línea de crédito y la cantidad que usa. Cuanto más pequeña sea la diferencia, más puntos gana.

Por último, no firme nunca una tarjeta de crédito con nadie. Si su nombre aparece en la tarjeta, la deuda es suya. Usted y su cónyuge pueden tener una cuenta en común, pero firmar una tarjeta de crédito con sus hijos u otros familiares es meterse en problemas. Imagine por un momento lo que pudiera suceder a su presupuesto familiar si tuviera que pagar 350 dólares más al mes porque su hermano perdió su trabajo después de renovar su casa. Alimentarlo, prestarle dinero o dejarlo vivir con usted no dañaría su puntuación, pero poner su nombre en la deuda de su hermano, sí lo haría.

Haga partícipe a su familia de la administración de las cuentas de crédito. Explíquele por qué no "compra con tarjeta" todo lo

How you manage each of these features influences your overall credit record and your credit score, so it pays to understand them and to make them work for you.

Got Credit? Stay out of Trouble

Once you qualify for credit, use it wisely. Charge small amounts on your card, no more than you can pay off in one month, three months at the most. Pay all of your bills on time. Remember, late payments result in penalty fees, higher interest rates, and a lower credit score.

If you are approved for one credit card, there is no need to apply for several more. That could hurt your credit score. If you want more than one card, go slowly. Apply for a gasoline card and perhaps one other major credit card over a year or two.

Do not charge your card to the limit. Try to use no more than a third of credit available to you. One thing your credit score measures is the difference between your credit limit and how much of that you are using. The smaller the difference, the more it affects your credit score.

Finally, never cosign a credit card. Once your name is on a credit card, that debt is yours. You and your spouse can own the account together, but cosigning a credit card account for your children or other relatives is asking for trouble. Just think what would happen to your family budget if you had to pay an extra $350 a month because your brother lost his job after redecorating his home. Feeding him, lending him money, or taking him in won't hurt your credit rating, but putting your name on his debt will.

Include your family in managing credit. Explain why you don't "charge it" every time you see something you want. If your kids don't learn how to handle money from you, they'll never be financially independent. What's more, should you lose your job, you may need those credit cards on an emergency basis. If you already have lots of debt, you may not be able to eat tomorrow because of dinners you charged yesterday.

Credit cards are just the first step in proving that you are creditworthy. If you manage this debt carefully, you will be able to qualify for a home loan or business loan. You will be able to use financial leverage to build wealth.

que ve y desea. Si sus hijos no aprenden de usted cómo administrar el dinero, nunca podrán ser independientes económicamente. Si perdiera su empleo, podría necesitar esas tarjetas de crédito para afrontar las circunstancias. Si ya tiene muchas deudas, puede que no coma mañana por las cenas que debe de ayer.

Las tarjetas de crédito son el primer paso para demostrar que usted es confiable. Si administra esta deuda con cautela, podrá tener derecho a préstamos para comprar una casa o abrir un negocio y beneficiarse financieramente para crear riqueza.

¿Pero qué sucede si se equivoca? ¿Y si perjudica su historial de crédito? No será el único. Muchas personas pierden sus empleos, contraen una enfermedad seria o son víctimas de desastres naturales, otras simplemente no prestan suficiente atención a sus registros de pagos o se preocupan más por aparentar riqueza que por crearla. Nadie es perfecto. Por lo tanto, lea el capítulo siguiente para aprender a salir de las deudas causadas por tarjetas de crédito y a reparar su historial.

But what if you slip? What if you ruin your credit history? You won't be alone. Many people lose jobs, get hit with serious illnesses, or are victims of natural disasters. Others are simply not attentive enough to record keeping, or are too consumed with looking wealthy instead of building wealth. No one is perfect. Read the next chapter to learn how to get out from under credit card debt and repair your credit score.

11

Saliendo de la trampa del crédito

La tentación es difícil de eliminar. En algún momento, todos hemos caído en la tentación de gastar lo que no tenemos. El lujo de comprar una comida caliente después de un arduo día de trabajo, en vez de cocinarla, se puede volver un hábito costoso. La facilidad de usar su tarjeta de crédito para pedir prestado algo de dinero hasta finales de mes puede ser seductora. El sentimiento de poder que se siente al invitar a la novia a un concierto costoso se puede volver una adicción. Sentir que tiene derecho a un par de zapatos más caros de los que puede pagar, es difícil de vencer. Es muy fácil sacar su tarjeta de plástico y cargar todo en la cuenta.

Pero si no tiene cuidado, se encontrará a final del mes debiendo más de lo que puede pagar. En Estados Unidos, más del 46 por ciento de las familias con tarjetas de crédito acarrea un saldo negativo. La mitad debe más de 2.200 dólares; la otra mitad, menos. Una familia típica, con un saldo negativo al mes, debe casi el 5 por ciento de su ingreso anual. Si mira la figura en la página 110 se dará cuenta de que es *mucho* más difícil salir de las deudas que contraerlas.

Y el costo del interés no será todo lo que paga. ¿Se acuerda de las características de las tarjetas de crédito que presentamos en el capítulo anterior, tales como penalizaciones? Si paga tarde se le cobrará una multa o penalización media de 34 dólares. Esta multa se le añadirá a lo que debe y prolongará el tiempo que tardará en pagar toda su deuda.

CHAPTER 11

Getting out of the Credit Trap

Temptation is hard to ignore. Sooner or later, we all face the impulse to spend what we don't have. The luxury of buying a hot meal after a hard day's work rather than cooking one can become an expensive habit. The ability to use your credit card to borrow a bit of cash until the end of the month can be seductive. The feeling of power you get by being able to take your girlfriend to a high-priced concert can become addictive. The sense that you are entitled to a more expensive pair of shoes than you can afford can be difficult to overcome. It seems so easy to just whip out your plastic and "charge" it.

But if you are not careful, you will find you owe more than you can pay at the end of the month. In the United States, more than 46 percent of all families with a credit card carry a balance. A typical family with a credit card balance that is not paid in full each month owes almost 5 percent of their annual income. Take a look at the box on page 111 to see that it's a *lot* more difficult to get *out* of debt than to get into it.

And the cost of interest is not all you'll pay. Remember the credit card features we discussed in Chapter 10, such as penalty charges? If your payment is late, you will be charged an average $34 penalty. That penalty charge will be added to what you owe and extend the length of time it will take to pay off your debt.

El verdadero costo de la trampa del crédito

Si debe 2.200 dólares y paga un mínimo de un 2 por ciento con una tasa de interés del 18 por ciento, tardará 389 meses (32 años) en pagar completamente su deuda y le costará 5.530,89 dólares en intereses.

Mes	Pago Mínimo	Interés Pagado	Deuda Pagada	Saldo Restante
1	$44,00	$33,00	$11,00	$2.189,00
2	$43,78	$32,84	$10,95	$2.178,06
3	$43,56	$32,67	$10,89	$2.167,16

Si debe 2.200 dólares y paga un mínimo del 4% con una tasa de interés del 18%, tardará 118 meses (unos 10 años) y le costará 1.235,71 en intereses. Menos, pero tampoco es una ganga.

Mes	Pago Mínimo	Interés Pagado	Dueda Pagada	Saldo Restante
1	$88,00	$33,00	$55,00	$2.145,00
2	$85,80	$32,18	$53,63	$2.091,00
3	$83,66	$31,37	$52,28	$2.039,09

Más de la mitad de los usuarios de las tarjetas paga sus deudas a tiempo, pero una gran parte tiene penalizaciones por tardanza. Pagar tarde es una de las causas por las que una tercera parte de los estadounidenses de origen hispano tiene un registro de crédito negativo. Esto le puede impedir comprar una casa o un auto y, en casos extremos, hasta obtener un empleo.

Cómo salir de la deuda creada por las tarjetas de crédito

En primer lugar, deje de contraer deudas y de usar sus tarjetas de crédito. Póngalas fuera de su alcance. Congélelas en un bloque de hielo si es necesario. Pague todo en efectivo. Ya no necesita usar tarjetas para crear un historial de crédito, ahora tiene que intentar salvar su puntuación y la posibilidad de pedir prestado en el futuro. Así que póngase en acción para reducir su deuda.

The True Cost of the Credit Trap

If you owe $2,200.00 and pay a 2 percent minimum payment with an interest rate of 18 percent, it will take you 389 months (32 years) to pay off your debt and cost you $5,530.89 in interest.

Month	Minimum Payment	Interest Paid	Principal Paid	Remaining Balance
1	$44.00	$33.00	$11.00	$2,189.00
2	$43.78	$32.84	$10.95	$2,178.06
3	$43.56	$32.67	$10.89	$2,167.16

If you owe $2,200 and pay a 4 percent minimum payment with an interest rate of 18 percent, it will take you 118 months (nearly 10 years) and cost you $1,235.71 in interest. Better, but it is still no bargain.

Month	Minimum Payment	Interest Paid	Principal Paid	Remaining Balance
1	$88.00	$33.00	$55.00	$2,145.00
2	$85.80	$32.18	$53.63	$2,091.00
3	$83.66	$31.37	$52.28	$2,039.09

More than half of credit card holders pay their debts on time. But that leaves a lot of them facing late penalties. Paying late is one reason more than a third of Hispanic Americans have bad credit scores. A bad score can keep you from buying a home or car or, in extreme cases, from getting a job.

How to Pull Yourself out of Credit Card Debt

First, stop digging. Stop using your credit cards. Lock them up. Freeze them in a block of ice if necessary. Pay cash for everything. You are no longer building a credit history. You are trying to save your credit score and your ability to borrow in the future. Next, take action to reduce your debt. *Pay the minimum due on time* to avoid late penalties and black marks against your credit history. If at all possible, pay more than the minimum

Pague a tiempo el saldo mínimo de lo que deba para evitar penalizaciones y manchas negras en su historial de crédito.

Si es posible, *pague más del mínimo que debe.* ¿Se acuerda del juego del presupuesto? Su finalidad era evitar a quienes lo apartan de su dinero, como se muestra. El apartado anterior muestra los intereses que debe pagar. Si tiene una deuda de 2.200 dólares y paga un mínimo de un 2 por ciento, al cabo de 32 años terminará pagando más de 5.500 dólares en interés. Lo que significa que tendrá menos dinero para usted y su familia. Si paga más cada mes, saldrá de la deuda con más rapidez, pagará menos interés y aumentará lo que ahorra al mes.

Si no puede pagar más del mínimo y tiene varias tarjetas, *seleccione la que tiene una tasa de interés más alta y pague más del mínimo en ella.* Cada vez que reduce el saldo a cero en una, el saldo mínimo que le permiten pagar en las otras tarjetas aumenta.

Negocie con los acreedores para reducir su tasa de interés. Descubra el interés que está pagando con la tarjeta que tiene ahora. Investigue en Internet lo que cobran otras tarjetas y compare su APR y demás características. (Vaya a www.cardweb.com o www.bankrate.com.)

Si encuentra una oferta mejor de la que tiene, llame a su compañía actual de tarjeta de crédito y pida hablar con un supervisor. Explíquele que piensa cambiar de compañía a menos que le reduzcan el APR. (Le aconsejo que practique lo que va a decir antes de hacer la llamada, y si no consigue lo que desea la primera vez que llama, trate de nuevo más tarde.)

Consolide su deuda

Si está haciendo malabarismos porque tiene deudas con varias tarjetas, combínelas en una sola. Investigue qué compañía le ofrecería la tasa de interés más baja si transfiriera todos sus saldos en ella, o solicite una nueva tarjeta y transfiera a ella los saldos. (Estos movimientos son llamados transferencias de tarjetas de crédito). Compruebe que la tasa de interés del préstamo es más baja que la media de las tarjetas que tenía y asegúrese de guardar las otras tarjetas bajo llave para no caer en la tentación de usarlas. No le conviene cerrar esas cuentas, porque hacerlo podría perjudicar el historial de su crédito.

Al hacer esto, obtiene una tasa de interés más baja por un plazo más largo. Incluso si su crédito es lo suficientemente bueno, podría encontrar una tarjeta que le otorgue una tasa de interés del 0 por

due. Remember the budget game? The goal was to outsmart all those people who want to separate you from your money. As you can see in the previous box, you are being separated from a lot of your money in interest payments. If you pay a 2 percent minimum on a $2,200 debt, you'll pay more than $5,500 dollars in interest over 32 years. That means there is less money left over for you and your family. If you pay more per month, you get out of debt quicker, pay less interest, and increase what you save every month.

If you can't pay more than the minimum on every card, *pick the one with the highest interest rate and pay above the minimum on that one.* Every time you bring your balance on one card to zero, boost payments to above the minimum on the others.

Negotiate to reduce your interest rate. Do some homework. Be clear how much you're paying in interest with the card you have now. Find out what other cards charge you to borrow by going online to compare the APR (annual percentage rate) and other card features. (Try www.cardweb.com or www.bankrate.com.)

If you find a better deal, call your current credit card company and ask to talk to a supervisor. Explain that you may have to switch cards unless the APR is reduced. (Tip: Practice what you want to say before calling, and if you don't get what you want the first time, try again.)

Consolidate Your Debt

If you are juggling big debt on several credit cards, combine all of your balances onto one card. Check to see which card company will offer you the lowest percentage rate if you move all of your credit card balances to that company. Or apply for a new credit card and transfer your balances from existing cards to this one new card. (These are called credit card transfers.) Be sure the loan's interest rate is lower than the average rate of your current credit cards, and be sure to put your other credit cards under lock and key so you can't use them. You may not want to close those accounts, because that, too, may hurt your credit.

Doing this provides you with a lower interest rate for the long term. Even better, if your credit is good enough, you also may find a card that grants you a period of 0 percent interest during which

ciento durante un período determinado en el cual puede pagar una parte de su deuda. Otra ventaja de consolidar deudas de diferentes tarjetas es que sólo tiene un pago mensual que administrar. Esto facilita el pago puntual y evita las penalizaciones.

Existen desventajas al transferir los saldos. A veces las ofertas del 0 por ciento de interés incluyen términos que pueden hacer aun mayor la trampa del crédito, por eso es importantísimo que lea todo lo que está impreso en letras pequeñas. En algunos casos, si tarda en pagar aunque sea por unas pocas horas, la tasa del 0 por ciento se eleva a un 20 por ciento *retroactivo*, y después tendrá que pagar el 20 por ciento de interés sobre el saldo negativo que tenga desde el día en que lo transfirió a la nueva tarjeta. Por eso debe prestar atención a la fecha de vencimiento.

Hay otras formas de consolidar una deuda. Puede solicitar a su banco o cooperativa un préstamo personal. Las cooperativas a menudo hacen préstamos pequeños basados en la cantidad depositada en la cuenta. También puede hipotecar su casa para eliminar la deuda de las tarjetas. Si es dueño de una casa, resultará apto para préstamos sobre el derecho de propiedad o la refinanciación de su hipoteca. Pero recuerde, no arriesgue su vivienda por haber gastado en cenas, neumáticos nuevos o conciertos. Pregúntese, "¿Vale la pena el riesgo?" *Jamás* use los ahorros de su jubilación para pagar la deuda de las tarjetas de crédito. Nunca podrá recuperar los ahorros que perdió.

¡Socorro!

Hay otra forma de resolver la deuda de su tarjeta. Si tiene una montaña de cuentas, puede recurrir a un asesor financiero. Las agencias legítimas, tales como la de Servicios de Consejos sobre el Crédito para el Consumidor, lo ayudan a negociar con sus acreedores un programa de pago más fácil y a obtener tasas de interés más bajas. Algunas veces (pero no siempre) establecen "un plan de administración de la deuda" y le enseñan algunas habilidades financieras básicas para evitar los problemas futuros. Además, esta agencia ofrece la mayoría de sus servicios en español.

Recuerde, no todo lo que reluce es oro. Debe ser muy prudente al elegir un asesor. No se fíe de las agencias que le cobren altas cuotas por hacerle un arreglo rápido, como por ejemplo 75 dólares de entrada y de 50 a 60 dólares mensuales. No se fíe de los asesores que no hablan claramente del coste de sus honorarios, especialmente para planes

you can repay larger parts of your debt. Another plus to consolidating overwhelming debt is that you have only one monthly bill to manage. This makes it less likely that you will pay late and face a penalty.

There are downsides to balance transfers. Sometimes 0 percent interest offers include terms that can make your debt trap even worse. That's why it's important that you read the fine print. In some cases, if you are late in paying by even a few hours, your 0 percent rate will rocket to 20 percent *retroactively*. That means you will have to pay 20 percent interest on your balance back to the day you transferred your balance to the new card. This is why you have to pay attention to the due date.

There are other ways to consolidate debt. You can ask your bank or credit union for a personal loan. Credit unions often make small loans based on the size of your deposit. Or you can borrow against your home to eliminate credit card debt. If you own a home, you are eligible for home equity loans or you can refinance your mortgage. But remember, you are risking the roof over your head to pay for those dinners, a set of tires, or concerts. Ask yourself, "Is it worth the risk?" Do not *ever* use your retirement savings to pay down credit card debt. You will never be able to make up what you lost.

Help!

There is one more way to get help with credit card debt. If you have a mountain of bills, you can turn to a debt counseling service. Legitimate agencies, such as the Consumer Credit Counseling Service, help you negotiate with your creditors for more manageable payment schedules and for lower interest rates. Sometimes (but not always) they set up a "debt management plan" and teach you some basic financial skills to help you stay out of trouble in the future. What's more, Consumer Credit Counseling Service offers most services in Spanish.

Again, every silver lining comes with a cloud. You must be very cautious about which counseling service you use. Be suspicious of any agency that charges you high fees for a quick fix. Be suspicious if fees are higher than $75 up front and $50 to $60 a month. Be suspicious if counselors are unwilling to be specific about fees, especially debt management plans. Be suspicious if an

de deuda. No se fíe de las agencias que prometen resultados que son demasiado buenos para ser ciertos y que, por ejemplo, le dicen que pueden eliminar en su informe de crédito los datos verificados que perjudican su historial. No se fíe de las agencias que le ofrezcan un contrato que dice que hará "donaciones voluntarias", que luego serán deducidas automáticamente de su cuenta corriente.

Lea siempre un contrato atentamente. Haga preguntas, y si el contrato no lo convence, no lo firme. La mejor manera de encontrar un asesor de crédito es por referencia de familiares y amigos. Si nadie puede recomendarle uno, contacte la Fundación Nacional de Consejo sobre el Crédito de la Oficina de Mejores Negocios (Better Business Bureau).

Preguntas que debe hacer a su asesor de crédito

1. ¿Cuánto son sus honorarios? (50 a 75 dólares para iniciar el proceso, 25 a 50 dólares de cuota mensual).
2. ¿Qué servicios ofrece la agencia? (No todo el mundo necesita un programa de administración de la deuda).
3. ¿Mantiene la agencia el dinero del cliente en una cuenta fiduciaria, separada de sus fondos operativos?
4. ¿Cuál es el nombre legal de la compañía o agencia y cuánto tiempo lleva operando?
5. ¿Está acreditada la agencia? O sea, ¿pertenece a la Federación Nacional de Consejos sobre el Crédito? Si se trata de una agencia sin fines de lucro, ¿le han revocado la desgravación fiscal?
6. ¿Qué efecto tendrán los servicios de la agencia sobre la puntuación de su crédito? (Algunas agencias informan a las oficinas de crédito que está en un plan de administración de deuda).
7. ¿Vende la agencia consejera su información a firmas que tratan de ofrecerle productos financieros? (Esto no es bueno).

Ahorre mientras paga

El hecho de que esté pagando una deuda *no* significa que tiene que dejar de ahorrar para el futuro. Debe continuar depositando dinero en su plan 401(k) o IRA. Tiene que seguir ahorrando para pagar la universidad o afrontar una emergencia. Recuerde cómo administran

agency promises results that are too good to be true. For instance, they cannot remove true facts about your payment history from your credit report, even if the facts are negative. Be suspicious of any agency offering a contract that states you will make "voluntary donations," which are automatically deducted from your checking account.

As always, read any contract carefully, ask questions, and if you don't like the contract, don't sign it. The best way to find a credit counselor is to ask family or friends. If you don't know anyone who has used a debt counselor, check with the National Foundation for Credit Counseling and the Better Business Bureau.

Questions You Should Ask a Credit Counselor

1. What are the fees? (Average fees are about $50 to $75 for setup and $25 to $35 for monthly maintenance.)
2. What services does the agency offer? (Not everyone needs a debt management program.)
3. Does the agency keep clients' money in a trust account, separate from its operating funds?
4. What is the legal name of the company or agency, and how long has the agency been in business?
5. Is the agency accredited? That is, does it belong to the National Federation for Credit Counseling? If it is a nonprofit agency, does it have a nonprofit tax exemption?
6. What effect will the agency's services have on your credit rating? (Some agencies report the fact that you are in a debt management plan to credit bureaus.)
7. Does the credit counseling agency sell your information to firms that try to sell you financial products? (Not good.)

Save as You Pay

Just because you are paying off your debt *does not* mean you stop paying yourself first. You must continue to put money into 401(k)s or individual retirement accounts (IRAs). You must continue to save for a college education or an emergency. Again, think of how

el dinero las corporaciones. Si necesitan hacer una balanza de gastos, reducen los costos y, aunque necesiten pedir prestado para pagar una deuda, invierten dinero en su futuro. Si no lo hacen, podrían perder en poco tiempo su negocio. Usted también debe considerar su futuro a la vez que paga la deuda.

Hablando del futuro, ahora que está a punto de salir de deudas, es hora de arreglar y mejorar la puntuación de su historial de crédito.

corporations manage their money. If they need to balance a budget, they cut costs. If they need to borrow and repay debt, they still invest money toward their futures. If they did not, they would be out of business soon. You too, must put money toward your future as you repay debt.

Speaking of the future, now that you're on the way to digging out of debt, it is time to mend and improve your credit score.

12

Reparando su puntuación de crédito

No olvide que cuanto mayor sea su puntuación de crédito, mejores serán sus posibilidades. Como decíamos en el capítulo 7, la puntuación es el cálculo más importante que tiene. Es el factor principal que determina si puede adquirir un auto o un préstamo para una casa y qué interés pagará.

El vecino de la familia Vega compró su casa con un préstamo hipotecario de 250.000 dólares con tasa fija de 30 años al 6,25 por ciento. Su pago total de interés era de 304.145 dólares. La familia Vega tiene una puntuación alta en su historial. Cuando pidieron dinero prestado para pagar 250.000 dólares de hipoteca, su tasa de interés era del 5,25 por ciento y pagaron en total 246.983 dólares de interés. La diferencia es de más de 57.000 dólares.

¿Qué hay en la puntuación de crédito?

La puntuación acumulada en su historial se calcula teniendo en cuenta lo siguiente:

- Si paga sus cuentas a tiempo y completamente.
- Cuánto debe.
- Cuánto crédito extra tiene disponible.
- Por cuánto tiempo lo ha tenido.
- Cuánto tiempo llevan sus cuentas abiertas.
- Si tiene otros préstamos por hipoteca o por la compra de un auto y demuestran que es responsable ante un crédito.
- Si ha abierto cuentas nuevas.

12

Mending Your Credit Score

Remember, the best credit score is a high one. Recall from Chapter 7 that it is the most important financial number you have. It is the biggest factor in determining if you get car or home loans and what interest you pay.

The Vega family's neighbor bought his home by using a 30-year fixed-rate mortgage to pay off $250,000 at 6.25 percent. His total interest payment will be $304,145. But the Vega family has a higher credit score, so when they borrowed money to pay a $250,000 mortgage, their interest rate was 5.25 percent, and their total interest payment will be $246,983—a difference of more than $57,000.

What's in Your Credit Score?

Your credit score is calculated from your credit history and includes:

- Whether you pay your bills on time, and in full
- How much you owe
- How much more credit is available to you
- How long you have had credit
- How long your accounts have been open
- Whether you have other loans for homes and cars to demonstrate that you are creditworthy
- Whether you have opened new accounts

Paso a paso

Hay pequeñas cosas que puede hacer para evitar una puntuación negativa en su historial de crédito. El más importante es mejorar su registro de pagos, pues cuenta más de una tercera parte de su puntuación.

Dado que los pagos tardíos lo perjudican, *pague a tiempo*. Si tener una gran deuda perjudica su puntuación, páguela en cantidades *superiores al mínimo*. Si su pago de la tarjeta vence al mismo tiempo que el de su alquiler o el pago del auto, llame a su compañía de crédito y *cambie la fecha mensual de vencimiento*. Si no puede dejar de cargar en su cuenta, *guarde sus tarjetas bajo llave*.

Acarrear un saldo en su tarjeta no perjudica su puntuación, a no ser que exceda su límite de crédito, omita un pago o lo haga tarde. En esos casos, usted no debería ser penalizado.

Siempre lea los estados de cuenta de sus tarjetas para asegurarse que su último pago fue registrado correctamente y que todos los cargos son los suyos y no de otra persona. Cuando quiera comprar un auto, un apartamento o una casa, no permita que los vendedores o los arrendatarios hagan verificaciones múltiples de crédito porque demasiadas preguntas pueden bajar su puntuación. Autorice a verificar su crédito solamente en los casos que esté seguro que va a comprar o alquilar lo que le están ofreciendo.

¿Ha firmado conjuntamente un préstamo con alguien que paga tarde o no paga todo? De acuerdo con los asesores financieros, tiene un 75 por ciento de probabilidad de que tendrá que hacer uno o dos pagos extra porque el cofirmante no ha pagado a tiempo. ¿O ha firmado con alguien un préstamo demasiado grande que le impide reunir los requisitos para obtener prestado más dinero? Estas cosas pueden dañar su puntuación.

Si desea ayudar a un amigo o miembro de familia, puede ofrecerle algo diferente que no sea firmar conjuntamente un préstamo. Puede prestarle dinero para que obtenga una tarjeta de crédito asegurada. O pida prestado el dinero y haga que la otra persona firme conjuntamente el préstamo, así sabe que los pagos se harán puntualmente.

Aunque le parezca extraño, cancelar una tarjeta de crédito puede perjudicar su puntuación. ¿Por qué? Recuerde que parte de la puntuación se basa en la cantidad de crédito que usa con respecto a lo que tiene disponible. Los prestamistas prefieren que use un 30 por ciento o menos de la línea de crédito de que dispone. Así que

One Step at a Time

There are some simple steps you can take to stop building the kind of credit history that lowers your credit score. The most important one is to improve your payment record. It accounts for more than a third of your score.

Since late payments hurt your score, *pay on time.* If too much debt hurts your credit score, pay it off in *above-minimum* chunks. If your credit card payment is due at the same time as your rent and car payments, call your credit card company and *change the monthly due date.* If you can't stop charging, *lock away* your credit cards.

Carrying a balance on your credit card does not damage your credit score. Unless you go over your credit limit, or skip or make late payments, you should not be penalized.

Always read your credit card statement to be sure your last payment was recorded properly and that the all the charges are yours and not someone else's. When shopping for a car, an apartment, or a home, do not allow multiple credit checks from overanxious car dealers or landlords, because too many inquiries lower your score. Authorize credit checks only if you are ready to buy or rent what they are offering.

Have you cosigned a loan with someone who pays late or doesn't pay at all? According to investment advisers, the odds are more than 75 percent that you will have to make a payment or two because they fail to pay on time. Or have you cosigned a loan big enough to keep you from qualifying to borrow any more money? These things can hurt your credit score.

If you want to help, you can offer your friend or family member options other than cosigning a loan. Lend them money to get a secured credit card, or borrow the money yourself and have the other person cosign the loan so you know the payments will be made and made on time.

Here is a surprise: Canceling a credit card could hurt your credit score. Why? If you recall, one part of your score is based on how much credit you are using versus how much credit is available to you. Lenders prefer if you use 30 percent or less of the credit available. So if you cancel a card with a zero balance and a $10,000 credit limit, your available credit shrinks and you may suddenly be using 60 percent of what card companies are willing

si cancela una tarjeta con saldo cero y con un límite de 10.000 dólares, su crédito disponible disminuye y puede ser que repentinamente esté utilizando el 60 por ciento de lo que las compañías de tarjetas de crédito están dispuestas a ofrecer. ¿El resultado? Su puntuación desciende. Por lo tanto, espere hasta que sus tarjetas estén completamente pagadas y entonces cancele aquellas que no quiere, una a la vez y con cautela.

Tener muchas tarjetas no significa tener mejor historial. Para la mayoría de las personas, no hay motivo para tener más de cuatro. Este número puede incluir dos tarjetas para propósitos generales (una con millaje), otra con una compañía de gasolina, y si no puede evitarlo, una con unos grandes almacenes.

Si no quiere ser tentado por las ofertas de tarjetas que recibe por correo, llame a 888-567-8688 o escriba un correo electrónico a www.optoutprescreeen.com para informar a las compañías de crédito que no desea recibir ofertas de tarjetas preaprobadas. Esto reducirá en gran medida el número de ofertas que recibe. Es un servicio gratis. Todo lo que tiene que hacer es dar su nombre, número de seguridad social y su fecha de nacimiento. Si se muda, repita el proceso.

Arreglando su historial de crédito

Ahora, arreglemos los agujeros en su informe de crédito. Primero, pida una copia de su informe. Puede ordenar gratis una copia al año a la oficina de crédito (vaya a www.annualcreditreport.com o llame al 877-322-8228). Compruebe cuidadosamente su historial de crédito para asegurarse que su número de seguridad social y otros datos personales son correctos. No se sorprenda si encuentra un error. En 2004, el Grupo de Encuestas del Interés Público encontró que el 79 por ciento de los informes de crédito de 200 personas contenía errores. ¡Más de la mitad incluía información de la persona equivocada o no estaba actualizada!

Los datos que señalan si usted es responsable ante un crédito permanecen en su informe para siempre. Los que evalúan si darle un crédito es arriesgado por pagos tardíos permanece siete años y los casos de bancarrota, 10 años. Los juicios en su contra por no pagar correctamente impuestos y por gravamen duran 20 años. La información incorrecta o no actualizada en su informe de crédito puede perjudicarlo mucho, dado que el informe es lo primero que

to offer you. The result? Your credit score drops. So wait until your credit cards are paid off, then close those you don't want one at a time—slowly.

More cards do not mean better credit. For most people there is little reason to have more than four cards. That number could include two general-purpose credit cards (one with rewards), a gasoline company card, and—if you can't do without it—one department store card.

If you can't resist all those new credit card offers coming in the mail, call 888-5OPT-OUT or e-mail www.optoutprescreeen.com to tell credit card companies that you do not want to receive preapproved credit card offers. This will reduce the number of offers you get in the mail significantly. It is a free service. All you have to do is provide your name, Social Security number, and date of birth. If you move, repeat the opt-out process.

Polishing Your Credit History

Now, let's mend the holes in your credit report. First, get a copy of your report. You may order one free from each credit bureau a year (www.annualcreditreport.com or 877-322-8228). Check your credit history carefully to make sure your Social Security number and other facts about you are correct. Don't be surprised if you find a mistake. A 2004 U.S. Public Interest Group Survey found that 79 percent of credit reports on 200 people contained errors. More than half included information on the wrong person or contained information that was out of date!

Information that shows you handle credit responsibly stays on your record forever. Information that shows you are a credit risk, such as late payments, stays on your report for seven years. Bankruptcies stay on your credit report for 10 years. Judgments against you in tax cases and tax liens (claims against your property for nonpayment of taxes) stay on your record for 20 years. Since a credit report is the first place lenders, insurers, and landlords look to determine whether you are a credit risk, it is easy to see how incorrect or obsolete information on your credit report can hurt you.

How can you correct it? For simple corrections, send a letter to the credit agency. Include your name and address, and identify the incorrect information. Provide documents to support your facts, and

miran prestamistas, aseguradores y arrendatarios para determinar si es arriesgado darle un crédito.

¿Cómo puede corregir un error? Envíe una carta a la agencia de crédito para correcciones simples. Incluya su nombre y dirección e identifique la información incorrecta. Proporcione documentos que demuestren el error y pídales que lo corrijan. Para lograr los mejores resultados, envíe su carta por correo certificado con acuse de recibo. Mantenga siempre una copia de lo que envió. (Vea ejemplo en el apéndice C.)

Según la ley federal, la oficina de crédito debe revisar su petición a los 30 o 45 días y anular cualquier información que no sea capaz de verificar. Si, después de investigar su queja, la oficina verifica que usted tiene razón, debe arreglar el error, dejárselo saber por escrito y enviarle gratis una copia de su informe de crédito con los cambios. Si usted lo solicita, la agencia debe enviar avisos con las correcciones a las personas que obtuvieron el informe durante los seis meses antes de ser corregido.

Si la investigación no puede resolver la disputa, puede escribir una declaración *breve* ofreciendo su información de los hechos y pidiendo que sea enviada a cualquiera que solicite un informe sobre usted. Tendrá que pagar una cuota por esto.

Si se le niega un crédito debido a "un expediente de crédito insuficiente" o "a una ausencia de expediente" y *tiene* cuentas de débito, podrá usar éstas para aumentar el material de su informe. Puede enviar a la agencia de crédito una carta solicitando que incluyan las transacciones de esta cuenta en los informes futuros.

Si, desde un principio, no "echa a perder" su historial de crédito, no se encontrará en la situación de tener que arreglarlo. El crédito es una conveniencia, una red de seguridad y una ventaja. Es un reflejo de su prestigio. Úselo sabiamente y prosperará. Hágalo descuidadamente y nunca conseguirá la independencia económica. Ahora que sabe cómo utilizarlo con inteligencia, vamos a continuar con "los grandes préstamos" que lo ayudarán a crear riqueza.

request that the error be corrected. For best results, send your letter by certified mail, return receipt requested. Always keep a copy of what you sent. (See a sample letter in Appendix C.)

Under federal law, the credit bureau must review your request within 30 to 45 days and delete any information it is unable to verify. If, after it investigates your complaint, a credit agency finds you are correct, it must fix the inaccuracy, tell you in writing, and send you a free copy of your credit report if a change is made. If you request, the agency also has to send notices of any correction to anyone who got your report in the previous six months.

If the investigation doesn't resolve the dispute, you may write a *short* statement giving your side of the story and request that it be sent to anyone who requests a report on you. You will have to pay a fee for this.

If you are denied credit because of an "insufficient credit file" or "no credit file" and you *do* have charge accounts, you will be able to fatten up your credit file. You can send the credit agency a letter asking that the account be added to future reports.

You will never have to "fix" your credit history if you don't "break" it in the first place. Credit is a convenience, a safety net, and a lever. It is a reflection on your good name. Use it wisely, and you'll prosper. Use it recklessly, and you'll never gain financial independence. Now that you know how to use it wisely, it is time to move on to the "big loans" that will help you build wealth.

CAPÍTULO 13

Los "grandes" préstamos y lo básico

Ha trabajo duro para administrar su dinero, ahorrar para su futuro y probar que posee buen juicio al usar responsablemente las tarjetas de crédito. Ha logrado un historial de crédito sólido. Ahora es hora de aprender a usar *el dinero de otros* para crear riqueza. Es el momento de conocer los "grandes" préstamos: para estudiantes, casas o inmuebles, negocios y otros más. Éstos se usan para invertir en uno mismo, crear riqueza, y algunas veces para hacer la vida más fácil y productiva.

La mayoría de los "grandes" préstamos le añaden más poder al dinero que ya ha ahorrado. Por ejemplo, sólo unos pocos de nosotros tenemos la cantidad total que se necesita para comprar una casa o inmueble. Pero muchos nos las hemos arreglado para ahorrar el pago inicial y reunir los requisitos para pedir prestado la cantidad restante. Todos, menos los préstamos a estudiantes, están asegurados o garantizados por alguna forma de propiedad. Los préstamos legítimos requieren solicitudes y trabajo de oficina. Se obtienen a través de bancos, prestamistas de hipoteca, cooperativas de créditos, escuelas, comerciantes de vehículos, agencias sin fines de lucro y bancos de inversiones.

Puede parecer difícil si es la primera vez que pide prestado e igual prefiere pedírselo a alguien que conoce. No hay nada de malo en ello, si ambas partes comprenden los términos del préstamo y lo dejan por escrito. Pero ¿a cuántas personas conoce que tengan de 200 a 400 mil dólares que puedan prestarle para comprar una casa?

The "Big" Loans and the Basics

You've worked hard to manage your money, to pay yourself first, and to prove you have the good judgment to use credit cards responsibly. You have a solid credit history. Now it is time to learn how to use *other people's money* to build wealth. It's time to learn about the "big" loans: student, home, and business loans, and a few others. These are used to invest in yourself, to build wealth, and sometimes to make your life easier or more productive.

Most of the "big" loans give the money you've already saved added power. For instance, few of us have the total amount needed to buy a home. But many of us have managed to save a down payment and can qualify to borrow the rest. All but student loans are secured or guaranteed by some sort of property. All legitimate loans require applications and paperwork. These loans can be found at banks, mortgage lenders, credit unions, schools, car dealerships, nonprofit agencies, and investment banks.

If you have never borrowed money before, it can be intimidating. You might feel more comfortable borrowing money from someone you know. There is nothing wrong with that, if the two of you understand the terms of the loan and write them down. But how many people do you know who have $200,000 to $400,000 to lend you to buy a home?

Still, it may be tempting to do business with someone recommended to you by a family member or a friend. And there is nothing wrong with that, if that person is qualified and trustworthy.

Aun así puede ser tentador hacer negocios con alguien recomendado por un miembro de su familia o por un amigo. Y no hay nada de malo en ello, si la persona es de confianza. El cuñado del señor Vega recomendó a un agente hipotecario que, según él, conocía todas las "movidas". Pero cuando los Vega investigaron sus credenciales y los registros de su compañía a través de la Oficina de Negocios *Better Business Bureau*, nada de lo que había dicho era cierto. Menos mal que los Vega investigaron primero.

Con bastante frecuencia tememos salir fuera de nuestro círculo o aun de nuestra vecindad inmediata para encontrar profesionales verdaderamente calificados, lo mismo si son servicios bancarios, de bienes raíces o inmuebles, o cualquier otro de la industria financiera. Debe confiar en sí mismo y ser capaz de hacer las preguntas adecuadas a alguien que trabajará para usted. Ser también capaz de averiguar información sobre licencias y registros. De hecho, puede encontrar algunas de esas fuentes de información al final de este libro en el apéndice A.

MÁS

En América Latina, muchas personas usan "tandas", un sistema informal de préstamos comunitarios. Los prestatarios los obtienen más baratos si pertenecen a un grupo de deudores que ponen en juego su reputación y garantizan la integridad de estos prestatarios. Si un miembro paga tarde, el grupo completo sufre las consecuencias.

Pero además de confiar en sí mismo al emplear la persona que trabajará para usted con honestidad y provecho, hay que recordar algunas cosas básicas cuando se pide prestado.

Las reglas básicas de los préstamos

Hay varias cosas que debe evitar. Nunca pida prestado con la intención de no pagar. Esto es un fraude, un crimen. En el caso de los préstamos a estudiantes, el gobierno buscará al deudor y, cuando lo encuentre, tomará una parte de su salario hasta saldar totalmente el préstamo que debe.

Nunca mienta cuando rellene una solicitud para un préstamo. Por ejemplo, si dice que gana más de lo real para poder acceder a un préstamo mayor, el IRS puede preguntarle por qué no ha declarado todo su ingreso en sus formularios de impuestos y posiblemente sea sometido a una auditoría.

Mr. Vega's brother-in-law recommended a mortgage broker who knew all the *movidas,* or so he said. But when the Vegas checked his credentials and his company's record with the Better Business Bureau, they didn't hold up. It's a good thing the Vegas checked.

Too often, we fear going outside our comfort zone or even our immediate neighborhood to find truly qualified professionals, whether it's in banking, real estate, or any other financial service industry. You must trust yourself. Trust that you know what questions to ask someone who will work for you. Trust that you will learn where to check their licenses and records. In fact, some of those resources can be found in Appendix A.

MORE

In Latin America many people use tandas, *a system of informal community lending. Borrowers get cheaper loans if they belong to a group of debtors who put their reputation on the line and vouch for a borrower's trustworthiness. If one member pays late, the whole group suffers.*

But besides trusting yourself to hire the person who will work for you honestly and profitably, there are some very basic things to remember when borrowing money.

Basic Rules for Loans

There are several things you should avoid. Never borrow money with no intention of repaying it. This is fraud, a crime. In the case of student loans, the government will find you and take a part of your salary until the loan is repaid.

Never lie on a loan application. For instance, if you overstate your income on a home loan application to qualify for a bigger loan, the Internal Revenue Service (IRS) may ask you why you have not declared all of your income on your tax forms and you may have to undergo an audit.

Never borrow more than you can repay. Certainly, taking out a home loan is a huge responsibility, and most people wonder at one time or another if they will be able to make the payments. But there are ways of determining how much money you can borrow based on your income. What I'm talking about here is to refrain from

Nunca pida prestado más de lo que puede pagar. Ciertamente, tomar un préstamo para una casa es una responsabilidad inmensa y la mayoría de las personas se preguntan en una u otra ocasión si serán capaces de hacer los pagos. Pero existen formas de determinar cuánto puede pedir prestado basadas en su ingreso. Estoy hablando de abstenerse de pedir un préstamo por una gran cantidad de dinero si sabe que dentro de una semana va a perder su empleo.

Nunca pague tarde. Un préstamo para estudiantes, para un vehículo, una casa o para abrir un negocio es como un préstamo para una tarjeta de crédito, solamente más grande. Si paga tarde, le afecta su historial de crédito y puede ocasionarle multas y tasas de interés más altas. Y recuerde, ninguno de los "grandes" préstamos se pactan con un simple apretón de manos. Siempre necesita un acuerdo escrito de la cantidad y términos del préstamo, firmado por el prestatario y el prestamista.

También hay varias cosas reglamentarias que debe hacer cuando pide prestado. Antes de firmar un préstamo, compare diferentes ofertas como lo haría cuando va de compras al mercado. Hay muchas personas que desean prestarle. Está en sus manos descubrir cómo hacerlo y pagar la menor cantidad posible por ese privilegio.

No deje de hacer preguntas. Es importante que comprenda lo que pide, cuánto va a costarle el dinero prestado y cuántas cuotas va a pagar por establecer el préstamo.

Lea siempre el contrato completamente. El diablo está en los detalles. Y al igual que con las tarjetas de crédito, no todos los prestamistas ofrecen los mismos términos y condiciones. Escriba siempre la fecha al lado de su firma: eliminará confusión o conflictos más tarde.

Antes de decidir qué préstamo firmar, tome consigo las solicitudes y explicaciones, y léalas con atención en casa. En un cuaderno, haga una lista de los términos que cada préstamo le ofrece. Anote la cantidad que quiere prestada, el interés que pagaría y la duración del préstamo. Lea con atención lo que está escrito en letra pequeña para saber si cobran penalidades por pago del préstamo anticipado o cuotas especiales, y si existen otros términos. Con todos los datos ante sí, le será más fácil compararlos.

Su primer "gran" préstamo

Comencemos con un préstamo para un auto. Esta clase de préstamos no sirve para crear riqueza. Como expliqué antes, un auto es un

borrowing a lot of money the week before you know you're going to lose your job.

Never pay late. A student, car, home, or business loan is just like a credit card loan, only bigger. If you pay late, it affects your credit record and can result in penalties and higher interest rates. And remember, none of the "big" loans are sealed with a handshake. You always need a written record of the amount and terms of the loan signed by both the borrower and the lender.

There are also several things you should always do when borrowing money. Always comparison shop for a loan, just as you would for your groceries. There are a lot of people who want to lend you money. It's up to you to figure out how to borrow it and pay the least amount possible for the privilege.

Always ask questions. It is important that you understand how much you are borrowing, how much you are paying to borrow the money, and how many fees you are paying to arrange the loan.

Always read your contract—all of it. The devil is in the details. And as you've learned with credit cards, not all lenders offer the same terms and conditions. Always put a date next to your signature. It will eliminate any confusion or conflicts about when you borrowed the money.

When shopping for a loan, take all of the applications and explanations home with you. Get a pad of paper and make a list of the terms of each loan offer. Besides the amount you're borrowing, the interest you're paying, and the length of time you are borrowing the money, check for prepayment penalties, special fees, and any other terms included in the fine print. Then, when all the terms are in black and white, it will be easier to compare them.

Your First "Big" Loan

Let's start with a car loan. This is not a wealth-building loan. As I explained earlier, a car is a depreciating asset. It loses value. That means you will be paying the same amount for something every month, even as it becomes worth less every month. It would be best if you could save the whole purchase price of a car and pay all at once.

bien que se desvaloriza. O sea, va a pagar la misma cantidad al mes por algo que vale cada vez menos. Sería mejor si pudiera ahorrar el precio total del auto y pagarlo todo de una vez.

Pero los autos son costosos. Uno nuevo cuesta aproximadamente 30.000 dólares. Comprar uno nuevo es una opción. Comprar uno usado es otra, si está en buenas condiciones. Y seguramente va a necesitar uno a menos que viva en un lugar que disponga de transporte público noche y día, o que viva a una distancia de su trabajo, tiendas o banco que pueda recorrer a pie.

¿Debería alquilar o comprar un auto?

Si alquila un auto, lo hace de mes en mes basado en el precio que negocie; es decir, la cantidad que un comerciante de autos espera que valga cuando lo alquila, más la tasa de interés. Pero no olvide los costos que se añaden. La mayoría de los arrendamientos limitan el número de millas que puede recorrer en un año. Si supera el límite, deberá dinero cuando lo devuelva por el uso y desgaste "extras." Y en algunos casos, es posible que el seguro del auto alquilado le cueste más porque el prestamista puede tener un seguro sin deducciones o un seguro que cubra importes más altos de cobertura. Por otra parte, cuando quiera reemplazar el auto, no le darán lo suficiente como para comprar otro similar.

Si compra un auto usado, es menos probable que lo tenga que "financiar" (pedir prestado para pagarlo). Pero si compra uno a través de un comerciante o una cooperativa, seguramente tendrá que pedir prestado para poder adquirirlo.

Tanto si compra un auto nuevo como uno usado, el costo de su préstamo está basado en lo que pide, en la tasa de interés que paga al año y en el número de meses que tarda en pagar lo que pidió prestado. Le conviene informarse bien primero antes de ir a comprarlo.

La clase de auto que puede comprar dependerá de lo que puede pagar de préstamo. Consulte su presupuesto, su plan de juego. En el capítulo 6 vuelva a leer los consejos sobre cómo ahorrar. ¿Puede ahorrar un poco más y poner el dinero en la entrada o en el préstamo del auto? Tal vez pueda pagar 350 dólares al mes durante los tres o cuatro años

But cars are expensive. A new one averages about $30,000. Buying an inexpensive compact is one option. Buying a used car is another, if it is in good condition. But unless you live in a town with 24-hour public transit or live within walking distance of your job, your grocery store, or your bank, you are going to need a car.

If you buy a used car, it is less likely you will "finance" it, that is, borrow money to pay for it. But if you buy a used car through a dealer or a credit union, you may be more likely to borrow money to pay for it.

Should You Lease or Buy?

If you lease a car, you are renting it month to month based on the price you negotiate for the car, the amount a dealer expects the car to be worth when the lease is up, and the interest rate. But don't forget the add-ons. Most leases cap the number of miles you can drive in a year. If you drive more than allowed, you will owe money when you return the car. You may owe money for "excessive" wear and tear. And in some cases your car insurance may cost you more on a leased car, because your lender owns the car and can require "zero" deductibles or insurance to cover higher amounts of liability. Finally, when you want to replace the car, it will have no trade-in value to help you buy another one.

Whether you buy a new or used car, the cost of your loan is based on how much you borrow, the rate of interest you pay a year, and the number of months you take to repay what you borrow. But to be an informed buyer, you need to do some homework before you go to a car dealer.

The way you determine what kind of car to buy is to figure out how big a *loan* you can afford. Go back to your budget, your game plan. Review Chapter 6 for tips on saving. Can you squeeze out more savings to apply toward a down payment or car loan? Perhaps you can afford $350 a month for the next three or four years. You can go to Web sites, such as www.bankrate.com, that will calculate what you need to save to reach your goal.

Now, check with your bank or credit union to learn what they charge for a car loan. (They can also help you calculate what you

siguientes. Puede ir a sitios en Internet, tales como www.bankrate.com, que calculan lo que necesita ahorrar para alcanzar su meta.

Ahora, consulte su banco o cooperativa para saber cuánto cobran por un préstamo para un auto. (También pueden ayudarlo a calcular lo que necesita ahorrar si desea pagar en efectivo o acumular dinero para la entrada). Si va a comprar uno nuevo, busque en Internet diferentes fabricantes de autos y compare los incentivos que ofrecen.

Lo siguiente es saber cuánto vale el auto que quiere. Hay muchos sitios en Internet donde puede comparar el precio del vendedor con el precio en el mercado sugerido por el fabricante (MSRP), que está impreso en una pegatina en la ventanilla del auto. Una buena fuente de información es el Kelley Blue Book, en el www.kbb.com y www.edmunds.com.Estos sitios toman en consideración el precio de la factura del auto y los cobros de entrega. No debe pagar otros cargos dudosos tales como el ADM (precio adicional del comerciante).

Ahora que sabe lo que puede pagar, lo que cuesta su auto y por cuánto se vende en su región, es hora de hablar con el comerciante. Pregúntele cuánto cobra por un préstamo para autos. Recuerde que a veces un préstamo con el 0 por ciento no es conveniente porque igual no le da la posibilidad de negociar el precio anunciado. Evite pagar costos añadidos y extras. Trate de no pagar más del 5 por ciento sobre el costo de la factura en un auto nuevo, y si no le gusta el precio o los términos del préstamo, no lo acepte. Es su dinero, y en todas partes hay comerciantes interesados en venderle uno.

Ahora, pasemos a hablar de los otros "grandes" préstamos.

need to save if you want to pay cash or accumulate a down payment.) If you're buying a new car, look on automakers' Web sites to see what incentives they are offering.

Next, learn what the car you want is worth. Again, there are a variety of Web sites that compare the dealer's cost for the car with the manufacturer's suggested retail price (MSRP) printed on the window sticker. Among them are the Kelley Blue Book site (www.kbb.com) and Edmunds Inc. (www.edmunds.com). These sites take into consideration the invoice price of a car and delivery charges. You should not pay other, dubious charges such as ADM (additional dealer markup).

Now that you know what you can afford, what your car costs, and what it sells for in your region, it's time to talk to a dealer. Ask the dealer what they charge for a car loan. Just remember, sometimes a "zero" percent loan isn't the best deal because you may not be able to negotiate the sticker price down. Avoid buying add-ons and extras. Try to pay no more than 5 percent above the invoice cost on a new car. And if you don't like the price or terms of the loan, walk away. It's your money, and there are a lot of other car dealers out there.

Now, let's move on to other "big" loans.

14

Los préstamos para estudiantes: Pidiendo prestado para invertir en uno mismo

Usted es el bien más valioso que tiene. Su inteligencia puede volverse sabiduría. Sus habilidades pueden florecer en experiencia. Su carácter emocional puede volverse liderazgo. Pero nada de esto podría suceder a menos que haga un esfuerzo.

El primero y el más importante que puede hacer es obtener una educación superior. Puede lograr lo que necesita si asiste a una escuela pública o privada. Puede aprender a leer, a escribir y a calcular. *Usted* aporta las ganas de aprender y la escuela lo guiará hacia lo que necesita. Cualquiera le puede robar lo que posee, pero nadie puede desposeerlo de lo que ha aprendido. Es suyo para siempre.

Ésta es mi manera de decirle que amplíe su educación más allá del bachillerato. No sólo ofrecerá una vida intelectualmente más rica, sino que también dará riqueza material. La oficina del censo lo muestra en dólares y centavos. Según sus cálculos, los trabajadores de jornada completa que tienen un título universitario ganan aproximadamente 23.000 dólares más al año que aquellos que sólo tienen el título de bachillerato. En el transcurso de la vida, los graduados universitarios pueden ganar aproximadamente 1.500.000 dólares más que los que terminan sólo el bachillerato. La tasa de desempleo de graduados universitarios es aproximadamente de la mitad de la tasa media. No todo el mundo desea un título

14

Student Loans: Borrowing to Invest in Yourself

You are your most valuable asset. Your intelligence can expand into wisdom. Your skills can blossom into expertise. Your emotional character can grow into leadership. But none of this will happen unless you make an effort.

The first and most important effort you can make is to get an education. You can get what you need whether you attend a public or a private school. You can learn how to read, write, and calculate. *You* bring the curiosity and the school will lead you to the information you need to satisfy it. Someone can steal everything you own. But once you learn something, no one can take it away. It's yours forever.

This is my way of telling you to extend your education beyond high school. It not only gives you a richer life spiritually, it gives you riches. The Census Bureau puts this into dollars and cents. It found that full-time workers who have a college degree earn about $23,000 a year more than those with a high school diploma. Over a lifetime, college graduates can earn about $1.5 *million* more than high school graduates. The unemployment rate for college graduates is about half the general rate. A college degree may not be for everyone, but certainly everyone can benefit by continuing his or her education in community colleges or vocational schools.

Unfortunately, the Latino community does not seem to have embraced that message. According to the Hispanic Scholarship

universitario, pero, con certeza, todos podemos beneficiarnos al continuar los estudios en las academias llamadas aquí *Community Colleges* o en escuelas de formación profesional.

Desafortunadamente, la comunidad hispana no parece haber asimilado este mensaje. Según el Fondo Latino de Becas, aunque somos aproximadamente el 14 por ciento de la población de Estados Unidos, sólo contamos con el 4 por ciento de los estudiantes matriculados en la universidad. Sólo el 12 por ciento tiene un título universitario en comparación con el 30,5 por ciento de la población blanca no hispana.

Una de las razones por las que esto sucede es que las familias latinas a veces no conocen el proceso para entrar en una academia o facultad, ni el de solicitar ayuda financiera. En muchos casos, los estudiantes latinos matriculados en estudios universitarios hoy en día son la primera generación de sus familias que quiere un título universitario. El proceso de inscripción y el papeleo para obtener ayuda financiera pueden ser complicados y desalentadores. Lo fue para mi familia. Mis padres no confiaban en el gobierno y tenían mucho orgullo como para aceptar "limosnas", por eso rechazaron la idea de rellenar formularios para obtener ayuda financiera. Un estudio reciente hecho por el Instituto Tomás Rivera del prestamista Sallie Mae encontró que, de los 1.200 padres hispanos entrevistados, la mitad no pudo nombrar una sola fuente de ayuda financiera para los estudios universitarios.

Sin embargo, hay formas de obtenerla. El Fondo Hispano de Becas provee asistencia y becas. Sallie Mae, una fuente principal de préstamos estudiantiles en Estados Unidos, además de conceder préstamos, da información sobre becas, donaciones y ayuda financiera federal. Las dos instituciones han unido sus esfuerzos para ofrecer el programa de becas para hispanos llamado "El primero en mi familia" (*First in My Family*) para estadounidenses de origen hispano que tienen necesidades financieras y son la primera persona en la familia que asiste a la universidad. Por favor, vaya al apéndice A y encontrará una lista de fuentes de información de Internet que lo ayudarán a ahorrar o a encontrar ayudas económicas para la educación universitaria.

Antes de pedir prestado

El costo de asistir a la universidad está aumentando. Incluso las escuelas públicas menos costosas están incrementando sus matrículas cada año. El coste medio de una matrícula en una escuela

Fund, even though we make up about 14 percent of the population in the United States, we account for just 4 percent of students enrolled at four-year colleges. Only 12 percent of Hispanics have a bachelor's degree, compared with 30.5 percent of non-Hispanic whites.

One reason this is happening is that Hispanic families may not have experience with applying for college or with the financial aid process. In many cases, Latino college students today are the first in their families to go for a college degree. The admission process and the paperwork to win financial aid can be confusing and intimidating. It was for my family. My parents' distrust of government and pride in not accepting "handouts" led them to refuse to fill out the financial aid forms. A recent survey by the Tomas Rivera Institute for the lender SLM Corporation ("Sallie Mae") found that half the 1,200 Hispanic parents surveyed could not name a single source of financial aid for college.

However, there are ways to get help. The Hispanic Scholarship Fund provides outreach and scholarships. Sallie Mae, a major source of student loans in the United States, offers information on scholarships, grants, and federal financial aid, as well as providing loans. The two of them have joined forces to offer the First in My Family Scholarship Program to Hispanic Americans who have financial need, and are the first person in their family to attend college. See Appendix A for a collection of Web sites and information on helping you save or find money for a college education.

Before You Borrow

The cost of going to college is rising. Even the least expensive public colleges are raising prices every year. The average tuition at four-year public colleges and universities in the 2006–2007 year was $5,836. Tuition at private colleges averaged $22,218. But there's more to those costs than tuition. You also have to budget for fees, books, and, if you live away from home, room and board.

That means going to college, even a two-year community college, takes planning. This chapter deals with student loans. But before we talk about borrowing money, let's talk about some

o universidad pública durante el año académico 2006–2007 fue de 5.836 dólares. El coste medio de la matrícula en universidades privadas fue de 22.218 dólares. Y a estos gastos se añaden otros. Hay que calcular los honorarios, libros y, si vive fuera de casa, el alojamiento y el sustento.

Esto significa que ir a la universidad, aunque sean dos años en una academia comunitaria, requiere un plan económico. Este capítulo trata de los préstamos para estudiantes. Pero antes de referirnos a los préstamos, hablemos de algunas formas especiales de ahorrar dinero para adquirir una educación académica. Así como los planes IRA y 401(k) lo ayudan a ahorrar para la jubilación, el gobierno ha creado una forma eficaz de impuesto que le permite ahorrar para los estudios universitarios.

La cuenta 529 y más

La cuenta 529 es un plan de ahorros patrocinado por el Estado que permite a padres y abuelos invertir hasta 250.000 dólares para los gastos universitarios de sus hijos o nietos. Las ganancias de esta cuenta aumentan libres de impuestos federales (los estatales se suelen aplicar). Con una cuenta 529 para los gastos universitarios reconocidos, no pagará impuestos por el dinero que retire. La cuenta 529 se puede considerar un bien de los padres más que del estudiante, y no desfavorece la condición de recibir ayuda financiera. Sin embargo, si la cuenta está a nombre del hijo, será gravada en la declaración de impuestos de los padres y el 20 por ciento del saldo de la cuenta deber ser usado para compensar cualquier ayuda financiera.

La cuenta 529 también tiene planes para matrículas "prepagadas" o de pago anticipado, que funcionan como los planes de ahorros de esta cuenta y no causarán una reducción para igualar la ayuda financiera.

Otra opción disponible para cualquier familia que gane menos de 220.000 dólares es un Coverdell o Cuenta de Ahorros para la Educación (ESA). Puede aportar un máximo de 2.000 dólares al año, pero con ella no paga impuestos federales sobre el crecimiento de los fondos. La diferencia con la cuenta 529 es que puede usar el dinero para pagar la escuela primaria y secundaria, así como la universidad. La normativa al respecto y el importe que puede aportar cada año pueden cambiar en 2010, cuando dejen de regir las normas hoy vigentes.

special ways to save money for education. Just like individual retirement accounts (IRAs) and 401(k)s that help you save for retirement, the government has created a tax-efficient way to help you save for college.

529 Plans and More

A 529 account is a state-sponsored savings plan that lets parents and grandparents invest up to $250,000 toward a child's college expenses. The earnings on 529 savings grow free of federal taxes (state taxes may apply). When you use the 529 account for qualified college expenses, the money you withdraw will not be taxed. What's more, a 529 account can be treated as a parent's assets instead of a student's assets, and will not be used to offset eligibility for financial aid. However, if the account is in the child's name, it will be taxed at the parent's bracket, and 20 percent of it must be depleted to offset any financial aid.

There are also 529 prepaid tuition plans. These are treated the same way as 529 savings plans and will no longer cause a dollar-for-dollar reduction in financial aid.

Another option open to any family earning below $220,000 is a Coverdell or education savings account (ESA). These restrict contributions to $2,000 a year, but also shelter growth from federal taxes. The difference between these and the 529s is that you can use the money to pay for primary and secondary schools, as well as for college. However, that rule and the amount you can contribute each year may change in 2010 when current features expire.

Your state may even have a prepaid tuition plan that lets you buy education for tomorrow at today's prices, and, like the 529, those plans do not reduce eligibility for financial aid.

But all the advantages offered by a 529 account or any other plan won't help if you don't use it. If you put $10,000 into one of these accounts when your child starts high school, assuming growth of 6 percent a year, the account will total about $12,700 when your child starts college. If you put the same amount of money into an account when your child is in kindergarten, the account will total $21,200. Ten thousand dollars is more than most of us have to invest when our children are young, so most 529 plans have much lower minimum contribution requirements. For instance, the 529 sponsored by the state of Kansas requires a minimum of $2,500 to open an account

Su estado también puede tener un plan de pago anticipado de la matrícula con el cual se le permite pagar la educación del mañana a los precios de hoy y, al igual que la cuenta 529, no reduzca su posibilidad de acceso a ayuda financiera.

Las ventajas ofrecidas por la cuenta 529 u otros planes lo ayudan sólo si las usa. Si pone 10.000 dólares en una de estas cuentas cuando su hijo comienza el bachillerato, con un crecimiento del 6 por ciento anual, tendrá aproximadamente un total de 12.700 dólares para cuando su hijo comience la universidad. Si pone la misma cantidad en una cuenta cuando su hijo está en el jardín de infancia, tendrá un total de 21.200 dólares. Diez mil dólares es más de lo que muchos de nosotros podemos invertir cuando nuestros hijos son pequeños. De todas formas, la mayoría de las cuentas 529 requieren un aporte mínimo más bajo. Por ejemplo, la cuenta 529 patrocinada por el estado de Kansas requiere un mínimo de 2.500 dólares para abrir una cuenta y un mínimo de inversión automática de 50 dólares al mes. Tanto el matrimonio Vega como los abuelos y los tíos han utilizado las festividades y cumpleaños para contribuir económicamente en una cuenta Kid's 529. Como puede ver, esto es posible.

En busca del "oro"

Necesitará apoyarse en algo más que sus ahorros para pagar la universidad. Así que primero busque el dinero "gratis" disponible para ayudarlo a obtener una educación universitaria. Las donaciones y becas no se pagan. La donación federal Pell ofrece hasta 4.050 dólares al año para gastos universitarios. La beca llamada "Suplemental," unos 4.000 dólares adicionales. Para obtenerla tiene que rellenar la "Solicitud gratuita de ayuda federal al estudiante." También se espera que una familia contribuya con los gastos universitarios. Aunque el ingreso de su familia sea demasiado alto para obtener la donación Pell, presente igualmente una solicitud pues podría obtener otro tipo de donaciones.

Usted podría ser apto para el Programa Federal de Trabajo/ Estudio. Este programa ofrece trabajo de media jornada para ayudarlo a pagar sus estudios tanto si es un estudiante por graduar o graduado o si toma un número reducido de cursos. Está basado en su necesidad financiera y en la cantidad que se tendrá que pagar a la escuela.

También existen las becas que ofrecen dinero por méritos académicos o por pertenecer a una familia de bajos ingresos, o ambas

and an automatic minimum investment of $50 a month. The Vega family has followed that plan carefully. Mr. and Mrs. Vega have used every holiday and birthday to build up Pedro's 529. So, as you can see, this is doable.

Grants, Scholarships, and Loans

You will need to rely on more than your savings to pay for college. So, first, look for the "free" money available to help you get an education. Grants and scholarships do not have to be paid back. The federal Pell Grant provides up to $4,050 a year for college. The Supplemental Educational Opportunity Grant can give you an additional $4,000. To apply, you have to fill out a Free Application for Federal Student Aid (FAFSA). It calculates what a family is expected to contribute toward college expenses. Fill out this application even if your family income is too high to make you eligible for a Pell Grant because you may qualify for other grants.

You may also qualify for the Federal Work-Study Program. It provides part-time work to help you pay for your education whether you are an undergraduate or graduate student, and whether you are a part-time or full-time student. This program is based on your financial need and on how much money your school has to apply toward it.

Then there are scholarships. Most of the time, they provide money based on whether you have good grades and test scores or come from a low-income family, or both. Many elite universities simply base scholarship awards on academics and put little emphasis on family income. And there are scholarships that are very focused or designed to encourage students to study math, science, or languages. Check any number of Web sites. There is "free" tuition money out there if you look for it.

When do you start looking for grants, scholarships, and loans? You start your quest for financial aid as soon as you send in your college application. Do not wait until you have heard from the admissions office to start looking for financial help. To be considered for a scholarship or any other type of financial aid, a student's family will have to fill out the FAFSA, just as required for the Pell grant. You can get the form online, at your local library, or from your high school guidance counselor.

cosas. Muchas universidades "prestigiosas" simplemente basan la entrega de becas en méritos académicos sin tener mucho en cuenta el ingreso familiar. La intención de otras becas es la de alentar a los estudiantes a cursar matemáticas, ciencias o idiomas. Confirme esto en Internet. Hay dinero "gratuito" para costear la matrícula, pero hay que buscarlo.

¿Cuándo debe empezar a buscar donaciones, becas y préstamos? Tan pronto como envíe su solicitud para entrar en una universidad. No espere a que la oficina de matriculación se lo sugiera. Para poder obtener una beca o cualquier otro tipo de ayuda económica, la familia del estudiante tendrá que rellenar la solicitud gratuita para la ayuda federal al estudiante (FAFSA), la misma que para pedir la donación Pell. Puede obtener una copia de solicitud en Internet, en una biblioteca local o a través de un consejero de la escuela superior.

Por favor, no deje de rellenar su formulario para FAFSA. El Consejo Americano sobre la educación dice que 1,8 millones de graduados con ingresos bajos y moderados no presentaron el formulario para el año académico 2003–2004. Perdieron la oportunidad de obtener dinero gratuito para su educación universitaria. Después de rellenar este formulario, las familias de clase media pueden encontrar que la contribución que se esperaba de ellas o EFC es muy alta. No se desanime, estas familias pueden obtener ayuda si el costo de la escuela supera la contribución que se espera de ellas. Pero si no encuentra dinero gratuito para pagar los estudios, puede siempre obtener dinero en forma de préstamos federales.

Préstamos para la universidad

Encontrar el préstamo estudiantil apropiado puede ser una de las tareas más difíciles, pero también es una de las más importantes, ya que su futuro y miles de dólares están en juego. Tiene dos recursos: los préstamos estudiantiles garantizados por el gobierno federal y los de bancos privados, que no lo están.

Primero, aproveche la ventaja del dinero más barato, que en la mayoría de los casos es un préstamo federal que presenta una tasa de interés más baja que la de los privados. Existen varios, pero todos requieren ser ciudadano estadounidense, residente permanente, o tener un estado de legalidad para no ciudadanos. El gobierno federal no le otorga a usted directamente estos préstamos, lo hace

Please, do not fail to fill out the FAFSA form. The American Council on Education says 1.8 million low- and moderate-income graduates did not file one in 2003–2004. They failed to take advantage of an opportunity to get free money for their education. After filling out the FAFSA form, middle-class families may find their expected family contribution (EFC) is quite high. Do not be discouraged. Even middle-class families can get help if the cost of a school outstrips the family's expected contribution. But if you can't get free money for school, at least you can get "cheap" money in the form of federal loans.

Student Loans

Finding the right student loan may be one of the most difficult jobs you ever do. But it is one of the most important because thousands of dollars and your future are at stake. You have two sources for student loans: loans guaranteed by the federal government and private bank loans that are not guaranteed by the federal government.

Take advantage of the cheapest money first, which in most cases is a federal loan that carries a lower interest rate than private loans. There are several varieties, but all of them require U.S. citizenship, permanent residency, or eligible-noncitizen status. These loans are not made directly to you by the federal government. Instead, the government works with banks and other agencies that handle the lending and repayment process. You can get full details about federal loans on the U.S. Department of Education's Web site, or from their pamphlet, *Funding Education Beyond High School: The Guide to Federal Student Aid,* in English or Spanish. For now, here is a brief summary of the types of federal student loans available.

Those with "exceptional" financial need may qualify for a Perkins loan, which combines federal money with money from the college of your choice. These loans carry no fees, and the government pays the interest while you are in school and for a nine-month period after you graduate.

A Stafford loan is usually the first stop in borrowing for college. There are two kinds. The subsidized version is based on financial need and the cost of your school. The government pays interest on the loan while you're in school and for six months after you

a través de bancos y otras agencias que administran el proceso de préstamos y cobros. Para obtener información detallada sobre los préstamos federales, consulte la red Internet del Departamento de Educación de Estados Unidos o el panfleto *Fondos para la educación más allá del bachillerato: La guía de ayuda federal para el estudiante,* en inglés o español. Por el momento le brindamos un resumen de los tipos de préstamos federales disponibles para estudiantes.

Aquellos con necesidades financieras "excepcionales" pueden ser aptos para un préstamo Perkins, que combina el dinero federal con el de la universidad escogida. Estos préstamos no conllevan gastos y el gobierno paga el interés mientras el estudiante esté matriculado en la escuela hasta un período de nueve meses posterior a su graduación.

El préstamo Stafford es el primero que suele pedirse. Los hay de dos clases. La versión subsidiada, que está basada en la necesidad financiera y el costo de su escuela o universidad. En este caso, el gobierno paga el interés del préstamo mientras está estudiando y durante los seis meses posteriores a su graduación. La otra versión es el préstamo Stafford que no está subsidiado y se otorga independientemente del ingreso familiar. Hay cobros del 3 por ciento en estos préstamos y, a partir de la segunda mitad de 2006, el interés fijo subió al 6,8 por ciento. Usted tendrá que devolver *todo* el préstamo, más el interés que se haya acumulado mientras estaba en la universidad. Puede pagarlo mientras está estudiando o diferirlo hasta que se gradúe.

Los préstamos federales llamados "Padres Plus" son otorgados a los padres de un estudiante sin graduar que se declara "dependiente" en la declaración de impuestos. El préstamo no se concede a los que son independientes. Tampoco depende del ingreso familiar, ni requiere un aval o garantía de propiedad de bienes para asegurarlos. Los préstamos Plus pueden usarse para el pago de la matrícula, cuotas académicas, alojamiento, sustento, libros, material académico, transporte y gastos de mantenimiento. El interés que paga sobre estos préstamos puede ser desgravado de los impuestos. Conllevan cobros de hasta el 4 por ciento y su tasa de interés se ha fijado en el 8,5 por ciento a partir de la segunda mitad de 2006.

Los préstamos Stafford y Plus tienen las mismas opciones de pago. Si se abona el préstamo mensualmente con los intereses en el arco de diez años, el interés total es más bajo. Pero no todo el mundo puede darse el lujo de pagar así. Con el pago gradual en el arco de diez años hace erogaciones más pequeñas al principio y más altas al final. El tipo de pago de acuerdo con sus ingresos calcula

graduate. The unsubsidized Stafford is available whatever your family's income. There are fees of 3 percent on these loans, and, as of mid-2006, interest on the loans rose to a fixed 6.8 percent. You are responsible for *all* of the interest on the loan, including interest that accumulates while you are in school, which is added to your loan amount. You do have the choice of repaying the interest while you are in school or of deferring it until after you graduate.

Federal Parent PLUS loans are made to parents of an undergraduate student who is a dependent. They are not available to parents of independent students. These loans are not limited by a parent's income, nor do they require collateral, a pledge of property to guarantee the loan. The PLUS loans can be used for tuition, fees, room and board, books, supplies, transportation, and living expenses. The interest on these loans may be tax deductible. They carry fees of up to 4 percent, and the interest rate as of mid-2006 was fixed at 8.5 percent.

Both the Stafford and PLUS loans have the same repayment choices. Paying the loan plus interest each month within 10 years offers the lowest total interest. But not everyone can afford to do that. The graduated repayment choice lets you make smaller payments in the early years and larger ones later, while still paying off the loan within 10 years. The income-sensitive option sets payments that are a percentage of your gross income. Payments are adjusted annually. Then, there is the extended repayment option. It lets you repay your loan over 25 years with a choice of standard or graduated payments. This is the most expensive choice.

You also have the opportunity to combine your various federal student loans into one with a single monthly payment and a fixed interest rate. This is known as loan consolidation. It can lower your monthly payments, but it will also increase the total cost of the loan.

Because limits on the size of student Stafford loans are so low, you may need to turn to private loans to pay the rest of your college bill. A private loan is not guaranteed by the federal government and carries a higher interest rate. The rate is based on the prime rate (the cost of money to a bank's best customers) and your creditworthiness. Sometimes a student will need a cosigner to qualify for a private loan, often a parent. If you must use a private loan, borrow only what you need and be careful!

erogaciones que son un porcentaje de su ingreso bruto y se ajustan anualmente. Por último, existe el STET pago prolongado, que le permite pagar su préstamo en un arco de 25 años y escoger entre el pago estándar o gradual. Éste es el más costoso.

También puede combinar varios préstamos federales estudiantiles en un único pago mensual y con una tasa de interés fija. Ésta es la llamada consolidación del préstamo. Disminuye el pago mensual, pero aumenta el costo total de su préstamo.

En busca de un préstamo para estudiantes   Ésta es una búsqueda ardua. Lleva su trabajo averiguar quién le ofrece la mejor tasa de interés, el mejor plan de pago y el mejor servicio al cliente cuando lo necesite. Es usted quien va a tener que pagar decenas de miles de dólares, así que necesita saber en qué se mete. Haga preguntas, llame a varios prestamistas de la lista que le envíen, y use Internet. Hable con los estudiantes que ya tienen préstamos y pida referencias.

Muchas escuelas universitarias le entregan una lista de sus prestamistas favoritos. No tiene que seguirla. Ésos no son necesariamente los que proponen la mejor oferta. Lea lo que está escrito en letra pequeña en la explicación de cada préstamo. El gobierno federal establece un límite en las tasas de interés y en los cargos para estos préstamos, pero algunos prestamistas no le cobran cuotas administrativas para que acepte su oferta. De ser así, se ahorraría la cuota del 4 por ciento al principio del proceso, o sea unos 400 dólares. Asegúrese de entender la fecha de inicio del préstamo, la fecha en que empieza a acumularse el interés, el plazo que tiene para pagarlo y si le ofrecen otras opciones.

Haga un esfuerzo y obtendrá los mejores descuentos. Los prestamistas regularmente le ofrecen reducir la tasa o hasta el tamaño de su préstamo si hace los pagos a tiempo por un período quizás de hasta tres años. Pero si se retrasa en uno solo de los pagos, puede perder el descuento permanentemente. A propósito, averigüe bien qué es lo que su prestamista considera un pago a tiempo. Pregúntele si pierde el descuento si paga con un día de retraso o si, por alguna razón, tiene que aplazar los pagos. Una buena forma de mantenerlo es abonar el préstamo con cargos automáticos en su cuenta. Pero tenga cuidado, no es fácil pagar comida, alquiler, transporte, recibos y el préstamo con un salario de principiante.

Conseguir un título universitario es una de las formas, seguramente la mejor, de salir adelante. Infórmese sobre las maneras de pagar sus estudios y los títulos adquiridos le repagarán el esfuerzo dedicado.

Shopping for a Student Loan   This is one shopping trip that is more work than fun. It takes work to figure out who offers the best interest rate, the best loan-repayment plan, and the best customer service when you need them. You are the one who may have to pay off tens of thousands of dollars, so you need to know what you're getting into. Ask questions, call each lender on the list sent to you, and go online. Talk to older college students about their lenders.

Most schools hand you a list of preferred lenders. You do not have to stick to that list. Those on it may not necessarily offer the best financial deal. You do have to read the fine print in each loan explanation. The federal government sets maximum interest rates and fees on student loans, but some lenders will pay the fees for you to get your business. Getting a 4 percent origination fee waived can save you $400. Always understand when loan repayment begins, when interest starts accumulating, how long you have to repay a loan, and whether other repayment options are offered.

Work hard to get the best discounts. Lenders often offer to reduce your interest rate or even the size of your loan after you make payments on time for a long period, perhaps up to three years. But if you make just one late payment, you can lose a discount permanently. By the way, find out what your lender considers an on-time payment. Do you lose your discount if you are one day late? Also, ask whether your discount disappears if you need to defer payments for any reason. A good way to keep the discount is to have your student loan payment automatically taken out of your checking account. But be careful. It's not easy to cover the cost of food, rent, transportation, energy bills, *and* your loan payment with an entry-level salary.

Getting an education is one of the few ways—and certainly the best way—to get ahead. Educate yourself about ways to pay for school, and your education will repay you for your effort many times over.

CAPÍTULO 15

Pidiendo prestado para comprar una casa

Si sueña con ser dueño de su propia casa, no es el único. Aproximadamente el 65 por ciento de los estadounidenses y casi la mitad de los hispanos en Estados Unidos son dueños de una.

Ser propietario de una vivienda es parte del "sueño americano," de anhelar una vida mejor, más rica y completa. Ser dueño de una casa representa seguridad, realización, sentirse incluido e igual, y dejar un ejemplo y un legado a los hijos. Es una gran inversión y en la mayoría de los casos aumenta su patrimonio.

Pero no todo el mundo puede o debe ser dueño de una vivienda. Si se muda con frecuencia o cuenta con ser capaz de vivir casi sin pagar alquiler, comprar una vivienda puede no ser una buena idea, podría beneficiarse más invirtiendo el dinero en su jubilación.

Aun así, para la mayoría de nosotros, ser dueño de una vivienda significa mantener los costos de la vivienda estables, y representa con el tiempo una ganancia, pues el valor de las propiedades inmobiliarias o bienes raíces tienden siempre a aumentar. Por otra parte, el gobierno de Estados Unidos (el Tío Sam) promueve la adquisición de viviendas ofreciendo la desgravación de los intereses hipotecarios y de los impuestos de propiedad. Puede desgravarse hasta 250.000 dólares (por persona) o 500.000 dólares (por pareja) de los impuestos federales cuando vende su vivienda siempre que haya pasado en ella un mínimo de dos años.

15

Borrowing to Buy a Home

I f you dream of owning your own home, you are not alone. Nearly two-thirds of all Americans and almost half of all Hispanics in the United States are homeowners. Owning a home is part of the "American Dream," part of a dream to live a better, richer, fuller life. Owning a home represents security, accomplishment, being included and equal, and leaving an example and a legacy for our children. It is a big investment, and most of the time, it creates wealth.

But not everyone can or should own a home. If you move often, or expect to be able to live almost rent free, buying a home may not be a good idea. You might be better off putting your money into retirement investments.

Still, for most of us, owning a home keeps housing costs stable, and over time, the tendency of prices to rise makes real estate more valuable and offers you the chance to make a profit. What's more, Uncle Sam encourages home ownership by offering tax breaks on mortgage interest and local property taxes. And as long as you live in your home for two years, you can make a profit of $250,000 (as a single) or $500,00 (as a couple) free of federal taxes when you sell it.

Before You Hunt for a House

Finding a home you want to buy is the easy part! But since most people don't have the money to pay cash for a home, your first challenge is to convince someone to lend you hundreds of thousands of

Antes de salir en búsqueda de vivienda

Encontrar lo que desea comprar, ¡es la parte más fácil! Pero como la mayoría de las personas no tiene dinero para pagar en efectivo, su primer desafío es convencer a alguien para que le preste cientos de miles de dólares. Esto requiere que haga todas las cosas que ha leído en este libro: administrar responsablemente el crédito, generar una puntuación de crédito tan alta (FICO) como pueda, seguir un plan de gastos sensato y ahorrar. Tener suficientes ingresos y un trabajo fijo durante al menos dos años suele demostrar al prestamista que puede hacer sus pagos.

Así que prepárese para una hipoteca, revise su condición financiera, ordene gratis su reporte crediticio y si contiene algún error, haga que lo corrijan. Pague, si es necesario, para saber cuál es su puntuación de crédito. (Vea apéndice A). Asegúrese de que los cargos en sus tarjetas de crédito no llegan al límite y que tiene ahorrado para la entrada y para los primeros pagos de deuda hipotecaria. Si sabe administrar el dinero que tiene, le será fácil obtener un préstamo, y, lo que es más importante, ahorrará.

¿Qué pasa si no tiene un historial de crédito suficiente? Los hispanos, como promedio, pagamos el 12 por ciento más al mes que otras personas por ser dueños de una casa. Esto sucede, en parte, porque solemos pagar en efectivo y no tenemos historiales de crédito apropiados. Por lo tanto, es posible que nos dirijan a un tipo de prestamistas que facilitan dinero a personas que tienen un historial de crédito no favorable o que carecen de él; por eso, cargan tasas de interés y cuotas más altas para compensar su riesgo, y proponen tasas de hipotecas complejas y ajustables, lo que no siempre le resulta favorable.

Pero las cosas están mejorando... Durante los últimos 25 años, los Servicios de América para Viviendas de la Vecindad han ayudado a personas con historiales de crédito insuficientes a encontrar préstamos hipotecarios. Hoy en día, hay muchos prestamistas tradicionales dispuestos a evaluar de otras formas el riesgo o seguridad de que una persona pague su hipoteca a tiempo. Por ejemplo, indagan la puntualidad en los pagos del alquiler y de los servicios públicos. Existe también un sistema nuevo de puntuación crediticia llamado Anthem, que ayuda a los prestamistas a evaluar historiales de crédito insuficientes.

Lo que es más, los prestamistas están aprobando préstamos para cinco o más solicitantes a la vez, ya que reconocen que los integrantes de las familias hispanas normalmente compran la casa juntos. Pero

dollars to buy one. That requires that you do all the things you've read about in this book: handle credit responsibly, generate the highest credit (FICO) score you can, follow a spending plan, and save money. It also helps if you have had your job for two years and have enough income to convince the lender you can make your payments.

So, prepare yourself to earn a mortgage. Review your financial condition. Order a free credit report. If you find problems, fix them. Learn your credit score, even if it costs money. (See Appendix A.) Make sure your credit cards are not charged to the limit and that you have saved cash for a down payment plus a few months' mortgage payments. If your financial house is order, it will be easier to qualify for a loan. More important, it will save you money.

What if you don't have a long credit history? Hispanics, on average, pay 12 percent more a month to own a home than others. That is happening, in part, because we pay cash and may not have extensive credit histories. So, you may be directed to a subprime lender, who lends money to people with risky or no credit history. Subprime lenders charge higher interest rates and fees to offset their risk, and emphasize complex adjustable-rate mortgages (ARMs). This is not always in your best interest.

But things are looking up. For 25 years, Neighborhood Housing Services of America has helped people with thin credit records find home loans. Now more mainstream lenders are looking at ways of assessing whether you can be trusted to pay your mortgage on time, even if you don't have a long credit record. They are considering rent and utility payment records. There is even a new credit scoring system called Anthem that helps lenders assess thin credit histories.

What's more, lenders are approving loans with five or more borrowers listed. This recognizes that Hispanic families often buy homes together. But remember, each person must have a clean credit record. If you have to wait a year or two to build a clean credit history before buying a home, do it. It will pay off.

Your next step in preparing to buy a home is to calculate and document your net worth. That is the total value of all your possessions, such as savings accounts, a house, a car, and retirement accounts, minus all outstanding debt, such as student loans, car payments, and credit card

recuerde que cada persona debe tener un historial de crédito limpio. Si tiene que esperar un año o dos para conseguirlo antes de comprar, hágalo. Vale la pena esperar.

Lo siguiente antes de comprar vivienda es calcular y documentar su patrimonio, o sea, el valor total de todas sus posesiones, tales como cuentas de ahorros, propiedades, vehículos y cuentas de jubilación, menos todas las deudas pendientes, tales como préstamos de estudiante, plazos por pagar de un auto y cuentas de tarjetas de crédito. Calcule su patrimonio para demostrarle al prestamista que puede comprometerse a pagar una deuda más.

Después, *organícese*. Necesitará documentos que muestren de cuánto es su ingreso: El estado de sus ganancias W-2 o el de ingresos 1099-DIV de dos años anteriores a la fecha actual, las declaraciones de los impuestos federales de los dos últimos años, los estados de cuentas bancarios de los últimos meses que muestren un saldo de por lo menos la cantidad que necesitará para la entrada, los comprobantes de cobro de su salario, pruebas de otros ingresos, tales como propinas o retribuciones de la seguridad social y, por último, su número de seguridad social o de identificación del contribuyente.

Ahora que sus registros están listos, ¿qué tiene que hacer? ¡Espere! Todavía *no* se lance a comprar la casa, lo siguiente es averiguar qué es lo que necesita para poder acceder a un préstamo hipotecario. En lo que sigue del capítulo se le explica brevemente qué hacer para pedir un préstamo hipotecario. Para fuentes de información, consulte la lista del apéndice A.

Lo básico de las hipotecas

Una hipoteca es un convenio a largo plazo que hace con un prestamista para comprar un terreno y el edificio que se encuentre en él. La vivienda que compra y el terreno debajo de ella son garantías para el préstamo; lo que significa que si no lo paga de acuerdo al convenio, pierde el derecho de propiedad, el cual va al prestamista. Cuatro cosas influyen en los pagos de su hipoteca: la cantidad que necesita pedir prestada (el capital), el tiempo que tardará en pagar ese dinero (el plazo), la tasa de interés que el prestamista le cobra por el dinero (la tasa) y su plan de pago (plan de amortización).

Si desea comprar una casa que cuesta 250.000 dólares (el capital), puede concertar un préstamo que dure 15, 20 o 30 años (el plazo). Puede optar por una tasa fija de hipoteca, una tasa

bills. You calculate your net worth to prove to a lender that you can afford to take on more debt.

Then, *get organized*. You will need documents to verify your income: W-2 earnings statements or 1099-DIV income statements for the past two years; federal tax returns for the last two years; bank statements for the previous several months that show a balance of at least the amount you will need for the down payment; recent paycheck stubs; proof of other income, such as tips or Social Security income; and a Social Security or individual taxpayer identification number.

Now that your records are in order, what do you do? You do *not* go house hunting. Not yet.

Your next step is to learn what you need to know about qualifying for and affording a home loan. This rest of this chapter will give you a brief overview on borrowing to buy a home. To find out more, use some of the resources listed in Appendix A.

Mortgage Basics

A mortgage is a long-term agreement you make with a lender to buy land and any buildings on it. The house you buy and the land beneath it are collateral for the loan. That means if you don't repay the loan according to your agreement, you forfeit the property to the lender. Four things influence your mortgage payments: the amount you need to borrow (the *principal*), the length of time it will take you to repay that money (*term*), the interest rate the lender charges for the money (*rate*); and your payment schedule.

If you want to buy a home that costs $250,000 (the principal), you can arrange for a loan that lasts 15, 20, or 30 years (the term). You have a choice of a fixed-rate mortgage, in which interest rates never change, an adjustable-rate mortgage (ARM), where rates change periodically, or a combination of the two.

The interest rate varies depending on the size of your principal and the length of your loan. Rates tend to be higher on fixed-rate loans because the lender is taking a risk should interest rates rise. If, as of 2007, your loan is under $417,000 for a single unit, it is a conforming loan. If it is more than that, it is a jumbo loan. Jumbo loans' interest rates are higher than rates on conforming loans. The annual percentage rate (APR) includes the stated interest rate, points (a fee for the loan), compound interest, and some closing costs.

ajustable de hipoteca llamada ARM (*adjustable-rate mortgage*) que cambia periódicamente o una combinación de las dos tasas.

La tasa de interés varía según el importe de capital y la duración de su préstamo. Tiende a ser más alta en los préstamos de tasa fija porque el prestamista arriesga a que la tasa suba. A partir de 2007, si su préstamo está por debajo de los 417.000 dólares por una vivienda, es un préstamo ajustado. Si es mayor, es un préstamo gigante y sus tasas de interés serán más altas. El porcentaje de la tasa anual (APR) incluye la del interés establecido, puntos, interés compuesto y algunos costos de cierre.

Vamos a explicar ahora cómo influye el capital, el plazo y la tasa en la forma de saldar el préstamo de su vivienda. Si utiliza la tasa fija al pedir prestado 250.000 dólares por 30 años, al 7 por ciento, pagará 1.499 dólares al mes. Una tasa fija en una hipoteca de 15 años al 6,5 por ciento requeriría un pago mensual de 2.043 dólares. A simple vista, podría parecer que el préstamo de 30 años es más barato. Aunque el pago mensual es menor, ya que el préstamo se extiende por un período de tiempo más largo, el interés que pagará es mayor. Su casa le costará aproximadamente 172.000 dólares *más* que si salda su hipoteca en 15 años. Para la mayor parte de los compradores, sus ingresos no son lo suficientemente altos para cubrir sus gastos de subsistencia *más* los pagos de una hipoteca de 15 años.

Puede reducir la duración y el costo de un préstamo de 30 años simplemente añadiendo por separado un pago anual aplicado al capital. Si su acuerdo hipotecario no incluye una penalización por pago anticipado (prepago), se le permite pagar la deuda hipotecaria antes de su vencimiento. Si hace pagos anticipados a su conveniencia, no está sujeto a altos pagos mensuales o cada dos semanas que podrían hacerle difícil crear ahorros para emergencias, su jubilación o educación.

Los préstamos no tradicionales

Hoy en día, se ofrecen muchas clases diferentes de préstamos que se llaman préstamos no tradicionales. Pueden ser: sólo de interés, de pagos reducidos, "balloon," de opción ARMS y demás. Muchas personas escogen este tipo de préstamos porque al comienzo los pagos mensuales son bajos; no hay nada de malo en ello, siempre que comprenda sus términos, pero en las manos equivocadas, pueden ser peligrosos.

Here is the way principal, term, and rate influence how you will pay off your home loan. If you use a fixed-rate mortgage to borrow $250,000 for 30 years, at 7 percent, you will pay $1,499 a month. A fixed rate 15-year mortgage at 6.5 percent would require a monthly payment of $2,043. Now, it may seem as though the 30-year loan is cheaper. The monthly payment is lower, but because the loan is spread out over a longer period, you will pay more interest. Your home will cost you about $172,000 *more* than if you repay your mortgage over 15 years. The problem for the average home buyer is that their income is not high enough to cover house payments at the 15-year level *plus* other living expenses.

You can reduce the length and the cost of a 30-year loan by simply adding one separate principal payment a year. As long as your mortgage agreement does not include a prepayment penalty, you are allowed to repay your mortgage before it is due. By prepaying at your convenience, you are not locked into a high monthly or bi-weekly payment that could make it difficult for you to create savings for emergencies, retirement, or education.

Nontraditional Loans

There are lots of different kinds of loans being offered these days. They're called nontraditional loans and include interest-only loans, reduced payment loans, balloon loans, option ARMs, and many more. Many people sign up for these loans because in the beginning the monthly payments are low. There is nothing wrong with these loans, as long as you understand their terms. But in the wrong hands, they can be dangerous.

With an *interest-only* loan you pay nothing on your principal. Should you keep that loan, you would pay off the principal over 25 years. That means your monthly payment will rise sharply when your interest-only period is over. *Balloon loans* also offer lower interest rates and overall payments for a set period of time. But when that time is up, you must pay off the loan, refinance it, or convert to a fixed-payment schedule.

Even standard adjustable-rate mortgages can be challenging if they don't have a cap, that is, a limit on how much rates can rise in a year and over the loan's lifetime. And if you get a loan with a low teaser rate, such as option ARMs, be sure to ask the difference

Con un préstamo sólo de *interés* no paga capital al principio y tardaría en amortizarlo aproximadamente 25 años y su pago mensual aumentaría considerablemente al final del período de pago. Los *préstamos "balloon"* también ofrecen una tasa de interés y pagos totales más bajos por un período de tiempo establecido, pero cuando este plazo termina, tiene que pagar completamente el resto del préstamo, refinanciarlo o convertirlo en un plan de pagos fijos.

La tasa estándar ajustable de hipotecas puede ser también un reto si no tiene un límite de cuánto puede subir en un año y durante la vida del préstamo. Si obtiene un préstamo tentador con una tasa baja, tal como la opción ARM, asegúrese de preguntar la diferencia entre el interés que paga y la tasa verdadera del préstamo. Si paga el 2 por ciento, pero la tasa del porcentaje anual es del 5,5 por ciento, su préstamo total aumentará en vez de disminuir. Es lo que se conoce como *amortización negativa* y resulta muy peligrosa.

¿Qué es la amortización?

Una de las cuatro cosas que influyen en su hipoteca es la *amortización*. A medida que va pagando su préstamo, el saldo se reduce o se *amortiza*.

Si este proceso se invierte, terminará debiendo *más* por su préstamo en lugar de menos. Esto se denomina *amortización negativa*. Cada vez que su pago mensual no es suficiente para pagar el interés *total*, en adición al capital, caerá en la amortización negativa. Esto es lo mismo que sucede cuando se paga el mínimo en la cuenta de la tarjeta de crédito. La tasa ajustable de hipotecas tiene un límite en los pagos mensuales, pero no en la tasa de interés, por eso resultaría una amortización negativa. El ARMS, que le permite pagar una tasa más baja que el APR, le hará lo mismo. En el peor de los casos, puede ser que no obtenga lo suficiente en la venta de su vivienda para pagar la amortización negativa del préstamo.

Las partes cambiantes de una hipoteca

Existen varios aspectos de una hipoteca que son variables, por ejemplo, *la entrada o pago inicial*, o sea el precio de la vivienda que paga por adelantado. Este pago oscila entre el 3 y el 20 por ciento o más. En una vivienda que cuesta 250.000 dólares significa dar una entrada de 7.500 a 50.000 dólares. ¿Por qué dar una entrada tan alta cuando podría dar otra más baja? Cuanto más paga de entrada, menos abona luego mensualmente.

between the interest you pay and the real interest rate on the loan. If you pay 2 percent, but the APR is 5.5 percent, your total loan will grow rather than shrink. That is called *negative amortization*. It is very dangerous.

What Is Amortization?

One of the four things that influence your mortgage is *amortization*. As you pay off your loan, the balance is reduced gradually, or *amortized*.

If this process is reversed, you will end up owing *more* money on your loan instead of less. That's called *negative amortization*. Anytime your monthly payment is not big enough to pay *total* interest, in addition to principal, you will fall into negative amortization. It's the same thing that happens when you pay the minimum on your credit card bill. ARMs that cap monthly payments but not the interest rate will result in negative amortization. ARMs that let you pay an interest rate lower than the APR will do the same. In the worst-case scenario, you may not be able to sell your home for enough to pay off a negatively amortized loan.

The Moving Parts of a Mortgage

There are lots of pieces to a home loan. There is the *down payment*, the portion of a home's price you pay up front. A down payment ranges from 3 percent to 20 percent or more. On a $250,000 home, that means from $7,500 to $50,000. Why would you make a larger down payment when you could make a smaller one? You would make a larger one so that your monthly mortgage payment is smaller.

When you make your deal, you pay *closing costs*. These can be painful and higher than you expect, even if you get an estimate in advance. They include a loan origination fee to cover the cost of processing your loan, escrow fees (reserve accounts), document preparation fees, credit report charges, title insurance charges, transfer fees, property taxes, some interest, the first month's principal payment, the cost of the first premium on your homeowner's insurance policy, and your loan discount points (the more points you pay, the lower your interest rate should be). Confusing? That is an understatement. Just be sure you have more money in the bank

Cuando firma un contrato, paga *costos de cierre* que pueden ser penosos y más altos de lo que espera, aunque haya obtenido un presupuesto. Los costos de cierre constan de una cuota de inicio que cubre el costo de su procesamiento, los cargos de fideicomiso (cuentas de provisión), cuotas por la preparación de documentos, cargos por los informes de crédito, por los títulos del seguro, por transferencias, los impuestos sobre la propiedad, algunos intereses, el primer pago mensual del capital, el costo del primer pago de su póliza de seguro como propietario y los puntos de descuento de su préstamo (mientras más puntos paga, más baja será la tasa de interés). Aunque le parezca complicado, lo importante es tener más dinero en el banco de lo que piensa que necesitará y averiguar bien lo que se le cobra antes de saldar el importe total.

La parte más grande de su hipoteca es *el capital*, o sea, la cantidad que pide prestada menos la entrada. Durante los primeros años del préstamo solamente una pequeña parte de sus pagos se destina a pagar el capital, lo demás paga el interés del préstamo. Al pasar los años, la parte destinada a amortizar su capital aumentará y la que paga el interés disminuirá. Los intereses que paga de hipoteca se pueden desgravar de los impuestos federales.

MÁS

Su casa es su hucha. Después de haber vivido un tiempo en ella, gana el derecho de propiedad, que es la diferencia entre el saldo de su préstamo y el valor de la vivienda. Puede pedir prestado en base al valor líquido de dos formas: a través de un préstamo hipotecario (sobre el capital) o una línea de crédito hipotecario. El préstamo tiene una tasa fija con plazos limitados, la línea es un préstamo con una tasa variable por un plazo limitado y ambos pueden ser desgravados de los impuestos. Pero recuerde que puede perder su vivienda si no los paga; por eso, úselos con precaución.

Es necesario tener un *seguro de propiedad* para conseguir un préstamo hipotecario. Si su entrada es menos del 20 por ciento del precio de la propiedad, tendrá que incluir *un seguro hipotecario privado* (PMI) en sus pagos mensuales. Este seguro cubre al prestamista en caso de que no se realice un pago y en caso de que la venta de la casa o propiedad no genere suficiente para pagar el saldo de la hipoteca. Tendrá que pagar (PMI) hasta que haya amortizado el 22 por ciento del saldo del préstamo hipotecario.

than you think you'll need and question every fee before you hand over the total amount.

The biggest piece of your mortgage is the *principal*, the amount you borrow minus your down payment. In the early years of your loan just a small portion of your payment goes to pay back the principal. The rest goes toward *interest*, the cost of borrowing money. As the years progress, the portion of your payments going toward repaying the principal will grow and the portion going toward interest will shrink. The interest is deductible from your federal income taxes.

Then there is *homeowner's insurance*, which you must have to get a home loan. If your down payment is less than 20 percent of your home's price, you will have to include *private mortgage insurance* (PMI) in your monthly payment to your lender. This insurance compensates your lender if you default on your mortgage payments and the sale of your home does not raise enough to pay off the balance of the loan in foreclosure. You will have to pay PMI until you have paid off 22 percent of the balance of your home loan.

Don't forget *property taxes*. Again, if your down payment is low, you may have to include them with your payment every month. Otherwise, they are due twice a year. But be careful: If you don't put your property tax money away every month, you may not save enough to pay the tax when it is due. Like interest payments, local property taxes are deductible from your federal income taxes. There may be other fixed costs each month, such as homeowner's association fees. And, remember, you are responsible for the cost of your own water, electricity, heating, and garbage collection bills.

MORE

Your home, the piggybank. After you've lived in your home for a while, you have built up your equity, that is, the difference between your loan balance and your home's value. You can borrow against the equity in your home two ways: through a home equity loan or through a home equity line of credit. The home equity loan is a fixed-rate loan, with a limited term. The line of credit is a variable-rate loan for a limited term. Both can be tax deductible. But remember, you can lose your home if you don't repay these. They should be used with caution.

No se olvide de *los impuestos sobre la propiedad.* Si da una entrada baja, puede incluir los impuestos en sus pagos o saldarlos en dos pagos al año. Sea prudente y ahorre lo suficiente para poder pagarlos a tiempo. Los impuestos locales que abona sobre la propiedad también pueden desgravarse de sus impuestos federales. Otros posibles costos fijos y mensuales son las cuotas de asociación de propietarios. Recuerde que también tiene que pagar los recibos del agua, electricidad, calefacción y recolección de basura.

No siempre lo más grande es lo mejor

Por años los Vega soñaron con el día en que su hijo, Pedro, y su abuela no tuvieran que dormir en la sala de su miniapartamento. Recortaban de revistas fotos de casas con tres habitaciones e intentaban ahorrar para comprar una. Soñaban con una vivienda que tuviera dos baños y cuatro habitaciones, para que una de ellas sirviera de oficina o cuarto de costura. Mientras ahorraban para su futuro "palacio", los Vega comían bien, se las arreglaban para comprarle zapatos a Pedro mientras crecía, tomarse unas vacaciones cortas una vez al año y hacer frente a las pequeñas emergencias que pudieran surgir en el camino.

Llegó el momento de buscar una hipoteca y los Vega comenzaron a reunir documentos y a llamar a agentes de bienes raíces, bancos y cooperativas, y a hacerles preguntas. El banco les dijo por teléfono que, como promedio, las familias pueden permitirse una hipoteca dos veces y media mayor que sus salarios anuales brutos, y que ellos podían obtener una hipoteca cuyo importe se determinaría después de presentar la documentación necesaria. Pedro investigó en Internet, www.hud.gov, www.fanniemae.com y www.freddiemac.com, la cantidad de hipoteca que podía recibir su familia. Los Vega presentaron todos sus documentos y esperaron la respuesta del banco.

Los prestamistas, por su parte, comenzaron a hacer números, usando dos fórmulas para determinar el importe del préstamo hipotecario que aprobarían. La primera fórmula se llama coeficiente *front-end* y consiste en calcular la mensualidad de la hipoteca de acuerdo con sus ingresos brutos. La compañías de hipotecas consideran esta fórmula de pago total porque incluye el capital, el interés, los impuestos y el seguro o lo llamado PITI: *Principal* (capital), *Interest* (interés), *Taxes* (impuestos) más *Insurance* (seguro). Los prestamistas prefieren destinar al PITI máximo el 29 por ciento de sus ingresos brutos.

Bigger Is Not Always Better

For years Mr. and Mrs. Vega dreamed of the day when their son Pedro and his grandmother would not have to sleep in the living room of their small apartment. They clipped out pictures of homes with three bedrooms. And as they scrimped to save for a home, their dreams grew to include two bathrooms and sometimes even four bedrooms, so that one of them could serve as an office and sewing room. Still, while they saved for their future castle, the Vegas ate well and managed to keep shoes on Pedro's growing feet, take a short vacation once a year, and handle minor emergencies as they popped up.

Finally, it was time to start the process of finding a mortgage. Mr. and Mrs. Vega began to gather their documents and to call mortgage brokers, banks, and credit unions to interview them about home loans. As they talked with the bankers, they were told that on average, families can afford a mortgage two-and-a-half times their annual salary before taxes. Based on their phone conversations, they were told they could be "prequalified" for that amount, but no final figure could be determined until paperwork was turned in. The Vegas' son, Pedro, went online to www.hud.gov, www.fanniemae.com, and www.freddiemac.com to find out how big a home loan his family might be eligible to receive. The Vegas turned in all their documents and waited to learn how much they could borrow to buy a home.

Then the lenders began to work the numbers. Lenders use two formulas to determine the size of the loan they will approve. The first is called the front-end ratio. This amounts to your total monthly mortgage payment divided by your income before taxes (gross monthly income). Mortgage companies consider a total monthly mortgage payment to include principal, interest, taxes, and insurance, or PITI. Lenders prefer that no more than 29 percent of your gross income be dedicated to PITI.

The second formula is known as the back-end ratio. That is your *total* monthly debt, including your PITI and nonhousing expenses, divided by your gross monthly income. In this case, lenders prefer that to be in the 41 percent range. This ratio calculation factors in credit card debt, car payments, student loans, child support and alimony, and any other ongoing debt.

La segunda fórmula se llama coeficiente *back-end*, que es la deuda *total* mensual, incluyendo su PITI y los gastos no relacionados con la propiedad, dividida por su ingreso bruto mensual. Los prestamistas prefieren que no supere el 41 por ciento de sus ingresos brutos. Los factores para el cálculo del coeficiente incluyen las deudas con tarjetas de crédito, pagos del auto, préstamos de estudiante, sustento para los hijos, pensión alimenticia, y cualquier otra deuda pendiente.

Una vez que los prestamistas calculan la cantidad máxima de hipoteca que pueden concederle, queda en sus manos decidir cuánto puede pagar. Los Vega, por ejemplo, comprendieron inmediatamente que la mensualidad propuesta por los prestamistas y calculada con estas fórmulas, no era apropiada. Se sentaron a examinar su presupuesto y los costos de la nueva vivienda y se dieron cuenta de que pagando esas cantidades se encontrarían muy limitados económicamente, pues tendrían que reducir lo que ahorraban para emergencias y la matrícula de Pedro, y decir adiós a las vacaciones.

Aunque usted cuente con los requisitos para un préstamo hipotecario, no significa que *pueda permitírselo* ni que tenga que aceptarlo; usted es quien decide. Los planificadores financieros le sugieren que "tantee antes de comprar". Haga un prueba económica de lo que sería estar pagando una hipoteca, abra una cuenta por separado en un banco y deposite el primero de cada mes, durante tres meses, un importe equivalente a la mensualidad que le han propuesto (restando el alquiler que paga ahora), más impuestos y seguro. Si resulta imposible mantener los pagos, ya ha aprendido su lección, así que evite sufrir penurias más tarde. Si cree, sin embargo, que puede hacerse cargo, ¡adelante! En los dos casos, ha ahorrado dinero para su

❧ MÁS

¿La hipoteca es mucho y el dinero poco? Para evitar un embargo, hable con su prestamista inmediatamente y trate de establecer un plan de recuperación. La finalidad de los prestamistas no es quedarse con su vivienda sino ayudarlo a conservarla. Contacte a un consejo financiero aprobado por el Departamento del Desarrollo Urbano de Viviendas, (www.hud.gov). Tenga cuidado con las estafas. Las ofertas en persona, por teléfono o en Internet que parecen demasiado buenas, no siempre lo son. Si le cuesta hacer todos sus pagos, tenga cuidado con las ofertas de refinanciamiento. Tiene 3 días después de firmar los documentos para cambiar de idea.

Once your lender figures out how big a mortgage you can qualify for, it's up to you to figure out how much you can afford. There *is* a difference. The Vegas understood this immediately. Even though their lender gave them a monthly payment figure that the formulas projected the family could afford, Mr. Vega had his doubts. When he and his wife sat down and examined their family game plan, their budget, and the new housing costs, they realized they would be living on the edge. There would be a smaller cushion for emergencies, less money to save for Pedro's college tuition, and no vacations.

The point is that just because you *qualify* for a loan doesn't mean you can *afford* it. And *you* are the only one who can make that decision. Financial planners suggest you "try before you buy." Test-drive the financial responsibility of home ownership. Open a separate account at a bank. On the first day of each month, deposit a check for the total cost of the loan you qualify for (minus the rent you pay now), taxes, and insurance. Do this for three months. If you cannot afford it, you've learned a valuable lesson that will save you from hardship later. If you learn you can afford the monthly responsibility, you can take the next step with confidence. In either case, you've saved more money toward your down payment. But *never* spend more on a home than you can afford because you may lose the home and the investment as a result.

MORE

Too much home loan, not enough money? To avoid foreclosure, talk to your lender right away and try to work out a recovery plan. Lenders are not in the business of owning homes. They will work to help you keep your home. Contact a credit counseling service approved by the Department of Housing and Urban Development (www.hud.gov). Beware of scams. Deals that are too good to be true are just that—whether they are offered face to face, online, or over the telephone. If you're struggling to make your home payments, be extra careful about any refinancing offers. You have three days after signing refinancing papers to change your mind about accepting the loan.

Loan Shopping

Mr. and Mrs. Vega wanted to buy as much house as they could while borrowing as little as necessary. So, before looking for a home, they shopped for the best loan they could find. If Mr. Vega had been a

entrada. Pero nunca gaste más de lo que tiene porque, como ve, podría perder su inversión.

En busca del préstamo

Los Vega deseaban comprar una casa tan espaciosa como fuera posible solicitando la menor cantidad necesaria de préstamo hipotecario y se dieron a la búsqueda de ofertas. Si el señor Vega hubiera sido un veterano del ejército de Estados Unidos, podría reunir los requisitos para un préstamo de la Administración de Veteranos de hasta 417.000 dólares sin entrada. Los préstamos garantizados por el VA (Administración de Veteranos) permiten pagar entradas mínimas o incluso abstenerse de ellas sin requerir un Seguro Privado de Hipotecas. Se puede ofrecer un préstamo hipotecario de VA a un comprador que no es un veterano con la misma tasa de interés, lo que resulta muy conveniente a la hora de vender.

La familia Vega pudo acceder a un préstamo de la Administración Federal de Viviendas (FHA, según sus siglas en inglés). Estos préstamos se otorgan a personas que compran su primera vivienda y no reúnen los requisitos para préstamos hipotecarios convencionales, no requieren un historial de crédito perfecto y las entradas pueden ser de hasta un 3 por ciento. El inconveniente de estos préstamos es que la hipoteca puede ser como máximo de 200.160 dólares en zonas de viviendas económicas y de 362.790 dólares como máximo en zonas de viviendas costosas. Estos préstamos son muy útiles en aquellas partes del país con precios moderados. En muchas zonas, incluyendo la región donde vive la familia Vega, es casi imposible encontrar una vivienda por debajo del máximo del FHA.

Los Vega obtuvieron asistencia dirigiéndose a organizaciones sin fines de lucro tales como la Liga de los Ciudadanos Unidos de América Latina (LULAC), la Asociación de la Organización Comunitaria para la Reforma Ahora (ACORN) y otras más, pero en general, cuando los latinos necesitan ayuda, acuden a *la familia.*

La abuelita Vega está ayudando a su hijo y a su nuera a comprar una casa. Tiene unos ahorros que pondrá en la entrada de la casa. Además, parte de lo que cobra de la seguridad social y de lo que gana por su trabajo de media jornada como guardiana lo utiliza para ayudar a pagar la hipoteca de la familia, como copropietaria y coprestataria. En las familias donde los padres desean ayudar económicamente a sus hijos, es común que les den o presten dinero

veteran of the United States military, he would have qualified for a Veterans Administration (VA) loan of up to $417,000 with no down payment. VA-guaranteed loans also allow borrowers to make low or zero down payments without requiring PMI. A VA home loan can be assumed—that is, taken over at the same interest rate—by a buyer even if the buyer isn't a veteran, which is a big advantage when it's time to sell.

The Vega family could qualify for a Federal Housing Administration (FHA)-insured loan. These loans help first-time buyers who might not be able to qualify for conventional loans. You don't need a perfect credit history, and you can make down payments as low as 3 percent. The drawback to these loans is that the maximum mortgage in low-cost areas is $200,160 and the biggest loan in high-cost areas is $362,790. These loans are extremely useful in parts of the country with moderately priced homes. In many areas, including the region in which the Vega family lives, it may be impossible to find a home within the FHA price range.

Depending on need, the Vegas can turn also to various nonprofit groups such as the League of United Latin American Citizens (LULAC), the Association of Community Organizations for Reform Now (ACORN), and others for assistance. But when Latinos need help, they turn to the big guns: *family*.

Grandma Vega is helping her son and daughter-in-law buy their home. After all, she lives with them. She has a small amount of savings that she will contribute toward the down payment, and she is committing part of her Social Security benefits and pay from her part-time job as a crossing guard to the family's mortgage. She will be a co-owner and a co-borrower. In families where parents live on their own and want to help their children, it is common for them to give or lend their children money for a down payment. Sometimes you can use a third party that specializes in setting up private loans between family members, such as Circle Lending. But if you chose not to turn to outsiders, it is still a good idea to write a simple agreement outlining how much you are lending them, the interest rate if there is one, and the terms of the loan. That way, there will be no misunderstandings.

The Last Step

You don't go to the grocery store to buy milk without money, or at least a credit card. Don't go shopping for a home without what you need to buy it. One of the first questions a real estate agent will

para la entrada de una vivienda. Algunas veces pueden utilizar un mediador financiero que se especialice en establecer préstamos privados entre los miembros de la familia, tal como el Círculo de Préstamos, pero si no quieren acudir a extraños, les conviene escribir un acuerdo sencillo explicando de cuánto es la cantidad prestada, la tasa de interés si la hay y los plazos del préstamo. De esta manera, no habrá malos entendidos.

El último paso

De la misma manera que no va a la tienda a comprar leche sin dinero en el bolsillo o sin una tarjeta de crédito, no puede comprar una casa sin tener lo necesario. Una de las primeras preguntas que un agente de bienes raíces le hará es: "¿Le han aprobado un préstamo hipotecario?" Que le aprueben un préstamo no es lo mismo que "ser calificado" para un préstamo. En Estados Unidos "ser calificado" para un préstamo es cuando un prestamista le ofrece su opinión de modo informal sobre cuánto dinero puede pedir prestado. Esto no será una promesa o un contrato, ya que todavía no se ha verificado si la información financiera que ha entregado es verdadera. Los vendedores y los agentes de bienes raíces saben que su solicitud hipotecaria puede ser rechazada. Si a usted lo han calificado para un préstamo hipotecario y a otro comprador ya se lo han aprobado, es fácil que este último tenga prioridad sobre usted.

La aprobación es una disposición más formal en la cual el prestamista le dice cuánto se le permitirá pedir prestado, basado en la investigación minuciosa de su historial de crédito, la documentación de datos financieros, su patrimonio en general y un análisis de su declaración de impuestos. Debido a que la aprobación toma trabajo, puede ser que le cobren algo. No abandone un buen préstamo por causa de este costo; algunos prestamistas que le ofrecen la aprobación gratuita no le dan el mejor préstamo. Cuando se lo aprueben, lea todo atentamente, haga preguntas sobre lo que no comprenda, y recuerde que, aunque esté a punto de firmar un contrato hipotecario, puede abstenerse o renunciar, si no le conviene, los primeros tres días después de haber firmado.

La aprobación le ofrece dos ventajas: le hace ver sus posibilidades de compra y le da prioridad ante otros compradores interesados en la vivienda. Los vendedores ven la aprobación como una señal de que usted está realmente interesado.

Ahora ya puede comenzar a buscar vivienda. ¡Suerte!

ask is, "Are you preapproved for a loan?" There is a big difference between being preapproved and prequalified. Prequalification is an informal arrangement in which a lender offers an opinion of how much money you can borrow. It is *not* a promise or a contract to provide the money because the lender has not determined whether the information you gave about your financial situation is true. Sellers and real estate agents know there is still a chance your mortgage application will be rejected. If you are prequalified and another buyer is preapproved, the other buyer is more likely to get the home you want.

Preapproval is a more formal arrangement in which a lender tells you how much you will be allowed to borrow based on a thorough probe of your credit history, documentation of your financial facts and wealth, and an analysis of your tax returns. Because preapproval takes so much effort, you may be charged for it. Don't walk away from a good loan because of this charge. Sometimes lenders who offer free preapproval do not offer the best loan for you. When you are preapproved, read everything carefully, ask questions about anything you don't understand, and remember: Even if you're in the middle of closing the deal for your home and the loan, you can still walk away—even three days after signing the papers.

Preapproval gives you two advantages. It makes it clear just how much house you can afford, and it gives you more leverage if you are bidding against other buyers for the home you want. Sellers see a preapproval as a sign you are serious.

Now you can start looking for a home. Happy hunting!

16

Pidiendo prestado para establecer un negocio

¿**S**abía que la salsa se vende más que el ketchup en Estados Unidos? ¿Y las tortillas más que el pan Wonder? El poder económico de los latinos está aumentando. Nuestro poder adquisitivo alcanzará un trillón de dólares para 2010. Pero somos mucho más que consumidores.

El número de hispanos que son dueños de negocios en Estados Unidos está creciendo *tres* veces más que la media nacional del resto de negocios. Los hispanos se están proporcionando empleos a sí mismos y a otros. Somos los nuevos capitalistas de la nación. Pero irónicamente el desafío mayor es tener acceso al capital y ser capaces de pedir prestado.

En muchos casos, los motivos son familiares. Los hispanos tienen historiales de crédito escasos o negativos no están familiarizados con el sistema financiero y no hablan bien el inglés. Pero estas cosas sólo son obstáculos temporales; no existen barreras permanentes para aquellos que intentan subir la escalera económica. Su ascenso será más fácil si comprende bien algunos aspectos de cómo encontrar el dinero necesario para establecer y mantener un negocio.

Antes de pedir prestado

Si piensa que tiene una buena idea para montar un negocio o desea comprar uno, le conviene investigar un poco antes de solicitar un

16

Borrowing to Build
a Business

Did you know that salsa outsells ketchup in the United States? And tortillas outsell Wonder Bread. Latinos' economic clout is growing. Our purchasing power will reach $1 trillion by 2010. But we are more than consumers.

The number of Hispanic-owned businesses in the United States is growing at *three* times the national average of all businesses. Hispanics are employing themselves and others. We are this nation's new capitalists. But, ironically, the biggest challenge to these new capitalists is access to capital, the ability to borrow money.

The reasons are familiar. In many cases, Hispanics have short or blemished credit histories, are not familiar with the financial system, and have limited English-language skills. But those things are only temporary hurdles, not permanent barriers to those of us intent on climbing the economic ladder. Your climb can be made a little easier if you understand a few points about how to find the money you need to create and maintain a business.

Before You Borrow

If you think you have a good idea for a business or want to buy a business, it helps to do some homework before asking for money.

préstamo. Le aconsejo que se plantee las siguientes preguntas antes de pedir dinero prestado:

- ¿Ha ahorrado de seis meses a un año para los gastos de sustento?
- ¿Su historial personal de crédito está limpio?
- ¿Ha ahorrado dinero para los costos de la puesta en marcha del negocio?
- ¿Conoce qué costos serán solamente por una vez y cuáles permanentes?
- ¿Sabe cuánto dinero necesita para comenzar y mantener su negocio un año?
- ¿Existe en su área demanda para su producto o servicio?
- ¿Conoce las regulaciones y los impuestos locales que debe seguir para hacerlo legítimo?
- ¿Tiene un plan que describa lo básico y muestre que producirá dinero?

Marco Vinicio Vides, un consejero de negocios de California central, dice que el proceso de pedir prestado puede proveer a los dueños de negocios de una educación valiosa. Se aprende mucho sobre sí mismo, su familia, los bancos locales y el mundo de organizaciones sin fines de lucro y los micropréstamos. También se aprende a definirlo y a "vender" la idea a inversionistas y prestamistas.

Dinero al alcance

Si no cree en sí mismo ¿quién lo hará? Si no invierte en su propio negocio, ¿quién debería hacerlo? Si desea convertir en una realidad el sueño de establecer o comprar uno, tiene que estar dispuesto a gastar primero su propio dinero. Es preferible que ahorre una buena parte de lo que necesitará para comenzar.

Pero los ahorros se gastan con rapidez y muchos dueños usan sus propias tarjetas de crédito para mantener sus negocios. Ésta es una forma costosa de pedir prestado, ya que las tasas de interés de las tarjetas pueden ser mucho más altas que las de otros préstamos. Pero es difícil que un banco le otorgue préstamos pequeños si no tiene un historial de actividad en negocios. Hasta la Administración para Pequeños Negocios de Estados Unidos admite que el acceso a ellos más rápido y en aumento es el de las tarjetas de crédito. Por esto es tan importante mantener un buen historial de crédito para que las tasas de interés sean lo más bajas posible.

Here are some things to consider before you borrow to open a business:

- Have you saved six months' to a year's worth of living expenses?
- Is your personal credit record clean?
- Have you saved money for start-up costs?
- Do you know which costs will be one-time costs, and which will be continuing costs?
- Do you know how much money you need to start and run your business for a year?
- Is there a demand for your product or service in your area?
- Do you know the local and tax rules you need to follow to make your business legitimate?
- Do you have a business plan that describes the basics of your business and shows how it will make money?

Marco Vinicio Vides, a business consultant in central California, says the process of borrowing money can provide business owners with a valuable education. You learn a lot about yourself, your family, your local banks, and the world of nonprofits and micro loans. You also learn to define your business and to "sell" the idea of your business to investors or lenders.

Money within Reach

If you don't believe in yourself, who will? If you won't invest in your own business, who should? If you want to make the dream of creating or buying a business a reality, you have to be willing to spend your own money first. It's preferable that you save a big chunk of what you need to start out.

But savings get used quickly, and many owners use their own credit cards to support their businesses. This is an expensive way to borrow, since credit card interest rates can be a lot higher than interest on other loans. But it is difficult to get small loans from a bank if you have no business history. Even the U.S. Small Business Administration acknowledges that the fastest-growing source of small business loans is credit cards. That's why it is so important that you maintain a good credit record so your interest rates stay as low as possible.

Usted puede utilizar para su nuevo negocio el mismo recurso financiero que ayudó a Subway, Wal-Mart y muchos otros a establecerse: la familia y los amigos. Ellos pueden actuar como prestamistas financiándole la deuda, o como inversionistas con participación en el capital al comprar parte de su negocio, aunque estas alternativas pueden causarle problemas. Por ejemplo, los miembros de la familia o los amigos pueden criticar su modo de gastar el dinero que le prestaron, pedirle que ofrezca trabajo a sus familiares o que le haga favores especiales en el negocio.

Una manera de evitar estos problemas es poniéndolo todo por escrito. Si está pidiendo prestado, escriba un acuerdo formal que indique la cantidad del préstamo, el plazo, el plan de pago y la tasa de interés que pagará. En la mayoría de los casos, el interés que paga a la familia o a los amigos por un préstamo puede ser más alto del que obtendrían en las cuentas del mercado monetario o certificados de depósito (CD), pero más bajo que el que pagaría a un banco. Asegúrese de que ellos también comparten el beneficio que usted recibe por usar el dinero que le prestaron. Teniendo un acuerdo por escrito, les da un estatus legal si los defraudara y hará más fácil administrar su negocio con poca interferencia siempre que cumpla con los términos.

Antes de decidir si invertir vendiendo a los amigos o a la familia una parte de su negocio, deberá decidir si quiere una asociación simple, una compañía de obligación limitada o una corporación. En una asociación, cada uno de los socios declara la parte de ganancia que obtuvo en su formulario de los impuestos sobre el ingreso personal. En la asociación, una persona puede tener una mejor posición para pedir prestado a un banco o cooperativa que otra, debido a su relación con los prestamistas. Pero todos los socios son responsables personalmente por las deudas de la compañía.

En una compañía de obligación limitada, los socios que invierten en su firma son responsables solamente en formas limitadas de la deuda de la misma y pueden tratar el ingreso con respecto a los impuestos de la misma forma que lo harían con una asociación. Finalmente, puede establecer su compañía como una corporación. Ésta también limita la responsabilidad personal sobre las deudas del negocio. Sin embargo, los impuestos sobre las ganancias de la firma son tratados de forma diferente que los de la asociación. Administrar una corporación requiere formalidades tales como emitir acciones,

Or you can use the same source of money for your new business that helped Subway, Wal-Mart, and many other businesses take root. Turn to your family and friends. They can act as lenders, providing you with debt financing, or as investors, providing you with equity financing by buying a piece of your business. These alternatives can cause problems, however. For instance, family members or friends may be critical of how you spend the money they lend you. They may expect that you will hire them or their relatives, or that they are owed special business favors.

One way to avoid those problems is to put everything in writing. If you are borrowing, make a formal *written* agreement that states the amount of the loan, the length of the loan, a payment schedule, and the interest rate you will pay to borrow. In most cases, the interest you pay on a loan from family or friends will be higher than they can get from money market accounts or CDs, but lower than you would have to pay a bank. You want to make sure that the benefit you get from using family and friends' money is shared with them. Having a written loan agreement will give them legal status should you default on the loan and will make it easier for you to run your business with little interference as long as you meet the loan's terms.

Before you decide whether to sell friends or family a piece of your business by accepting their investment, you will have to decide whether your business will be a simple partnership, a limited liability company, or a corporation. In a simple partnership, all of you declare your portion of the company's earnings on your personal income tax forms. In a partnership, one person may be better able to borrow money from a bank or credit union than another due to their relationship with lenders. But all partners are personally responsible for the company's debts.

In a limited liability company, partners who invest in your firm are responsible only for limited forms of a company's debt, and they can still treat income for tax purposes the way they do in a simple partnership. Finally, you can make your company a corporation. This also limits personal responsibility for business debts. However, taxes on a firm's profits are handled differently than in a partnership, and running a corporation requires formalities such as issuing stock, holding annual meetings, and submitting minutes and other corporate records.

The bottom line when borrowing money from family and friends is to make it a formal, written arrangement. This protects everyone involved and can help you avoid arguments and lawsuits.

hacer reuniones anuales, presentar actas y registrar otros datos de la corporación.

Por último, cuando pide prestado a la familia y a los amigos, debe hacerlo usando un acuerdo por escrito para proteger a todos los involucrados y para evitar discusiones y litigios legales.

Otro dinero disponible a su alcance puede provenir de su cooperativa. Aunque normalmente no otorgan préstamos para negocios, pueden otorgar pequeños préstamos personales. Si es miembro de una, puede pedir prestado hasta cierto número de veces la cantidad de su ingreso bruto y usar ese dinero para establecer un negocio. Al igual que un banco, le pedirán que avale su propiedad para asegurarse que les va a pagar.

Si es dueño de una casa, puede solicitar un préstamo sobre el derecho de propiedad, ofreciendo como aval el valor estimado de su casa menos la cantidad que aún debe de la hipoteca. Debe ser muy cauteloso con estos préstamos porque, si no hace un pago, puede perder su casa.

Los préstamos por Internet

Existen fuentes de préstamos que no están relacionadas con los bancos u organizaciones sin fines de lucro que se llaman prestamistas "económicos" o subastadores de préstamos. Son intermediarios que trabajan a través de Internet y cobran por conectar a personas que desean prestar dinero con otras que necesitan tomarlo prestado. Estos intermediarios no tienen los gastos de mantenimiento que tienen los bancos, por lo que cobran tasas más bajas por sus préstamos. Están regulados por la Reserva Federal, la Comisión Federal del Comercio y las leyes de cada estado.

Los prestamistas ponen su dinero en una subasta. Los prestatarios apuestan por los préstamos basándose en la cantidad, el plazo del préstamo y el interés aplicado. Después los prestamistas consideran la puntuación de crédito del prestatario y su historial de pago. Cuando se establece un pacto, el mediador o subastador cobra una pequeña cuota y coordina a las dos partes para que el préstamo se devuelva y envíe electrónicamente de la cuenta bancaria del prestatario a la del prestamista hasta que el préstamo quede totalmente saldado.

Hasta la fecha (la publicación de este libro) el único subastador de préstamos en Estados Unidos es Prosper (visite www.prosper.com).

Other money within reach may be available at your credit union. Though credit unions usually do not make business loans, they can make small personal loans. If you are a member of a credit union, you can borrow up to a certain number of times your gross income and use that money to build a business. Like a bank, if a credit union does make a business loan, it will require you to pledge property to make sure you pay the loan back.

If you own a home, you may be able to borrow money through a home equity loan. That is when you borrow money against the estimated value of your home minus the amount you still owe on the mortgage. You must be very careful with these loans because if you fail to make the payments, you could lose your home.

Loans Online

There are new sources of loans not connected with banks or non-profit organizations. You could call them discount lenders or online loan auctioneers. They are online matchmakers who connect people who want to lend money directly to others at a profit. The matchmakers have few of the costs of running a business that a bank does, so they can charge lower rates for their loans. They are regulated by the Federal Reserve, the Federal Trade Commission, and laws in each state.

Lenders put their money up for auction. Borrowers bid on loans based on size, length of the loan, and interest charged. Lenders consider a borrower's credit rating and repayment history. A match is made, and the matchmaker or online auctioneer takes a small fee and arranges for the borrower's repayment to be sent electronically from his bank account and deposited into his lender's account until the loan is repaid in full.

As of the publication of this book, the only online loan auctioneer in the United States is Prosper (at www.prosper.com).

Big Dreams, Small Loans

Sometimes people with a dream don't have credit cards or relatives and friends with extra money to lend. But their dream can still come true. There are programs across the United States that make loans from $500 to between $25,000 and $35,000 available to finance a small business. These are micro-finance or micro-credit programs.

Grandes sueños, pequeños préstamos

Algunas veces las personas con un sueño no tienen tarjetas de crédito o familiares o amigos con dinero extra que prestarles, pero aun así, su sueño puede convertirse en realidad. Existen programas en Estados Unidos que otorgan préstamos que oscilan entre los 500 dólares y los 25.000 y 35.000 dólares para financiar un pequeño negocio. Éstos son programas de microfinanzas o microcréditos. Parte del dinero de los micropréstamos proviene de los impuestos y la otra parte viene de grandes organizaciones sin fines de lucro.

La mayoría de los fondos son provistos para ayudar a las personas con bajos ingresos a crear sus propios trabajos y salarios. Son distribuidos a través de los bancos y las cooperativas junto a las organizaciones sin fines de lucro que se dedican a proporcionar préstamos y educación financiera. Los micropréstamos tienen que pagarse dentro de cinco o seis años, pero los demás plazos dependen del tamaño del préstamo, su uso, las regulaciones locales del prestamista y sus propias necesidades. Tal vez le piden que tome clases de economía antes de considerar su solicitud. Las organizaciones sin fines de lucro también lo ayudan a crear un plan de negocios, a aprender técnicas de administración y a mantener apropiadamente los registros.

La Acción USA y el Fondo Nacional de Negocios para las Minorías son grupos nacionales sin fines de lucro que otorgan micropréstamos. La Cámara Hispana de Comercio y los Centros Locales de Desarrollo para la Administración de Pequeños Negocios también sirven como eslabón para estos préstamos. Y puede que existan otras organizaciones sin fines de lucro en su región tales como la Iniciativa de Mujeres del Norte de California y su programa Alternativa para Latinas en Autosuficiencia (ALAS), que no sólo provee educación y entrenamiento para futuras dueñas de negocios y acceso a micropréstamos sino también un programa especial de ahorros que puede duplicar el dinero destinado a invertir en su compañía.

Este programa especial es ofrecido por organizaciones sin fines de lucro, como ALAS, algunos bancos y algunas cooperativas, que le dan la oportunidad de abrir una Cuenta Individual de Desarrollo, IDA (Individual Development Account). Se trata de cuentas combinadas con otros fondos y diseñadas para ayudarlo a establecer o expandir un negocio, ahorrar para comprar una vivienda o pagar la universidad. Le sirven para ayudarse a sí mismo. El programa

Part of the money for the micro loans comes from taxes. Part of it comes from big charities.

Much of the money is provided to help low-income people create their own jobs and incomes. It's distributed through banks and credit unions in partnership with nonprofit organizations that focus on providing loans and financial education. Micro loans have to be repaid in five to six years, but other terms depend on the size of the loan, what the money is used for, the local lender's rules, and your needs. You may have to take classes in financial education before your application for a loan can be considered. The nonprofits also help you create a business plan, learn management techniques, and learn how to keep accurate records.

National nonprofit groups that provide micro loans include Acción USA and the National Minority Business Council. The Hispanic Chamber of Commerce and your local Small Business Administration Development Centers also serve as links to these loans. And there may be other nonprofits in your region, such as the Women's Initiative in Northern California and its Alternativas para Latinas en Autosuficiencia (ALAS), which not only provide education and training for future business owners and access to micro loans, but also offer a special kind of savings program that can double what you save to invest in your company.

The special savings program, offered by nonprofits such as ALAS, some banks, and some credit unions, gives you the chance to open an individual development account, or IDA. These are matched savings accounts designed to help you start or expand a business, save for a home, or pay for college. They help you help yourself. The program varies slightly in different regions of the country, but in general it offers low-income people who save between $1,000 and $2,000 a matching deposit of $2,000 to $4,000. This matching deposit does not have to be repaid. Some nonprofit groups help you combine an IDA with a micro loan to increase what you can put toward your new business.

Bigger Dreams, Bigger Loans

To be honest, it is very difficult to get your very first business loan from a bank. Most banks like to see experience and profits before they risk their money by lending it to you. That's why it's so important to start small and build a solid business foundation. That being

varía ligeramente en las distintas regiones del país, pero en general ofrece a las personas con bajos ingresos que ahorran entre 1.000 y 2.000 dólares un depósito proporcional de 2.000 a 4.000 dólares y que no tiene que ser devuelto. Algunos grupos sin fines de lucro lo ayudan a combinar una IDA con un micropréstamo para aumentar su inversión en su negocio.

Mayores sueños, mayores préstamos

MÁS

La Administración para Pequeños Negocios o empresas es una agencia federal que garantiza préstamos para negocios. No presta directamente dinero a los prestatarios, pero garantiza que quienes lo prestan no lo pierdan aunque el prestatario no lo pague. También administra el programa de la Compañía de Inversiones para Negocios Pequeños, que proporciona dinero a bajo costo a compañías con capital de riesgo para que lo presten a negocios que inician o que están en fase de expansión. El capital de riesgo es un tipo de inversión en empresas con un crecimiento rápido y con un plan agresivo de negocios. La inversión de capital de riesgo típica requiere que del 25 al 55 por ciento de la compañía pase al inversor.

Además de administrar los Centros de Desarrollo para Pequeños Negocios, el sitio Web de la SBA, www.sba.gov, ofrece información detallada en inglés o en español que lo ayuda a escoger lo que necesita para comenzar o expandir un negocio pequeño.

Tengo que serle sincera, es bastante difícil establecer su primer préstamo para negocios con un banco. A la mayoría de los bancos le gusta ver su experiencia y sus ganancias antes de tomar el riesgo de prestárselo. Por eso es muy importante comenzar con algo sencillo e ir creando una base de negocios sólida. Es muy importante también establecer una buena relación con su banco. Necesitará abrir una cuenta de negocios para depositar las ganancias de su compañía y pagar sus cuentas. Aunque no le pida prestado a su banco, la forma en que mantiene sus cuentas financieras se refleja en su puntuación de crédito. Hay bancos especializados en servicios a negocios o empresas que crecen cuando lo ayudan a que el suyo crezca. Lo mejor que puede hacer antes de decidir con quién abrir una cuenta bancaria de negocios es visitar varios bancos de su zona y ver cuál de ellos está dispuesto a crecer con usted.

said, it is also very important to build a strong relationship with your bank.

You will need to establish a business account so you can deposit your company's earnings into it and pay bills out of it. Even if you never borrow money from your bank, the way you maintain your financial accounts reflects on your credit rating. And there are banks that specialize in serving businesses. They grow their business by helping your business grow. The best thing you can do before deciding where to open a business bank account is to interview the different bankers in your area to see which might be willing to grow with you.

Still, on your road to success, the time may come when a couple of thousand dollars just isn't enough to expand a business. You may need tens of thousands of dollars or more. In that case, your approach to borrowing has to be more formal, more structured, than asking for help from your family or charging on your credit card. This is a particularly difficult challenge for people who have too much money to qualify for "low-income" help, and not enough money or business background to qualify for standard bank loans. *Don't give up.*

You can find help at the Small Business Administration's Small Business Development Centers. They not only serve as links to micro loans, but they can help prepare you to ask for money in a way that makes it likely the answer will be "yes." Small Business Centers

MORE

The Small Business Administration (SBA) is a federal agency that guarantees loans to businesses. It does not lend money directly to borrowers, but it guarantees that those who do lend money will not lose it if a borrower fails to repay a loan. It also manages the Small Business Investment Company program, which provides venture capital firms with low-cost money to lend to new or expanding businesses. Venture capital is a type of investment in rapidly growing companies with strong business plans. A typical venture capital investment requires that 25 to 55 percent of the firm is turned over to the investor.

In addition to operating Small Business Development Centers, the SBA's Web site, www.sba.gov, offers detailed information in English or in Spanish that can help you pick what you can use to start or expand a small business.

En este proceso de montar un negocio o pequeña empresa hay momentos en los que 2.000 dólares no son suficientes para expandir su negocio, necesita decenas de miles de dólares, en cuyo caso, su solicitud de préstamo tiene que ser más formal y estructurada que cuando recurre a su familia o carga a su tarjeta de crédito. Resulta difícil tener acceso a ayudas "por bajos ingresos" cuando se tiene demasiado dinero, pero a la vez no suficientes antecedentes de negocios para poder acceder a los préstamos bancarios estándares. *¡No se dé por vencido!*

Puede encontrar ayuda en la Administración de los Centros de Desarrollo para Pequeños Negocios. Estos centros son de gran ayuda, pues además de servir como eslabón para los micropréstamos, lo ayudan a prepararse para pedir dinero de una manera más eficaz y seductora, a encontrar la clase idónea de préstamos, a rellenar la solicitud para el prestamista y a crear un plan de negocios.

Pidiendo dinero

Aunque encuentre su préstamo a través de los Centros de Desarrollo para Pequeños Negocios, la Cámara Hispana de Comercio o consejeros de negocios, terminará contactando un banco, ya que los préstamos bancarios para negocios son menos costosos que los de las compañías financieras, prestamistas especializados o de capitalistas de riesgo. Pero los préstamos bancarios también pueden ser más difíciles de obtener, por eso debe llenar atentamente su solicitud y necesitará lo siguiente:

- *Una puntuación de crédito sólida.* Si no tiene un número de seguridad social, los bancos no podrán acceder a su historial crediticio. Si usa un número de identificación individual de impuestos al solicitar el préstamo, va a pagar por su préstamo mucho más de lo común.
- *Garantía.* Una garantía es una propiedad o posesión que avale que pagará el préstamo. Puede ser personal, tal como una casa o un certificado de depósito, o de negocios, tal como un inventario o un equipo.
- *La declaración de impuestos personal y de negocios.*
- *El estado financiero personal y el del negocio.* Éstos comprenden una hoja de saldo de cuentas o estado de cuenta de sus activos y pasivos, y un extracto de cuenta de los ingresos, que es un estado de ganancias y pérdidas (ganancia, costos y gastos).

provide you with one-on-one counseling to help you prepare a business plan, find the right types of loans for your business, and make your application to a lender. These centers are a big help.

Asking for Money

Whether you find your loans through the Small Business Development Centers, the Hispanic Chamber of Commerce, or business consultants, in the end you will be dealing with a bank. Bank loans for building a business are less expensive than turning to financing companies, specialized lenders, or venture capitalists. But bank loans can also be more difficult to get. That is why you need to pay attention to how you ask for loans. You will need the following:

- *A strong credit score.* If you have no Social Security number, your banker will not be able to look up your credit record. If you use an individual tax identification number when applying for a loan, prepare to pay much more than average for your loan.
- *Collateral.* Collateral is property you pledge as a guarantee you will repay a loan. It can be personal property, such as a house or CDs, or business property, such as inventory or equipment.
- *Business and personal tax returns.*
- *Business and personal financial statements.* These include a balance sheet, which is a statement of assets and liabilities, and an income statement, which is a statement of profit and loss (revenue versus costs and expenses).
- *A business plan.* This is the road map for your business and your main money-raising tool. It explains what the business is, its history and objectives, and its market. It clearly outlines the firm's financial goals, the money needed to reach those goals, and where the money will come from based on sales and operations. Get help writing it from a Small Business Development Center or SCORE (retired executives).

Now you are ready to ask for a loan. Lenders want to know why they should risk their money on you. Your business plan will give them the answer. Attach it to a cover letter that summarizes your

- *Un plan de negocios.* El plan es la base de su negocio y la herramienta principal para hacer dinero. Explica en qué consiste su negocio, su historial, sus objetivos y su mercado; delinea claramente las metas financieras de la firma, el dinero que necesita para alcanzarlas y de dónde vendrá basándose en las ventas y las operaciones. Diríjase al Centro de Desarrollo para Pequeños Negocios para que lo ayuden a escribirlo.

Ahora está ya preparado para solicitar el préstamo. Los prestamistas quieren saber por qué deben arriesgar su dinero con usted. Su plan les dará la respuesta. Adjúntelo a la carta de presentación que reúne la propuesta del préstamo. Esta carta debe incluir el propósito del mismo, la cantidad que necesita, el plazo, la garantía que usará para asegurarle al banco que no perderá su dinero y lo más importante, la descripción de cómo se pagará el préstamo.

El sobrino del señor Vega, José, usó primero sus tarjetas de crédito para establecer un centro de suministro para fiestas en sólo la mitad de una tienda. Sus productos se vendieron tan rápidamente en nueve meses que tuvo que ir a la sucursal del banco más cercana para pedir un préstamo. El gerente le explicó que necesitaba saber mucho más sobre su negocio y lo envió al Centro de Desarrollo para la Administración de Pequeños Negocios, donde lo ayudaron a preparar sus estados financieros y un plan de negocios. Llevó estos documentos al gerente del banco con una propuesta de su plan de pago y obtuvo el primero de tres pequeños préstamos que lo ayudaron a hacerse cargo de la tienda completamente y a generar trabajo suficiente para dar empleo a dos personas.

Si necesita dinero y cree que su negocio puede pagarlo, no pierde nada al solicitar un préstamo. Si un banco se lo niega, encuentre el motivo y corrija lo que está mal en su solicitud, después, vuelva a intentarlo en otro banco. Al fin y al cabo, si está pidiendo a alguien que arriesgue dinero en su negocio, es porque está seguro de que valdrá la pena el esfuerzo y seguir intentándolo.

loan proposal. The letter should include the purpose of the loan, the amount you need, the length of the loan, the collateral you will use to ensure the bank does not lose its money, and, most important, a description of how the loan will be repaid.

Mr. Vega's nephew Jose first used his credit cards to set up a party supply center in half of a storefront. His supplies sold so fast over nine months that he went to the bank branch down the street for a loan. The manager explained that he needed to know a lot more about Jose's business and sent him to a Small Business Administration Development Center, where he got help putting together his financial statements and business plan. He took those papers back to the bank manager, with a proposal for a repayment plan, and won the first of three small loans that have helped him take over the whole storefront and do enough business to hire two employees.

If you need the money and believe your business can repay it, you lose nothing by asking for a loan. If one bank says no, find out why. Then fix what is wrong with your application and try again at another bank. After all, if you're asking someone to risk money on your business, you have to believe your business is worth the effort to keep trying.

IV

Invirtiendo para tener éxito en la vida

Investing for Success

nvertir es realmente algo muy simple, usar dinero para crear más dinero. Es lo que sucede cuando lo ingresa en una cuenta de ahorros y el interés compuesto *realiza su magia*. Recuerde lo que decíamos en el capítulo 2 sobre comprar algo cuyo valor aumenta, de modo que cuando lo vendemos, ganamos.

Para invertir necesita *ahorrar continuamente* y administrar el ahorro de forma que incremente. Para hacerlo debe saber cuál es su meta, qué quiere hacer con el dinero. Es bueno saber *cuánto tiempo* tendrá antes de que lo necesite y *cuánto riesgo* está dispuesto a tolerar mientras aumenta.

La mayoría de nosotros entiende el valor del efectivo y de la propiedad, pero algunas veces es difícil sentirnos confiados al invertir en cosas que no podemos ver o tocar como son las acciones y los bonos. Está bien, comience por lo que comprende y entonces prosiga con otras inversiones. Al fin y al cabo, si puede usar una tarjeta de crédito, puede aprender a invertir en bienes que son menos "reales" que una casa o que el dinero en efectivo.

---

nvesting is really very simple. You use money to create more money. It's what happens when you put money into a savings account and compound interest works its magic. (Remember Chapter 2!) It's what happens when you buy something and its value increases so you can sell it for a profit.

To invest, you need to set money aside, *to save, continuously.* Then you need to manage the money in a way that makes it grow. To manage it you should know your *goal,* that is, what you want to do with the money. It helps to know *how much time* it will be before you need your money, and *how much risk* you are willing to tolerate as it grows.

Most of us understand the value of cash and property. But sometimes it's difficult for us to feel comfortable with investing in things we cannot see or touch, such as stocks and bonds. That's okay. Start with what you understand, and then move on to other types of investments. After all, if you can use a credit card, you can learn to invest in assets that are less "real" than a house or cash.

CAPÍTULO 17

Dinero que genera más dinero

Cuando la señora Vega llegó a este país, guardaba sus ahorros en una lata, pero comprendió que no incrementaría estando allí; por eso lo puso en una cuenta básica de ahorros, pero quería más. El dinero estaba seguro y generaba un poquito de interés, pero quería más. Así que lo invirtió en cuentas de mercado monetario y certificados de depósito y obtuvo los beneficios del interés compuesto.

Para refrescar su memoria, las cuentas de mercado monetario ofrecen tasas variables de interés ligeramente más altas que las de una cuenta regular de ahorros y están aseguradas por la Corporación Federal de Seguros para Depósitos (FDIC), o sea que están a salvo. Aunque la cantidad de cheques que puede emitir es limitada en estas cuentas, su dinero está disponible para retirarlo del banco en cualquier momento sin pagar una penalización. Los Certificados de Depósitos (CD) son depósitos de dinero con plazos de tiempo específicos que generan una tasa fija de interés, generalmente más alta que la pagada en las cuentas de mercado monetario.

Su interés compuesto es útil, pero su poder se debilita con la inflación, que es la tendencia natural de los precios a aumentar con el tiempo. Si el costo de la vida incrementa un 3 por ciento al año, cada dólar se devalúa tres centavos más que el año anterior. Si el interés que gana por su dinero en una cuenta de ahorros es menos del 3 por ciento anual, está *perdiendo dinero*. Por esta razón, las personas que ahorran buscan otras formas de invertir su dinero donde paguen tasas de interés más altas que la tasa de inflación.

CHAPTER 17

Money Making Money

When Mrs. Vega came to this country, she kept her savings in a tin box. But she understood it would not increase in value in that box. That's why she put her money into a basic savings account. It was safe, and it earned a tiny bit of interest. But she wanted more, so she turned to money market accounts and certificates of deposit (CDs) and enjoyed the benefits of compound interest.

To refresh your memory, money market accounts offer slightly higher variable interest rates than regular savings accounts. They are insured by the Federal Deposit Insurance Corporation (FDIC), so they're safe. And though the number of checks you can write on these accounts is limited, your money is available to you to withdraw at any time without penalty. Certificates of deposit are timed deposits. You deposit your money for a specific period of time and it earns a fixed rate of interest, usually higher than rates paid in money market accounts.

As useful as compound interest is, its power is undermined by inflation, the natural tendency for prices to rise over time. If the cost of living rises by 3 percent a year, each dollar will be worth three cents less than it was the previous year. If the interest you earn on money in a savings account is less than 3 percent a year, you are *losing* money. That is why people who save look for places to put their money that pay interest rates higher than the inflation rate.

It is also why nearly half of all Americans invest in stocks, bonds, mutual funds, or index funds. In the United States the stock market, as measured by something called the S&P 500, has

De ahí que casi la mitad de los estadounidenses inviertan en acciones, bonos, fondos de inversión o de índice. En Estados Unidos, la bolsa, cuyo valor se mide por el índice llamado el S&P 500, ha incrementado su valor con una media del 10,85 por ciento anual, aunque no sube el mismo porcentaje *cada año*. Algunos años aumenta más, en otros menos, y en otros cae, pero con el tiempo vuelve al 10,85 por ciento anual. Es casi imposible hallar cuentas de ahorros que paguen tanto, de forma consistente, a través del tiempo. (Si encuentra anuncios de cuentas con tasas de interés muy altas, asegúrese de comprobar si están aseguradas y si la firma que las ofrece realmente existe).

MÁS

¿Ahorrar o invertir? Esta comparación muestra la diferencia entre la tasa media de interés compuesto en una cuenta de mercado monetario y la media de ganancias del mercado medido por el índice de S&P 500. Si ahorra 1.200 dólares anuales durante 20 años al 4 por ciento de interés calculado una vez al año, obtendrá 37.061,91 dólares. Si invierte la misma cantidad por el mismo período en el S&P 500 y obtiene un promedio de ganancia del 10,85 por ciento al año, obtendrá 83.024,17 dólares.

Una de las ventajas de invertir en la bolsa es que generalmente genera una ganancia mayor, pero también se corre un riesgo mayor que si lo ingresa en una cuenta de ahorros. Cuando invierte en el mercado accionario, puede perder todo o parte de su dinero, pero existen formas de generar una ganancia mayor y al mismo tiempo disminuir el riego.

Algunas definiciones básicas

Antes de explorar cómo invertir, estas definiciones básicas lo ayudarán a comprender unos cuantos términos. Cuando hablemos de cómo invertir, aprenderá un poquito más sobre cada una de ellas.

- *Acciones.* Las acciones son participaciones como *dueño* de una parte de un negocio. Una participación en una acción representa el porcentaje de propiedad de la compañía que posee y que le da una parte de los activos y del efectivo de ésta. Si el valor del negocio sube, el de la acción generalmente también lo hace. Si las ventas o ganancias de la firma bajan, el valor de sus acciones, también, y a veces la firma puede cerrar o irse a la bancarrota. Éste es el riesgo que corre por ser un

increased in value by an average of 10.85 percent a year. It doesn't rise by that much *every* year. Some years its value rises more, some years it rises less, and some years its value falls. But over time it gains 10.85 percent a year. It is next to impossible to find savings accounts that pay that much on a consistent basis over time. (If you do find accounts advertising very high interest rates, be sure to check whether they are insured, and whether the firm offering those rates actually exists.)

One of the reasons investing in the stock market generally provides a bigger return on your money is that there is more risk involved in putting your money there than in tucking it into a savings account. When you invest in the market, you could lose all or some of your money. But there are ways to minimize the risk, while accumulating the bigger return.

MORE

Save or invest? This comparison shows the difference between the average rate of compound interest found in a money market account and the average rate of return from the market as measured by the S&P 500 Index. If you save $1,200 a year for 20 years at 4 percent interest calculated once a year, you will end up with $37,061.91. If you invest $1,200 a year for 20 years into the S&P 500 and get the average return of 10.85 percent each year, you will end up with $83,024.17.

A Few Basic Definitions

Before exploring how to invest, it will help to understand a few terms. These are just basic definitions. When we get into how to invest you will learn a little more about each of these.

- *Stocks.* Stocks are the way you can *own* a piece of a business. One share of stock represents a percentage of the company's ownership. That gives you a stake in the firm's assets and cash. If the value of the business rises, the value of its stock usually rises. If the firm's sales or profits fall, the value of your stock may fall. The company could even go out of business or go bankrupt. This is the risk you take as an owner. Ownership of common stock gives you the right to vote to choose a board of directors and to influence major decisions made by the directors.

accionista. La propiedad de acciones comunes le da derecho a votar para elegir la junta directiva e influir en las decisiones importantes que toman los gerentes.

- *Dividendos.* Ganancias distribuidas a los accionistas cada tres meses, en efectivo o en acciones. Son ingresos para los accionistas. No todas las compañías pagan dividendos.

- *Bonos.* Los bonos son un pagaré que ofrecen los gobiernos federales, estatales y locales y las corporaciones. Cuando usted y yo pedimos prestado dinero para una casa o un auto, podemos obtener el préstamo de un prestamista, pero los gobiernos y algunas corporaciones necesitan una cantidad tan grande de dinero que tienen que pedir prestado al público. "Piden prestado" o venden "la deuda" en porciones pequeñas, normalmente comienzan con mil dólares, y acuerdan pagar una tasa fija de interés siguiendo un programa durante un período de tiempo establecido. La información más importante sobre un bono es su rédito, que es lo que genera. Ciertos bonos gubernamentales se consideran muy seguros.

- *Fondos de inversión.* Un fondo de inversión es una variedad de acciones o bonos o la combinación de ambos. La idea es reducir el riesgo de invertir comprando muchas acciones distintas en un mismo fondo. Hay dos clases: el administrado activamente y el de índice. Cuando compra uno "administrado activamente", está adquiriendo dos cosas: una selección de acciones y el servicio de alguien que las administra (más los costos administrativos y de publicidad). El precio por las acciones es evidente, el del servicio administrativo, no tanto; se lo cobran mientras es dueño del fondo y comprende comisiones, cuotas anuales y de transacción.

- *Fondos de índice.* Éste es el segundo tipo de fondos de inversión y puede ser un fondo de índice por acciones o bonos. Estos fondos "administrados pasivamente" no necesitan un administrador que los mueva en el mercado accionario, sino que tratan de imitar los movimientos del mercado. Lo hacen porque compran una selección muy amplia de acciones y bonos para igualar los diferentes mercados tales como el Standard & Poor 500, Russell 2000, Wilshire 5000 o todo el mercado. Cuando compra un fondo de índice, paga la selección de las acciones y los costos administrativos. Generalmente se pagan menos cuotas que con los fondos administrados activamente.

- *Dividends.* Profits distributed to shareholders in cash or stock every three months. They are income to the shareholder. Not all companies pay dividends.
- *Bonds.* Bonds are IOUs (comes from "I owe you") given to you in return for lending money to federal, state, and local governments or corporations. When you and I borrow money for a home or a car, we can get the loan from one lender. But governments and some corporations need so much money, they must borrow from the public. They "borrow" or sell debt in small pieces, usually starting at $1,000, and agree to a fixed interest rate to be paid on a schedule over a set time period. The most important information about a bond is its yield, that is, what it pays. Certain government bonds are considered very safe.
- *Mutual funds.* A mutual fund is an assortment of stocks or bonds or a combination of both. The idea is to reduce the risk of investing by buying many different stocks in one fund. There are two kinds of funds: actively managed and indexed. When you buy an "actively managed" mutual fund, you're buying two things: a selection of stocks and the services of someone to manage them (plus administrative costs and advertising). The price of the stocks is clear. The price of the management service is not at all clear. It extends as long as you own the fund, and is based on commissions, transaction fees, and annual fees.
- *Index funds.* This is the second type of mutual fund. It can be a stock index fund or a bond index fund. These "passively managed" funds do not use a manager to try to beat the market. Instead, these funds try to mirror the market's moves. That's done by buying a very broad selection of stocks or bonds to match different markets, such as the S&P 500, the Russell 2000, the Wilshire 5000, or the total market. When you buy an index fund, you pay for the selection of stocks and administrative costs. They generally cost much less in fees than actively managed funds.
- *Asset allocation.* This is the way you balance different investments to minimize risk and maximize profit. A common rule is: The younger you are, the more stocks you should own. As you grow older, you should gradually rebalance your investments to include more bonds and fewer stocks. Why? When you are younger you want more growth. When you are older you want more safety to preserve your nest egg.

- *Distribución de activos.* Ésta es la vía que utiliza para hacer el balance entre las diferentes inversiones con el objetivo de disminuir el riesgo y obtener la máxima ganancia. La regla común es: mientras sea joven, debe tener más acciones. A medida que pasa el tiempo, debe hacer un balance de sus inversiones y gradualmente incluir más bonos y menos acciones. ¿Por qué? Porque cuando es joven quiere obtener más crecimiento, cuando es mayor quiere más seguridad para conservar sus "ahorros."

Cuando piense en invertir, recuerde que lo que va descubrir aquí se aplica también a su plan de jubilación 401(k), IRA y Roth IRA y a otras inversiones diferentes. Algunos ahorros satisfarán la necesidad de obtener efectivo con rapidez, por ejemplo, no puede invertir el dinero que necesitará para emergencias en un plan 401(k) o IRA.

Invertir no es complicado si usa el sentido común y lee todo lo que está escrito en letra pequeña. No crea a quien trate de convencerlo de que no sabe lo suficiente como para poder hacerlo solo. Sabrá todo lo necesario si continúa leyendo.

When thinking about investing, remember that what you're about to learn applies to your 401(k)s, IRAs, and Roth IRAs, as well as to what you invest outside of those. Obviously, some savings will satisfy the need for quick cash. You cannot put the cash you'll need for emergencies into a 401(k) or IRA.

Investing is not complicated if you use common sense and read some fine print. Don't let smooth talkers and slick advertisers convince you that you don't know enough to help yourself. You will if you read on.

CAPÍTULO 18

Invirtiendo fácilmente

Es tiempo de aprender las "4 emes" de la teoría de cómo invertir:

Manténgalo simple.
Manténgalo barato.
Manténgalo balanceado.
Manténgalo invertido.

Manténgalo simple

Ni los millonarios tales como Carlos Slim o Warren Buffett invierten en algo que no entienden. Usted tampoco. No puede evaluar con exactitud el riesgo que está corriendo su dinero si no comprende bien su inversión. Ciertas inversiones exóticas como los fondos de cobertura y para el futuro son peligrosas para los inexpertos. Las acciones individuales y los fondos de inversión también lo pueden ser.

Antes de invertir en acciones, fondos de inversión o cualquier otra cosa, hay que hacer un estudio comparativo. Cuando compra acciones de una compañía, debe informarse sobre su actividad, sus productos, sus ventas, sus ganancias, el volumen de sus deudas, el lugar que ocupa con respecto a otras firmas de la misma industria, la relación entre el precio de sus acciones y sus ganancias y si paga dividendos.

Puede resultar difícil para una persona común comprar muchas categorías de acciones para diversificar y disminuir el riesgo, y más difícil todavía resulta añadir otras inversiones que no sean acciones para crear una balanza. Puede sentirse tentado a comprar y vender

CHAPTER 18

Easy Investing

It's time to learn the "4 K" Theory of Investing:

Keep it simple.
Keep it cheap.
Keep it balanced.
Keep it invested.

Keep It Simple

Even billionaires such as Carlos Slim or Warren Buffett don't invest in what they don't understand. Neither should you. You cannot accurately assess the risk you are taking with your money if you don't understand your investment. Certainly, exotic investments such as hedge funds and futures are dangerous for the inexperienced. Even individual stocks and mutual funds can be risky.

That is because investing in stocks, mutual funds, or anything else requires some study and comparison shopping. When you buy stock in a company, you should understand something about that company: its products, its sales, its profits, the size of its debt, where it stands compared to other firms in the same industry, the relationship between its stock price and its profits, and whether it pays dividends.

It can be difficult for the average person to be able to buy enough stocks in enough categories to spread risk, let alone to add other investments outside of stocks to provide balance. And you

sus acciones al ver que suben y bajan en el mercado accionario, pero esto perjudicaría su rendimiento. Así que si invierte en acciones individuales, comprométase como si se estuviera casando, por un largo período de tiempo.

Las personas regularmente invierten en fondos de inversión para disminuir el riesgo. Pero, al igual que con las acciones, usted debe investigar antes de comprar, comprender sus objetivos, sus riesgos y descubrir qué cuotas va a pagar por tenerlos. Le será posible obtener esa información en el "prospecto" donde se explican las operaciones, el plan y las cuotas del fondo. Los fondos activamente administrados anuncian obtener ganancias más altas que aquellos que simplemente imitan un mercado más amplio (como son catalogados por el S&P 500). En 2006, más de la mitad no lo fue. En los últimos diez años, más del 70 por ciento tampoco lo logró.

Lo que es más, invertir en muchos fondos de este tipo puede ser menos lucrativo de lo que piensa. Noventa millones de personas con aproximadamente 9 trillones en estos fondos pagan más del 2 por ciento anual en cuotas. Tal vez no le parezca mucho, pero las cuotas del 2 por ciento durante 36 años disminuyen su rendimiento o ganancia a la mitad. Esto viola la regla de *manténgalo barato*.

Una forma sencilla de obtener beneficios de un fondo de inversión sin estos costos es comprando un fondo de indicadores, ya que éstos simplemente copian los movimientos del mercado. Estos fondos suben y bajan, pero la idea es que el mercado tiene la tendencia a subir con el tiempo. Aunque un fondo de indicadores siga la caída del mercado, si es parte de un conjunto de inversiones balanceadas, la caída no es tan destructiva. Recuerde nuestro ejemplo en el S&P 500 y su promedio de ganancia del 10,85 por ciento.

Manténgalo barato

Muchas personas gastan mucho más de lo necesario para hacer que su dinero aumente, porque no saben cuánto cuestan las cuotas administrativas y de mercado, no hacen preguntas, no leen los convenios ni comparan antes de comprar. No hay nada de malo en pagar un precio justo en consejos y servicios, pero a menudo los precios no *son justos*. De ahí, que muchos consejeros financieros digan a sus clientes que inviertan el dinero en fondos de indicadores. Las cuotas de estos fondos son muy bajas, generalmente entre 0,19 y 0,5 por ciento. Dado que los administradores no suelen gestionar las ventas

may be tempted to jump into and out of the market as your stock goes up and down. That erodes your gains. So, if you invest in individual stocks, invest as though you're getting married—for the long term.

People often invest in mutual funds to spread risk. But you must do the same kind of homework when buying a mutual fund as you do when buying a stock. Learn its objectives, understand its risk, and be very clear about the fees you pay to own it. You should be able to find that information in the "prospectus" explaining the fund's operations, plans, and fees. Actively managed funds advertise that they can achieve greater gains than funds that simply mimic the broader market (as measured by the S&P 500). In 2006 more than half did not. Over 10 years, more than 70 percent did not.

What's more, investing in many mutual funds may be less profitable than you think. Ninety million people who have nearly $9 trillion in mutual funds pay more than 2 percent a year in fees. That may not sound like much. But with fees at 2 percent, after 36 years, those fees will cut your return to half of what you could have made on your investment. That violates the *Keep it cheap* rule.

A simple way to get the benefit of a mutual fund without the costs is to buy an index fund, which simply mirrors the market's movement. Index funds go up and down. But the idea is that the market tends to rise over time. Even when an index fund follows the market lower, if they are a part of a balanced set of investments, that slide will be less destructive. And remember our example of the S&P 500 and its average gain of 10.85 percent.

Keep It Cheap

Many people spend a lot more than necessary to make their money grow. That is because they don't know how much management fees and trading fees should cost. They fail to ask questions, read agreements, or comparison shop. There is nothing wrong with paying a fair price for advice and service. But too often the going price is *unfair*. That's why so many financial advisers tell clients to put their money into index funds. Index fund fees are very low, usually between 0.19 and 0.5 percent. And because managers trade very few stocks into and out of the fund, you will be less likely to face large tax bills created by frequent trading.

y compras de las acciones del fondo, no tendrá que pagar cuentas grandes de impuestos basadas en la frecuencia de esta gestión.

MÁS

Tenga en cuenta los altos costos. Ésta es una comparación de costos de dos clases de fondos de inversión: uno administrado activamente compuesto de acciones de pequeñas empresas y otro que refleja el 99,5 por ciento de las acciones en el mercado.

Si en 2001 hubiera invertido 100.000 dólares en el Fondo de Crecimiento de Tope Pequeño, Clase B, hoy habría pagado 13.809 dólares en cuotas (al 2,3 por ciento). Si hubiera invertido esa misma cantidad en la firma Fondo Total de Acciones de Indicadores del Mercado por el mismo período, habría pagado solamente 1.165 dólares, una diferencia de 12.644 dólares.

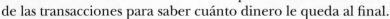

Si tiene fondos de inversión y quiere saber el costo de las cuotas, vaya a www.nasd.com y desplácese hacia el final a mano derecha de la página para encontrar el analizador de los gastos de estos fondos. Mire el ejemplo más abajo para comprender por qué debe ser consciente de lo que cuesta comprar y administrarlos.

Otra cosa que suele encarecer la inversión es la gestión de mercado de las acciones, ya que cada vez que compra o vende una, el corredor o agente bursátil cobra una comisión. En el caso de Internet o corredores de descuento, puede que sea más pequeña. Aun así, se tiene que tomar en cuenta el costo de las transacciones para saber cuánto dinero le queda al final.

Además de invertir en fondos de indicadores, puede reducir las cuotas relacionadas con la compra de acciones individuales usando programas de reinversión de dividendos y así comprar acciones con cuotas y comisiones bajas. Después que comprar una participación en una acción de una compañía que ofrece a DRIP, puede continuar comprándolas de la misma compañía, pidiendo que reinviertan los dividendos o enviándole pagos opcionales en efectivo. Cada DRIP tiene sus propias reglas y cuotas. Algunas compañías tienen programas más caros que en Internet o los corredores de descuentos. Para obtener una lista de las firmas que ofrecen DRIP vaya a www.dripadvisor.com. Puede comprar una participación de una acción a través de corredores en Internet o usando organizaciones independientes que estimulan la inversión (www.betterinvesting.org, www.directinvesting.com, www.oneshare. com, www.firstshare.com).

If you have mutual funds and want to know what the fees cost you, go to www.nasd.com and scroll to the bottom right-hand side of the home page to find the mutual fund expense analyzer. Look at the example below to understand why you must be aware of what it costs to buy and manage mutual funds.

Another thing that adds cost to investing is frequent stock trading. Every time you buy or sell a stock, a broker gets a commission. In the case of online or discount broker-ages, it may be a small commis-sion. Still, the cost of buying and selling has to be factored into how much money you keep in the end.

Besides investing in index funds, you can reduce the fees connected with buying stocks individually by using divi-dend reinvestment programs (DRIPs). This is a way for you to buy stocks with very low com-missions or fees. After you buy one share of stock in a com-pany offering a DRIP, you may

MORE

Beware of high costs. This is a comparison of costs of two types of mutual funds: an actively managed fund made up of smaller firms' stock, and an index fund that mirrors 99.5 percent of the stock market.

If you put $100,000 into a well-known firm's "Small Cap Growth Fund, Class B shares" and held it from late 2001, you would have paid $13,809 in fees (at 2.3 percent). However, if you put that same money into another firm's "Total Stock Market Index Fund" for the same period, you would have paid just $1,165. That's a difference of $12,644.

continue to buy stock in the firm by telling it to reinvest dividends or by sending it optional cash payments. Each DRIP has its own rules and fees. Some companies' programs are more expensive than using online or discount brokers. For a list of firms that offer DRIPs, go to www.dripadvisor.com. You can buy one share of stock through an online brokerage or independent organizations that encour-age investing (www.betterinvesting.org, www.directinvesting.com, www.oneshare.com, www.firstshare.com).

Keep It Balanced

Though it's good to own pieces of corporate America, it's advisable to balance that with other investments, such as *cash, real estate,* and *bonds.* Financial planners call this balance "asset allocation." It reduces risk.

Manténgalo balanceado

Aunque es bueno ser dueño de partes de una corporación estadounidense, es aconsejable mantener el dinero balanceado con inversiones en *efectivo, bienes raíces y bonos*. Los planificadores financieros lo llaman "distribución de bienes". Reduce el riesgo.

¿Qué porcentaje de su dinero debe destinar a cada tipo de inversión? Depende de su edad y del riesgo que pueda tolerar. Por ejemplo, si tuviera 20 años, podría invertir hasta un 90 por ciento de su dinero en acciones. A medida que vaya envejeciendo, debe reducir este porcentaje para que, cuando llegue a los 65 años, sólo tenga un 45 por ciento en acciones y el resto en otras inversiones. Le conviene revisar sus inversiones, por lo menos, cada dos años.

Existe un tipo de inversión relativamente nueva llamado fondos de Estilo de Vida o de Meta. Son un grupo de fondos diseñados que se ajustan a su edad, pero como otros fondos de inversión administrados, tendrá que prestar atención al costo de mantenimiento.

Típicamente, pero no siempre, cuando las acciones caen, los bonos suben y viceversa. Los bonos individuales o fondos de bonos de *indicadores, como* las acciones y los fondos de indicadores, conllevan riesgos bajos y ganancias más altas con respecto a los fondos de bonos administrados. Esto se debe a que la escasa gestión de movimiento de mercado que tienen los bonos individuales, o de indicadores, disminuye los costos y el riesgo de la inversión original. También en el caso de muchos bonos del gobierno, su inversión básica está garantizada.

Bonos

Por ejemplo, los bonos del Tesoro, que son pagarés (IOU) emitidos por el gobierno federal, están asegurados completamente por la buena fe y el crédito de los contribuyentes de los impuestos. No pone en riesgo su capital (la inversión). Puede elegir entre: *Cuentas del Tesoro*, que son pagaderos en menos de un año; Notas, que duran de dos a diez años, o Bonos, con términos entre los 20 y los 30 años. El gobierno federal también ofrece TIPS o Garantías del Fisco Protegidas contra la Inflación (Treasury Inflation Protected Securities) que, como su nombre indica, protegen su inversión de la inflación. Mientras conserva estos bonos, recibe pagos de interés fijo cada semestre y obtiene su capital cuando el bono vence, o sea, al término de éste.

What percentage of your money should be in what type of invest-ment? A lot of that depends on your age and how much risk you can tolerate. All things being equal, if you are 20 years old, you can have up to 90 percent of your money in stocks. As you grow older, you should reduce that percentage so that by the time you are 65 years old, you will hold 45 percent in stocks and the rest in other invest-ments. It's a good idea to rebalance your investments at least every couple of years.

There is a relatively new type of investment called Lifestyle or Target funds. They are a collection of funds designed to rebalance according to your age. But as with any mutual fund that is managed, you must be careful about how much they cost to own.

Typically, but not always, when stocks are down, bonds are up, and vice versa. Like stocks and stock index funds, individual bonds or bond *index* funds may provide lower risk and higher returns than managed bond funds. That is because there is little or no trading in and out of individual or indexed bond holdings that risk your origi-nal investment and add costs. Also, in the case of many government bonds, your basic investment is guaranteed.

Bonds

When you buy *Treasuries,* IOUs issued by the federal government, they are backed by the full faith and credit of taxpayers. You do not risk your principal (investment). You have a choice of Treasury bills, which come due in under a year; Treasury notes, which mature at 2 and 10 years; and Treasury bonds, which come due in 20- or 30-year periods. The federal government also offers TIPS, or Trea-sury Inflation-Protected Securities, which protect your investment from inflation. While you hold these bonds, you receive fixed inter-est payments twice a year and you get your principal back on the date the bond matures, that is, at the end of the period for which you've loaned the government money.

You can buy Treasuries in $1,000 units directly from the govern-ment by creating a Treasury Direct account at www.treasurydirect.gov. You need a Social Security number or an individual taxpayer iden-tification number. After you set up this account and indicate what you want to buy, the Treasury electronically withdraws the purchase price from your bank account and deposits the interest you earn on

Puede comprar directamente bonos del Tesoro en unidades de 1.000 dólares creando una cuenta de Tesoro Directo en www.treasurydirect.gov. Necesita tener un número de seguridad social o el número de identificación del contribuyente. Después de establecer e indicar lo que desea comprar, el Tesoro retira electrónicamente de su cuenta bancaria el precio de la compra del bono y deposita el interés que gana en la misma cuenta. Otra forma de comprar bonos del Tesoro es a través de un corredor.

MÁS

Puede ahorrar pequeñas cantidades de dinero por un período, usando Bonos de Ahorros. La compra mínima es de 50 dólares. Puede comprarlos en su banco, cooperativa o a través del Tesoro Directo. También puede acordar que deduzcan el dinero de su cheque de salario y lo depositen en la cuenta del Tesoro Directo, donde puede adquirir esta clase de bonos. Estas son inversiones a largo plazo. Los Bonos I que están protegidos de la inflación no puede hacerlos efectivo durante un año, y si los redime dentro de cinco, tiene que renunciar a una parte del interés generado. Sin embargo, la tasa de interés del Bono I se ajusta cada seis meses y no tiene que pagar impuestos estatales ni locales por él.

Los bonos municipales son también emitidos por el gobierno, en este caso por los gobiernos estatales y locales. Se compran en unidades de 5.000 dólares. En muchos estados, si compra un bono "muni" del estado donde reside, no paga impuestos federales, estatales ni locales. Por esta razón, el rédito de los bonos municipales o las tasas de interés son bajos. Pero si toma la diferencia entre su nivel de impuestos y 1, y lo divide por la tasa de interés del bono, verá que el rédito es igual a una inversión que paga impuestos. De esta forma puede comparar el rendimiento en bonos que pagan impuestos y los que no. Si su nivel de impuestos es del 28 por ciento, entonces $1 - 0,28 = 0,72$. Si su bono paga el 4,5 por ciento y lo divide entre 0,72, su rédito sujeto a impuestos será del 6,25 por ciento.

Hay dos clases de bonos municipales: de renta y de obligaciones. El más seguro es el de obligaciones, porque está garantizado por los contribuyentes. Hay otras dos formas de determinar si un bono municipal es seguro. Primero, todos están clasificados por agencias de clasificación del crédito. La Triple A es la más alta. La D es la más baja. Si quiere estar seguro de que su inversión tenga un buen rendimiento,

the Treasury into the same account. Another way to buy Treasuries is through a broker.

Municipal bonds are also issued by the government, in this case, by state and local governments. You buy these in $5,000 units. In many states, if you buy a "muni" bond of the state in which you live, it is free of federal, state, and local taxes. That is why municipal bonds' yields, or interest rates, are low. But if you take the difference between your tax bracket and 1 and divide that by the bond's interest rate, you will see the yield equal to an investment that is taxable. That way, you can compare the return on a taxable and a nontaxable bond. If your tax bracket is 28 percent, then, $1.0 - 0.28 = 0.72$. If your bond pays 4.5 percent, then divide that by 0.72, and your taxable yield will be 6.25 percent.

MORE

You can save very small amounts of money at a time in U.S. Treasury Department savings bonds. The minimum purchase is $50. You can buy them through your bank, credit union, or Treasury Direct. What's more, you can arrange to have money taken out of your paycheck and deposited in a Treasury Direct account, where you can buy savings bonds. These are long-term investments. The inflation-protected I bonds cannot be cashed for a year, and if you redeem them within five years, you give up some of your interest. But the I bond's interest rate is adjusted every six months, and you do not have to pay state and local taxes on it.

There are two kinds of municipal bonds: revenue and general obligation bonds. The safest is the general obligation bond because it is guaranteed by taxpayers. There are two other ways to determine whether a municipal bond is safe. First, all bonds are rated by credit rating agencies. Triple A is the highest rating. D is the lowest. If you want to be sure you will get your investment back with interest, buy bonds with ratings only in the "A" category. Second, many municipal bonds are insured. The safest municipal bond would be a general obligation, triple-A-rated, insured bond.

You can buy municipal bonds through banks and brokers, and online. If you buy from a broker, the price includes a dealer's costs and profit. Not all sellers charge the same price for a bond, so shop around to make sure you are not overpaying. To get information on bond

compre solamente bonos de la categoría "A". Segundo, muchos de estos bonos están asegurados. Uno de los más seguros sería el de obligaciones general, el catalogado bajo triple A y el asegurado.

Los puede comprar a través de bancos, corredores de bolsa y por Internet. Si los compra por medio de un corredor, el precio incluirá el costo y la ganancia de éste. No todos los vendedores cobran el mismo precio por un bono, por lo tanto, le conviene comparar precios para encontrar el más conveniente. Para obtener información acerca de los precios y el rédito de los bonos, vaya al sitio Web www.bondmarket.com y al www.investingbonds.com.

Los bonos también tienen sus riesgos Algunas veces los emisores de bonos (normalmente no el gobierno federal) "retiran" un bono, lo que significa que le pagan su inversión antes del vencimiento. Puede suceder porque las tasas de interés caen y el prestatario desea "refinanciar" el préstamo para pagar una tasa más baja. Esto puede forzarlo a invertir su dinero en otra parte, con un rendimiento más bajo de lo que había planeado. Si la ciudad, el estado o el distrito escolar van en bancarrota, puede perder su dinero aunque exista un seguro para protegerlo.

Otro riesgo es la inflación. Si aumenta dramáticamente y la tasa de su bono cae por debajo de la tasa de interés, puede perder sus ganancias. Si piensa que la inflación podría continuar ascendiendo durante muchos años, puede venderlos e invertir en otra cosa. Pero tenga cuidado de no venderlos por menos de lo que los compró o perderá una porción de su inversión original. Una forma de mantener bajo el riesgo de la inflación es comprar bonos que vencen en diferentes fechas, o sea, escalonarlos. Y, como con las acciones, la mejor estrategia para hacer dinero con los bonos es comprar y conservarlos.

Tener *efectivo* es una gran cosa, pues está disponible en cualquier momento y es real. Es bueno tener un poquito en casa para las emergencias, pero en general, deposítelo donde esté seguro y rinda bien. Use sus cuentas de mercado monetario y certificados de depósito para el dinero que no necesita para mañana. Sus cuentas de efectivo son una buena protección para emergencias.

No confunda las *cuentas* del mercado monetario con los fondos del mercado del dinero. Estos últimos son fondos de inversión que no están garantizados por el gobierno federal y que invierten en CD y en bonos gubernamentales, corporativos e hipotecarios a corto plazo. Aunque son líquidos como las cuentas del mercado monetario,

prices and bond yields, check Web sites such as www.bondmarket.com and www.investinginbonds.com.

Bonds Have Risks, Too   Sometimes a bond issuer (usually not the federal government) will "call" a bond, that is, pay you back your investment before the due date. That may happen because interest rates fall and the borrower wants to "refinance" the loan to pay a lower interest rate. That could force you to invest your money somewhere else at a lower interest rate than you had planned. If the city or state or school district goes bankrupt, you could lose your money, though there is insurance to protect against that.

Another risk is inflation. If it rises sharply and your bond's interest rate falls behind the interest rate, you can lose your gains. However, if you think inflation will climb for many years, you can sell the bond and invest in something else. But be careful not to sell your bond for less than you paid for it or you will lose a piece of your original investment. A way to keep the risk of inflation low is to buy bonds that mature at different times. This is called laddering. And as with stocks, the best strategy for making money on bonds is to buy and hold.

Cash is a great thing to have. It's available anytime and it's real. It's not a bad idea to have a little bit at home for emergencies. But again, put it where it's safe and where it earns money. Use money market accounts and certificates of deposit (CDs) for money you don't need tomorrow. Your cash accounts are good protection for emergencies.

Don't confuse money market *accounts* with money market *funds*. Money market funds are mutual funds that are not guaranteed by the federal government. They invest in short-term government, corporate, and mortgage bonds and CDs. Though they are liquid like money market accounts, you can lose a percentage of your investment should too many of your fellow investors demand their money at the same time.

If you can afford it, *real estate* is a wonderful fourth leg to prop up your financial table. Whether it's your home or rental property, it is real and has value. Its value generally rises over time, which means your investment grows. If it's your home, you can live in it or sell it. If it's rental property, it might bring you income, or you can sell it. The

puede perder un porcentaje de su inversión si muchos de los que invierten retiran su dinero al mismo tiempo.

Los *bienes raíces* o propiedades inmuebles, si los posee, pueden ser el pilar de sus finanzas. Ya sea su casa o una propiedad que alquila son reales y tienen un valor que, generalmente, asciende con el tiempo, o sea, su inversión le rinde dinero. Si vive en dicha propiedad, puede venderla cuando quiera. Si la tiene en alquiler, puede seguir cobrando ingresos o puede venderla. Tener una propiedad puede significar ganancia si se compra y se administra con inteligencia, pero también puede disminuir el efectivo de sus cuentas.

Manténgalo invertido

Ahora ya sabe cómo hacer una inversión simple, barata y balanceada, pero esto no le sirve de nada si no *mantiene su dinero invertido*. Extraer y depositar dinero de sus cuentas bancarias y del mercado le cuesta dinero y le roba el tiempo que el dinero necesita para dar rendimiento. Comprar y vender en el mercado accionario también le cuesta cuotas administrativas y comisiones. Recuerde que el interés compuesto puede hacer rendir más su dinero si lo deja un tiempo. Por lo tanto: *"Venga a la fiesta temprano y váyase tarde."*

Le será más fácil mantener sus inversiones si tiene claro cuáles son sus metas. Si necesita todo el dinero en tres años, podría invertirlo en una cuenta de mercado monetario o CD en lugar de acciones y bonos. Pero si puede acumular algo para invertirlo a largo plazo, la mejor manera de hacerlo es un poquito cada vez, o sea, conforme al costo promedio del dólar. Es lo que hace cuando extrae dinero automáticamente de su salario y lo deposita en el plan 401(k) para beneficiarse de los precios bajos cuando el mercado ha caído y limitar lo que gasta cuando sube. También ayuda a reducir las pérdidas cuando el dinero cae.

No le conviene esperar a que caiga el mercado para invertir su dinero en él. Es casi imposible adivinar el comportamiento del mercado: Cuando sube es como tratar de atrapar un meteoro, cuando baja es como tratar de agarrar un cuchillo al vuelo. Invierta cuando usted esté listo; con el tiempo, las alzas y bajas se igualan.

Mi amiga Margarita trata de pagar la deuda que tiene con las tarjetas de crédito para ahorrar dinero para el futuro. Esto puede limitar la posibilidad de ser independiente económicamente. Es cierto que debe pagar aquellas con intereses altos antes de añadir

trick with income property is to buy wisely and manage it economically, or it may drain your cash accounts.

Keep It Invested

Now you understand about keeping investing simple, cheap, and balanced. But none of that matters if you don't *keep your money invested*. Taking your money in and out of your bank accounts and the stock market costs you money *and* time that your money needs to grow. Jumping in and out also costs you trading fees and commissions. Remember: Compound interest can turn small amounts of money into big amounts if you give it time—so come to the party early and stay late.

It will be easier to stay invested if you decide on your goals. If you need all of your money in three years, you may want to put it into money market accounts and CDs instead of stocks and bonds. But if you can put some away for the long term, the best way to do that is a little at a time. That's known as dollar cost averaging. It's what you do when you have money taken automatically from your paycheck and put into a 401(k). Dollar cost averaging is a good way to take advantage of low prices when the market is down and to limit what you spend when the market is up. It also helps you limit losses when the market is falling.

It is not a good idea to wait until the market is down and then put your money into it. It is nearly impossible to time the market. When it goes up, it can be like trying to chase a rocket. When it goes down, it can be like trying to catch a falling knife. Just do it. Over time, the ups and downs even out.

My friend Margarita tries to pay off her credit card debt so she can save money for the future. This may be hurting her chances to become financially independent. It's true that you want to pay off high-interest debt before adding more debt, but the best thing Margarita could do for herself is to start investing *now*. Ideally, she should continue paying her debt at the *same* time she squeezes a little more money out of daily living expenses to build a nest egg.

This advice on investing also applies to your retirement accounts, the IRAs, Roth IRAs, and 401(k)s we discussed in Chapters 6 and 7. After Mr. and Mrs. Vega bought their home, they were able to increase their contributions to those accounts and began to build a cash emergency fund.

más, pero lo mejor que Margarita podría hacer es comenzar a invertir *ahora*. En teoría, debería continuar pagando su deuda al *mismo* tiempo que estira un poco el dinero para pagar sus gastos diarios y así empezar a "ahorrar un poquito."

Este consejo vale también para los planes de jubilación, IRA, Roth IRA y 401 (k) que nombramos en los capítulos 6 y 7. Los Vega, después de comprar su casa, fueron capaces de incrementar sus contribuciones en estas cuentas y comenzar a crear un fondo para emergencias.

Manténgalo simple. Manténgalo barato. Manténgalo balanceado. Manténgalo invertido. Es la receta que lo ayudará a dormir por la noche. No tendrá que pensar qué acciones comprar, porque está comprando el mercado completo. No tendrá que preocuparse por el riesgo, porque está cubriéndolo con bonos a bajo riesgo o bonos diversificados en el mercado. Al mantenerlo simple, lo mantiene barato, evitando las altas cuotas anuales y los costos por transacciones y comisiones. Tendrá efectivo disponible para emergencias. Y si ha administrado bien su crédito y dinero, será dueño de su propia vivienda.

Por supuesto, no puede invertir su casa en el plan IRA, pero si sigue las 4 emes de la inversión creará "ahorritos" sustanciales para cuando sea mayor.

Keep it simple. Keep it cheap. Keep it balanced. Keep it invested. That's the prescription that will help you sleep at night. You will not have to worry about which stocks to buy. You are buying the whole market. You will not have to worry about risk because you are offsetting it with low-risk bonds or the whole bond market. By keeping it simple, you keep it cheap by avoiding big annual fees and transaction and commission costs. You will have emergency cash available. And if you have managed your credit and your money well, you will own a home.

Of course, you can't put your home into an IRA, but if you follow the 4 K's of investing you will build a substantial nest egg for your old age.

Hechos financieros de la vida

Financial Facts of Life

Ya se ha familiarizado con un hecho financiero importante de la vida. El dinero es una herramienta de la cual se tiene que hacer responsable y aprender a ahorrarlo, a administrarlo y a invertirlo para que traiga cosas buenas a usted y a su familia. Ahora es tiempo de considerar las distintas formas de cuidar lo que ha logrado acumular.

You are already familiar with an important financial fact of life: Money is a tool. You know you have to take responsibility for how to use that tool: how to save it, manage it, and invest it so it will bring good things to you and your family. Now it's time to consider the many ways you can look after what you've managed to accumulate.

CAPÍTULO 19

Protegiendo su identidad financiera

Trabaja duro, paga sus deudas, respeta la ley y ahorra su dinero. ¿Y entonces? Un buen día un cobrador de cuentas lo llama y amenaza con denunciarlo por no pagar el préstamo de su camión nuevo. El problema es que nunca compró uno. O cuando cumple 18 años solicita un trabajo y le dicen que su número de Seguridad Social corresponde a otra persona. ¿Qué pasó?

Alguien—un oficinista, un compañero de trabajo o hasta un familiar—le ha robado su identidad. Ha tomado su información personal, su número de Seguridad Social, su licencia de conducir o su tarjeta de crédito y ha utilizado esos números para comprar cosas en su nombre, pedir prestado o crear una identidad completamente nueva. Puede estar disminuyendo sus cuentas de jubilación o cometiendo crímenes. Y nadie—ni la policía, ni los banqueros, ni las compañías de crédito—creerá que usted no es un criminal hasta que pruebe lo contrario.

Aunque se tarda años en construir una reputación financiera sólida, sólo le toma unos minutos a un ladrón para destruir su reputación. ¿Quién haría algo así? El 26 por ciento de las veces es alguien que conoce. En el caso de fraude en una tarjeta de débito hasta un 50 por ciento es cometido por un miembro de la familia o un amigo que se las arregla para obtener su código personal de identificación.

En la mayoría de los casos, le roban su información personal de la forma tradicional. Alguien le hurta la billetera, el correo o la tarjeta de crédito. Algunas veces los ladrones registran su basura para encontrar

19

Protecting Your Financial Identity

Y ou work hard, pay your debts, obey the law, and save your money. And then? One day a bill collector calls and threatens to take you to court for failing to pay off a loan for a new truck. The problem is, you never bought a truck. Or when you turn 18 you apply for a job, only to be told your Social Security number is already being used. What happened?

Someone—a clerk, a coworker, or even a relative—has stolen your identity. They have taken your personal information, your Social Security number, your driver's license number, or a credit card, and used those numbers to buy things in your name, to borrow money, or to create a whole new identity. They may be draining your retirement accounts or committing crimes. And no one—not police, not bankers, not credit card companies—believes that you are not the criminal until you prove it.

Though it takes years to build a solid financial reputation, it takes just moments for a thief to destroy your good name. Who would do such a thing? Twenty-six percent of the time, it is someone you know. In the case of debit card fraud, up to 50 percent is committed by a family member or friend who manages to get your personal identification code.

Most of the time your personal information is stolen the old-fashioned way. Someone steals your wallet, your mail, or a credit card. Sometimes thieves go through your garbage to find a bank statement or medical records. Sometimes a relative steals a child's Social Security number thinking no one will ever find out. Occasionally,

un estado bancario o registros médicos. Otras, un familiar roba el número de Seguridad Social de un niño pensando que nadie lo sabrá. Ocasionalmente, los ladrones que usan Internet lo engañan para que les dé la información que necesitan para convertirse en usted.

En 2006, unos ladrones utilizaron información personal o financiera de aproximadamente 10 millones de personas sin que éstas lo supieran. El FBI dice que éste es el crimen que más rápidamente está aumentando en Estados Unidos. Ya sea que el robo de identidad tenga fines económicos o no, es un problema que cuesta mucho tiempo y dinero arreglar. El Centro de Recursos para el Robo de Identidad en San Diego dice que toma cientos de horas recuperarse de un robo de identidad financiera. Las víctimas pasan una media de cuatro a seis meses intentando resolver el problema. En algunos casos, toma años corregir continuamente los registros y estar en comunicación con las agencias policiales y las de crédito. La Comisión Federal del Comercio dice que aunque las leyes limitan lo que el consumidor está obligado a pagar por cargos falsos en su cuenta, éstos son de aproximadamente 1.200 dólares para la víctima y más de 7.000 dólares en caso de negocios o bancos.

Como hacérselo más difícil a un ladrón

Usted es el único que puede prevenir el robo de identidad financiera. Hay demasiadas personas que usan su información para tener negocios con usted: su banco, su empleador, su doctor, las compañías de teléfono, varias agencias gubernamentales y los comerciantes. Pero puede evitar ser una víctima del robo de identidad financiera o de otro tipo. Algunos consejos prácticos para proteger su reputación financiera:

- *Nunca* lleve consigo su tarjeta de seguridad social.
- *No* dé su número de seguridad social a nadie más que a su empleador o a sus instituciones financieras, tales como su banco, cooperativa o emisores de su tarjeta de crédito. Ahora es ilegal que los doctores u hospitales lo fuercen a usar su número de seguridad social como identificación. Si una universidad o comerciante insiste en que le dé su número de seguridad social, pregúntele si en su lugar puede crear un número de identificación. No tiene que dar su número de seguridad social a una compañía de teléfono, un gimnasio o una tienda que alquila videos.

online thieves trick you into giving them information they need to become you.

In 2006, crooks used the personal or financial information of nearly 10 million people without their knowledge. The FBI says this is the fastest-growing crime in the United States. Whether identity theft is directly financial or not, it is a problem that costs you a lot of time and money to fix. The Identity Theft Resource Center in San Diego says it takes hundreds of hours to recover from financial identity theft. Victims spend an average of four to six months dealing with it. In some cases, it takes years of repeatedly correcting records and communicating with law enforcement and credit agencies. The Federal Trade Commission says even though laws limit what consumers are forced to pay in bogus account charges, other costs total about $1,200 for the victim, and more than $7,000 for businesses and banks.

How to Make a Thief's Job More Difficult

You, alone, cannot prevent financial identity theft. Too many others use your information in order to do business with you: your bank, your employer, your doctor, phone companies, various government agencies, and merchants. But you can make it less likely that you will become a victim of financial and other types of identity theft.

- *Never* carry your Social Security card with you.
- Do *not* give your Social Security number to anyone other than your employer or your financial institutions, such as your bank, credit union, or credit card issuer. It is now illegal for doctors or hospitals to force you to use your Social Security number as an ID.

  If a university or retailer insists on a Social Security number, ask if they will create an identification number instead. You do not have to give your Social Security number to the phone company, a gym, or a video rental store. However, they may refuse you service.
- *Never* provide Social Security numbers, bank account numbers, or passwords over the Internet when someone asks you to verify an account. These are scams. If you receive a request you think may be legitimate, instead of responding to the request,

- *Nunca* dé su número de seguridad social, de cuentas bancarias o de contraseñas por Internet a alguien que se lo pida para verificar su cuenta. Son chanchullos. Si recibe una solicitud que le parece legítima, en vez de responder, llame a su banco, cooperativa o emisor de su tarjeta de crédito para determinar si requieren esa información.
- *No pida* que le impriman su número de licencia de conducir o de seguridad social en sus cheques.
- *No* dé por teléfono *ninguna* información personal a los operadores, a menos que los haya llamado usted.
- *No* use el apellido de soltera de su madre o la ciudad donde nació en ninguna solicitud, a menos que sea requerido por la Administración de la Seguridad Social u otra agencia gubernamental.
- *No* revele ninguna información personal a través del teléfono celular y asegúrese de que nadie lo está escuchando si tiene que darla en un lugar fuera de casa.

Mas consejos para proteger su reputación financiera

- Utilice un triturador de papel para destruir sus registros. Son baratos y puede lograr que su basura no sea una mina de oro para los ladrones. Destruya las tarjetas de crédito y los recibos del ATM, las ofertas para tarjetas de crédito, los cheques en blanco que vienen por el correo como parte de ventas no honestas, los cheques viejos, cualquier cosa que tenga su número de Seguridad Social, los documentos médicos o del seguro que ya no usa, hasta las pegatinas en las coberturas de los catálogos y dentro de los impresos para ordenar.
- *Verifique* sus informes de crédito *al menos* una vez al año. Puede obtener uno gratis anualmente de cada una de las tres agencias, así puede verificarlo cada cuatro meses sin que le cobren. Para ordenarlo gratis, puede llamar al 877-322-8228 o ir a Internet www.annualcreditreport.com.
- *Contacte* a su banco, cooperativa o compañía de tarjeta de crédito si no ha recibido a tiempo sus estados de cuenta u obligaciones de pago.
- *Reduzca* el número de ofertas de tarjetas de crédito que recibe con ofertas de crédito llamando al 888-5OPT-OUT.

call your bank, credit union, or credit card issuer to determine whether they did send the request for information.

- Do *not* have your driver's license number or Social Security number printed on your checks.
- Do *not* give telephone marketers *any* information unless you have called them to do business.
- Do *not* use your mother's maiden name or your real city of birth on applications, unless it is requested by the Social Security Administration or other government agency.
- Do *not* reveal personal information on a cell phone, and always make sure that no one is listening to you if you have to give out personal information on a phone away from home.

More Tips to Protect Your Financial Reputation

- *Do* use a paper shredder to destroy your records. They are very inexpensive and you can keep your trash from becoming a bonanza for thieves. Shred credit card and ATM receipts, credit card offers, blank checks that come in the mail as part of a sales gimmick, old checks, anything with your Social Security number on it, medical and insurance papers you don't need, even catalogue labels on covers and on inside order forms.
- *Do* check your credit reports *at least* once a year. You can get a free credit report from each of the three agencies each year, so you can check your credit once every four months with no charge. To order a free credit report, call 877-322-8228 or go to www.annualcreditreport.com.
- *Do* check with your bank, credit union, or credit card company if your statements or bills are late.
- *Do* reduce the number of preapproved credit card offers you receive by calling 888-5OPT-OUT.
- *Do* make copies of what you carry in your purse or wallet and keep them in a safe place so you know whom to call and the account numbers at risk if you're a victim of a crime.
- *Do* use antivirus software and firewalls in your computer.

- *Haga* copias de lo que lleva en su bolsa o billetera y manténgalas en un lugar seguro para que sepa a quién llamar y los números de cuentas que pueden correr el riesgo de ser usadas si es víctima de un robo.
- *Use* en su ordenador o computadora programas antivirus y contra robos de información.
- Según el estado en que vive, puede poner un bloqueo de seguridad de su información de crédito para evitar que los ladrones abran cuentas a su nombre sin que lo sepa. Cuando bloquea su información significa que las agencias de crédito no pueden entregar sus datos sin pedirle primero permiso. Veinte estados lo permiten, otros cinco la dan si ha sido víctima de robo de identidad. Para más información sobre este tema vaya al www.consumerunion.org o a www.bankrate.com

Unas palabras sobre las tarjetas de débito

Cada vez hay más personas que usan tarjetas de crédito en lugar de efectivo o cheques. Las tarjetas de crédito ofrecen una mejor protección legal contra robos. Bajo la ley federal de crédito-imparcial, las pérdidas de sus usuarios generalmente se limitan a 50 dólares en el caso de un cargo no autorizado. Pero las de débito están regidas por diferentes leyes federales y depende de cuándo hace la denuncia. Si denuncia un cobro sospechoso en una tarjeta de débito a los dos días laborales, su pérdida se limita a 50 dólares; si lo denuncia más tarde, el límite es de 500 dólares. Después de sesenta días, el banco no está obligado a reembolsarle nada. Dado que las tarjetas de débito extraen directamente dinero de su cuenta, puede tener cheques sin fondos y cargos por tardanza mientras averigua lo que pasó con su tarjeta.

Para protegerse, no permita que nadie use su PIN, ni utilice tarjetas ATM que no pertenezcan a un banco en tiendas o cafeterías, y tenga cuidado al usarla en restaurantes y estaciones de gasolina, donde los asistentes pueden pasar su tarjeta a través de aparatos electrónicos que pueden robar información.

Otra forma de protegerse es usar su tarjeta de crédito como si fuera una de débito o un cheque y tomar nota de lo que tiene y lo que gasta en el registro del talonario de cheques. Cuando haga un

- Depending on the state in which you live, you may put a security freeze on your credit information to block thieves from opening accounts in your name without your knowledge. Placing a freeze on your credit information means credit agencies may not release that information without calling you for permission. Twenty states allow security freezes. Five others allow freezes after a consumer has become a victim of identity theft. If you want more information on this, go to www.consumersunion.org or www.bankrate.com.

A Word about Debit Cards

More people are using debit cards instead of cash or checks. But credit cards offer better legal protection from theft. Under federal fair-credit law, consumer credit card losses are generally limited to $50 in the event of an unauthorized charge. But debit cards are governed by different federal laws and depend on when you report your loss. If you report a suspicious debit card withdrawal *within* two business days, your loss is limited to $50. Losses reported *after* two days are limited to $500. After 60 days the bank doesn't have to reimburse you at all. Because debit cards take money directly from your account, you may face bounced checks and late fees while you sort out what happened to your card.

To protect yourself, don't let anyone enter or use your personal identification number (PIN), and don't use ATMs that are not attached to a bank in locations such as convenience stores or coffee shops. Keep a close eye on your card at restaurants and gas stations where attendants can swipe your card through readers that steal your information.

Another way of protecting yourself is to use your credit card as though it's a debit card or check. To keep a running total of what you have and what you're spending, use a check register. Enter your "cash" or spending money total. Then, each time you use the credit card, deduct the purchase amount from your "cash." Stop using the card when you run out of "cash" and pay your credit card bill in full every month. The key for your "cash" credit card is to avoid allowing any balance to carry from one month to another.

gasto, réstelo de la cantidad total. Deje de usar la tarjeta cuando se le acabe el efectivo y pague totalmente cada mes lo que debe en su tarjeta. La clave está en evitar acarrear un saldo de un mes a otro.

Si le roban su información financiera

Como la mayoría de las mujeres, la señora Vega lleva una bolsa, pero a diferencia de otras, no lleva de *todo* en ella. Aprendió a hacer eso tras una mala experiencia. Un día, mientras compraba verduras, alguien le sacó el monedero del bolso. Cuando llegó al mostrador para hacer el pago, se dio cuenta de que no lo tenía. Como resultado perdió su dinero, las tarjetas de crédito, la licencia de conducir, la tarjeta de débito/ATM, el talonario de cheques y la tarjeta de la biblioteca.

Llamó a su banco inmediatamente para cerrar todas sus cuentas y después a sus compañías de tarjetas de crédito. Entonces se enteró de que en menos de una hora el ladrón había usado la tarjeta en una tienda de aparatos electrónicos y cargado en ella varios miles de dólares. Este sujeto tenía ahora sus documentos principales de identidad y podía arruinar su historial de crédito. Ella debía actuar con rapidez.

Su esposo y su hijo, Pedro, la ayudaron a encontrar información y consejos en Internet (www.ftc.gov y www.idtheftcenter.com) ofrecidos por la Comisión Federal del Comercio y el Centro de Recursos contra el Robo de Identidad. Ya había contactado a su banco para cerrar sus cuentas y abrir otras nuevas. También solicitó que se les añadiera una contraseña. Buscó los números de teléfono del departamento de fraude y llamó a cada una de las tres agencias que reportan el historial de crédito para denunciar que había sido víctima de un robo de identidad. Las agencias mantuvieron la alerta durante 90 días. También ordenó copias de sus informes de crédito y obtuvo un breve resumen de su registro antes de que los ladrones comenzaran su trabajo.

Lo siguiente fue ir a la estación de policía para hacer una denuncia. Tomó una copia de ésta para sus registros y anotó el nombre del oficial que la ayudó. Con la presentación de esta denuncia, el estado de alerta de fraude se extendió a siete años. Su próximo paso fue llamar a las compañías de crédito, incluso a las de las tarjetas que no tenía en su bolso cuando le robaron. Cerró las cuentas que habían sido manipuladas y abrió nuevas, con números, contraseñas e información personal nuevos. Le pidieron que escribiera también

If Your Financial Information Is Stolen

Like most women, Mrs. Vega carries a purse. Unlike most women, Mrs. Vega does not carry *everything* in her purse. That's a lesson she learned the hard way. While she was vegetable shopping one day, someone managed to take her wallet out of her purse. When she got to the checkout stand, she realized her wallet was gone. That meant she lost her cash, credit cards, driver's license, debit/ATM card, her checkbook, and a library card.

She called her bank immediately to close her accounts and then called her credit card companies. That's when she learned that in less than one hour the thief had charged several thousand dollars in a shopping spree at an electronics store. What's more, the thief now had key documents of her identity and a way to ruin her credit. She had to move fast.

With the help of her husband and her son Pedro, Mrs. Vega used advice on the Web sites offered by the Federal Trade Commission and the Identity Theft Resource Center (www.ftc.gov and www.idtheftcenter.com). She had already called her bank to close her accounts and reopen new ones. Now she also asked that a password be added to them. She called each of the three credit reporting agencies using their fraud division phone numbers to report that she was a victim of ID theft. Those calls triggered a 90-day fraud alert at each agency. She also ordered copies of her credit reports so she had a snapshot of her credit record before the thieves went to work.

Next, she went to a police station to fill out a police report. She took a copy of it for her records and the name of the officer who helped her. By filling out the police report, Mrs. Vega would be able to extend her fraud alert for seven years. Her next step was to call the credit card companies, even those behind cards that were not in her purse. She closed accounts that had been tampered with and reopened new ones with new PINs and passwords. She was told to follow up her calls with a letter. She requested a fraud alert on accounts of credit cards that had not been in her wallet.

Then she called the Department of Motor Vehicles to put a stolen/lost license alert on file and to request a new license. If needed, she could change her license number later. Fortunately, her state does not use a Social Security number on the driver's license. Even though she did not have any cards from her retirement

una carta de denuncia. También solicitó una alerta de fraude para las cuentas de las tarjetas de crédito que no le habían robado.

Entonces, llamó al Departamento de Vehículos Motorizados (DMV) para que constara en sus registros la alerta de que su licencia había sido extraviada o perdida, y luego solicitó una nueva. Si fuera necesario, podría cambiar su número de licencia más tarde. Afortunadamente, el estado donde ella reside no imprime el número de Seguridad Social en la licencia de conducir. Aunque no tenía ninguna tarjeta de su plan de jubilación o de su corredor de bolsa de descuento, llamó a todos para avisarles que alguien le había robado su información financiera.

Finalmente, la señora Vega pudo relajarse un poco. Hizo una lista de aquellas personas a quienes tendría que llamar la mañana siguiente: la biblioteca, el supermercado donde usaba su documento de miembro, y las compañías de su seguro médico y del auto. También escribió una nota al departamento de recursos humanos de su empleador para informarle de lo sucedido y pedirle que no hicieran ningún cambio en la información de su nómina sin consultarla antes.

Afortunadamente, la señora Vega no llevaba consigo la tarjeta de la Seguridad Social o su pasaporte. Pero sabía que tendría que verificar con constancia sus registros crediticios y que ella y su esposo deberían bloquear su información de crédito como medida de seguridad. Gracias a que actuó con rapidez, le fue posible recuperar casi todo su dinero y su buena puntuación de crédito.

Recuerde: Es mejor prevenir un robo de identidad usando algunos de los consejos de este capítulo, que atravesar un mal momento, como le ocurrió a la señora Vega.

plan or her discount stockbroker, she called each of them to warn them that someone had stolen her financial information.

At last, Mrs. Vega could take a breath. She made a list of who she had to call the next morning: the library, the supermarket where she used her club card, and her car and medical insurance companies. She also made a note to tell her employer's human resources department so it would not make any changes in her payroll information without checking with her.

Fortunately, Mrs. Vega did not carry her Social Security card or her passport in her wallet. But she knew she would have to check her credit records on a regular basis, and she knew she and her husband would put a security freeze on their credit information. Because Mrs. Vega acted so quickly, she was able to keep almost all of her money and her good credit rating.

But remember, it's better to prevent financial identity theft by using some of tips in this chapter than having to go through what Mrs. Vega did to fix things after your identity is stolen.

20

El seguro: Protección financiera

La vida es difícil. Cada uno de nosotros ha encontrado sus baches por el camino: un accidente automovilístico, una enfermedad, un robo. Un modo de disminuir el dolor que causan estos contratiempos, es tener un seguro. Protege lo que nos es importante, la salud de la familia y el hogar. Lo negativo de tener un seguro es estar pagando algo que *tal vez* nunca use. Pero considérelo algo tan necesario como los bomberos; usted paga impuestos para asegurarse de que están a su alcance, aunque espera no necesitarlos nunca. Pero si ocurre un incendio, se alegrará de tenerlos allí para apagarlo.

El seguro no es una inversión, es una forma de mantener lo que tiene y reemplazar lo que pierde. Todos queremos mantener la salud, el hogar, los ahorros y la seguridad de nuestra familia, pero todas estas cosas pueden estar amenazadas por eventos inesperados: su perro muerde a un vecino que necesita miles de dólares para pagar los puntos y la cirugía reconstructiva; o le da apendicitis y necesita una operación de emergencia. Esto le costará 20.000 dólares en médicos, hospital y anestesia. La mayoría de nosotros no puede aportar esta cantidad de dinero sacándolo del presupuesto familiar. ¿Usted puede? Y si es dueño de una casa, será el blanco para aquellos que quieren el pago inmediato.

Así que tiene la opción de comprar una larga lista de pólizas de seguro: de salud, de vivienda, del automóvil, por discapacidad, de asistencia a largo plazo y de vida. La cuestión es comprar el seguro que le convenga y evitar las pólizas que no necesita. Cualquiera que sea el tipo de póliza que compre, todas son similares porque representan una apuesta entre usted y la compañía de seguros.

CHAPTER 20

Insurance: Financial Protection

Life is not painless. Every one of us hits a few bumps along its road: a car accident, an illness, a theft. One way to reduce the pain those bumps cause is to get insurance. It can protect what is important to you, such as your family's health and your home. The hope and frustration of insurance is that you *may* pay for something you'll never use. But think of insurance the way you think of the fire department. You pay taxes to make sure it's there. You hope you never need it. But if your home catches fire, you're happy the fire department is around to put it out.

Insurance is not an investment. It is a way to keep what you have and to replace what you lose. You want to keep your health, your home, your savings, and your family's security. All of these can be threatened by unexpected events. Your dog bites a neighbor, who needs several thousand dollars for stitches and reconstructive surgery. You develop gallstones and need emergency surgery. That will cost you $20,000 for the doctor, hospital, and anesthesia. Most of us can't afford that from our household budget. Could you? And if you own a home, that home is a target for those who want payment and don't want to wait for it.

So you have the option of buying a long list of insurance policies: health, homeowner's, auto, disability, long-term care, and life insurance. The trick is to buy the insurance that's right for you and to avoid policies you don't need. Whatever type of policy you buy, they are all similar because they all represent a bet between you and the insurance company.

Las compañías de seguros calculan que el riesgo económico que corren de que le suceda algo y tengan que pagarle es menor que el tiempo que pasará usted pagando la póliza. Cuando es así, ellos ganan; de lo contrario, gana usted porque el seguro pagará la mayoría de su pérdida. Aunque el seguro pague, a usted también le toca hacerlo, por eso es mejor irse a dormir sabiendo que está protegido contra pérdidas catastróficas.

Los elementos básicos de cualquier póliza de seguro son la cobertura, la prima y la deducción. *La cobertura* es lo que el seguro le promete pagar por cualquier pérdida que sufra. El costo de una póliza se llama *prima* y puede pagarla a plazos para evitar un gran pago de una sola vez. Este costo está basado en muchas cosas: su puntuación de crédito y la categoría de riesgo en que se encuentra. Una *deducción* es lo que paga para cubrir una pérdida antes de que la compañía de seguros comience a pagar. Las deducciones se indican en la póliza. Si tiene una deducción de 500 dólares en la póliza de su casa y un árbol cae sobre el techo, tendrá que abonar 500 dólares antes de que la compañía pague el saldo total de la reparación.

Administrando los costos del seguro

Cuando compra un seguro, puede bajar la prima al incrementar su deducción. Si puede darse el lujo de pagar más cuando sucede algo, puede ahorrar dinero en el costo total del seguro a largo plazo. Es una buena idea poner aparte algún dinero para cuando necesite pagar deducciones altas. En el caso de seguro de vivienda o automóvil, es también prudente evitar presentar reclamos por cada cosa pequeña que ocurra. Si una pelota se encuentra con los cristales de una ventana y la pelota gana, reemplace los cristales y no presente una reclamación. Si la grava le ralla la pintura del auto, vea si puede repararlo por una cantidad menor que su deducción, para que no tenga que recurrir a su compañía de seguros. Presentar reclamaciones legítimas es perfectamente apropiado, pero hacerlo muchas veces, digamos dos en tres años, puede alzar su prima un tercio de su valor.

Las compañías de seguros mantienen un registro de las reclamaciones sobre su vivienda. La Bolsa de Suscripción por las Pérdidas de Todo Riesgo, CLUE (Comprehensive Loss Underwriting Exchange) emite informes de cuántas y qué clases de reclamaciones de dinero se han pagado y destinado a su propiedad en particular. Si su casa tiene antecedentes de daños causados por el agua, los

Insurers calculate the risk of something happening to you and then bet that you will pay more for your policy over time than they will pay you in benefits. If they're right, they win. If they're wrong, you win because the insurance company will pay for most of your loss. However, even if they win, you win, too. That's because you will sleep better knowing you are protected from catastrophic losses.

The basic elements of any insurance policy are the coverage, the premium, and the deductible. *Coverage* is what the insurer promises to pay you for any loss you suffer. The cost of an insurance policy is called the *premium*. You can pay it in installments. That way, you don't have to come up with a big payment all at once. The cost of your policy is based on lots of things, including your credit rating and your risk group. A *deductible* is what you pay to cover a loss before your insurance company begins to pay. Deductibles are spelled out in your insurance policy. If you have a $500 deductible in your home insurance policy and a tree falls on your roof, you pay $500 toward the final repair bill before the insurance company pays the balance.

Managing Insurance Costs

When you buy insurance you can lower your premium by increasing your deductible. If you can afford to pay more when something happens, you will save money on the total cost of insurance in the long run. It is a good idea to set aside some money to pay higher deductibles when needed. In the case of home or car insurance, it's also wise to avoid filing claims for every little thing that happens. If a window meets a baseball and the baseball wins, replace the window—don't file a claim for it. If gravel chips your car's paint, see if you can have it repaired for an amount below your deductible so you don't have to go to your insurance company. Filing legitimate claims is perfectly appropriate, but filing too many claims, say two in three years, can boost your insurance premiums by more than a third.

What's more, the insurance industry keeps track of claims on your house. The Comprehensive Loss Underwriting Exchange, or CLUE, issues reports on how many and what kinds of claims have been paid on a particular house. If your home has a history of water damage, insurers may avoid offering potential buyers homeowner's insurance. If you are interested in a buying a house, you should ask

aseguradores podrían evitar ofrecer a los compradores potenciales un seguro de propiedad. Si está interesado en comprar una, debe pedirles a los vendedores que le muestren un informe sobre la vivienda antes de continuar con el contrato de compra.

MÁS

No compre demasiado. Recuerde, obtenga el seguro que necesita para protegerse financieramente como lo requiere la ley, pero evite pólizas innecesarias, tales como seguro de vida para hijos menores, garantías de extensión o contratos de servicios para auto o electrodomésticos.

El precio de su seguro también depende de la calificación de crédito. Los aseguradores dicen que las personas con puntuación alta tienen una probabilidad menor de hacer reclamaciones frívolas. A las compañías de seguros se les exige por ley que le informen si usan su puntuación para establecer la prima que paga.

Cómo comprar un seguro

Es hora de investigar el mercado otra vez. ¿Compraría un pescado malo solamente porque es barato? Seguro que no. Por lo tanto, no compre una póliza de seguro basándose sólo en el precio. Tendrá que hacer un poco de tarea. Primero, debe estar seguro de que la compañía de seguros es legítima y que mantendrá sus servicios por varios años. Para hacer esto, averigüe a través del departamento estatal de seguros o en el caso de algunas pólizas de salud, del departamento de las corporaciones, si la compañía está registrada.

Hay servicios como AM Best, Standard & Poor's, Moody's y Fitch Rating (vea el apéndice A para sitios Web en Internet), que clasifican las condiciones financieras de estas compañías. Un agente de seguros puede suministrarle las clasificaciones que estas agencias dan a cada compañía. También debe preguntar a la compañía si es una "compañía admitida," lo que significa que, si cierra, el Estado respalda las reclamaciones y primas hasta cierta cantidad.

Un seguro se vende de tres formas diferentes. Puede comprar una póliza directamente de una compañía de seguros por teléfono o a través de Internet. A veces esta forma resulta la menos costosa, pero si sabe muy poco sobre seguros y contratos, puede terminar costándole mucho. También puede comprar una póliza a través de un agente "cautivo." ¡No! ¡Un agente cautivo no está amarrado a

the sellers to show you their home's report before you go through with the deal.

Your insurance rates are also affected by your credit rating. Insurers say people who have high credit ratings are less likely to file frivolous claims. Insurance companies are required by law to tell you if your credit score is used to set the premium you pay.

MORE

Don't overdo it. Remember, get the insurance you need to have to protect yourself financially, and as required by law. But avoid unnecessary policies, such life insurance on young children, and extended warranties or service contracts on cars and appliances. It's also more economical to buy life insurance rather than mortgage protection policies.

How to Buy Insurance

It's time to think about shopping for food again. Would you buy a piece of rotten fish just because it was cheap? Of course not. So, don't buy an insurance policy on the basis of price alone. You will have to do some homework. First, you want to be sure the insurance company is a company, and that it will be in business for a while. To do that, check with your state's department of insurance, or in the case of some health policies, the department of corporations, to see if the insurer is registered.

There are the services that rate insurance companies' financial conditions. They are A. M. Best, Standard & Poor's, Moody's, and Fitch Ratings. (See Appendix A for Web sites.) An insurance agent can supply you with the ratings these agencies give each company. You should also ask the insurance company if it is an "admitted company," which means that if it fails, the state will back up claims and premiums up to a certain amount.

Insurance is sold in three different ways. You can buy a policy directly from an insurance company, by phone, or on the Internet. Sometimes that is less expensive. But if you know very little about insurance and contracts, it can end up costing you a great deal in the end. You can buy a policy from a "captive" agent. No, a captive agent is not tied to the desk. Instead, this is someone employed by an insurer who sells *only* policies from that firm, even if that policy may not be appropriate for you. Finally, you can buy insurance from

su escritorio! Es un agente de seguros empleado por una compañía que *sólo* vende pólizas para dicha compañía, aunque no sean las más apropiadas para usted. Por último, puede comprar un seguro a agentes independientes. Tienen la libertad de ofrecerle pólizas emitidas por diferentes compañías de seguros. Estos agentes pueden ayudarlo a comparar distintas pólizas y a escoger la más afín a sus necesidades.

¿Cómo seleccionar un agente independiente? Obtenga una recomendación de alguien a quien respete y que haya tenido una buena experiencia con su seguro. Si no puede encontrar a alguien, llame a Agentes y Corredores Independientes de Seguros de América o vaya al sitio Web www.iiaa.org. Averigüe a través del departamento estatal de seguros si el agente está licenciado. Es mejor que tenga de tres a cinco años de experiencia y que mantenga relaciones con varias compañías de seguros.

También es importante elegir a alguien que le haga preguntas y se tome el tiempo necesario para determinar lo que necesita. Para ayuda en español, diríjase al sitio Web de la Asociación Nacional de Comisionados de Seguros www.InsureUonline.org/espanol o escuche los anuncios en español de la radio, la TV o los periódicos.

Cuanto más busque, más sabrá, pagará menos y será menos probable que sea la víctima de un chanchullo. Compare los precios y términos de al menos tres pólizas de seguros, nunca se avergüence de hacer preguntas. Si les hace la misma pregunta a tres agentes, es más probable que comprenda la respuesta y pueda ser capaz de determinar cuál de ellos lo atiende mejor. La decisión final debe estar basada en sus necesidades y en si la póliza y el precio las reúne.

Una vez comprado el seguro, no crea que se trata de la mejor póliza que puede obtener. Es conveniente, al cabo de unos pocos años, especialmente para el seguro del automóvil, averiguar si hay otras con mejores términos y un precio más bajo.

¿Qué seguro debe comprar?

Es revelador que en Estados Unidos no sea necesario asegurar su vida o su salud, pero sí sus posesiones, tales como la casa y el automóvil. ¿Por qué? Las personas que le prestan dinero para que compre su vivienda quieren asegurarse de que, si algo le sucede a la casa, usted será capaz de pagar el préstamo. El Estado requiere seguros de automóviles para tener la certeza de que, si usted causa un accidente, pueda pagar los daños y perjuicios.

independent agents. They are free to offer you policies from several insurers. Independent agents can help you compare different policies and pick which is best for your needs.

How do you pick an independent agent? Get a recommendation from someone you respect who has had a good experience with insurance. If you can't get a recommendation, call the Independent Insurance Agents and Brokers of America or go to their Web site at www.iiaa.org. Check with your state's department of insurance to make sure the agent is licensed. It is best if an agent has three to five years of experience and relationships with several insurance companies.

It's also important to choose someone who asks you questions and who takes the time to determine what you need. If you need help in Spanish, you can go to the National Association of Insurance Commissioners' Web site at www.InsureUonline.org/espanol or stay alert for Spanish-language ads on radio and TV or in newspapers.

The more you shop around, the more you'll know, the less likely you are to be the victim of a scam, and the less you'll pay. Always compare prices and terms of at least three insurance policies. Never be ashamed to ask questions. If you ask three agents the same question, you are more likely to understand the answer, and you may be able to determine which agent will serve you best. In the end, your decision about buying insurance should be based on your needs, whether the insurance policy meets those needs, and price.

Once you buy insurance, do not assume it's the best policy you can find year after year. It's a good idea to go insurance shopping every few years, especially for car insurance, to see if you can find better terms for a lower price.

What Insurance Should You Buy?

It is revealing that in the United States you are not required to insure your life or your health, but you are required to insure your possessions, such as your home and car. Why? The people who lend you money to buy your home want to be sure that if something happens to your house, you will be able to repay the loan. And the state requires car insurance to make sure that if you cause an accident, you can pay for injuries or damages.

There is no tradition of national health insurance in the United States. In fact, even basic national health insurance for the elderly is a relatively new thing. For the most part, health insurance is available

No existe una tradición nacional sobre el seguro de la salud en Estados Unidos. De hecho, el seguro nacional básico de la salud para las personas mayores es algo relativamente nuevo. En la mayoría de los casos, este seguro está disponible a través de su trabajo si su empleador se lo ofrece y, si su familia tiene un ingreso muy bajo, el seguro puede cubrir también a sus hijos. Si no es así, usted tiene que encontrar y pagar su propio seguro. A diferencia de otros países, en Estados Unidos el seguro de vida es bastante barato.

Seguros que está *obligado* a tener

Seguro del automóvil

Todos los estados de este país exigen que tenga un seguro del automóvil y que reúna los requisitos de responsabilidad financiera. Para saber cuáles son los requisitos mínimos de cobertura de su estado de residencia, diríjase a un agente de seguros o vaya a www.carinsurance. com. Si tiene un accidente o lo para un oficial de la policía, debe mostrarle la licencia de conducir y su póliza de seguro.

Un seguro de automóvil consiste en un grupo de pólizas cuyas coberturas más comunes son:

- La parte más importante de su póliza es el seguro de responsabilidad del auto. Paga dos tipos de daños: corporal y de la propiedad. Cubre los gastos médicos de otras personas dañadas en el accidente que no tienen deducción. Sin embargo, no cubre al conductor (usted) u otras personas en su póliza. La responsabilidad también se hace cargo de reparar el daño que le causa a la propiedad de otra persona. Si puede, es prudente comprar más del mínimo de la responsabilidad a terceros que exige el estado en que reside.
- La cobertura médica paga los gastos médicos como resultado del accidente, indistintamente de quien lo causó, y se aplica a quienes consten en la póliza y en el registro del automóvil.
- La protección de motoristas no asegurados o con muy poco seguro paga el daño causado a su coche o a otros conductores que no están asegurados o tienen poco seguro. Esta cobertura se ha vuelto muy importante, porque hay muchos motoristas sin seguro que conducen ilegalmente. Puede que no la exijan todos los estados de este país.
- La cobertura por choque o colisión cubre los gastos de reparación del daño sufrido por el vehículo al chocar o al recibir un

through your job, if your employer offers it. And if your family has a very low income, you can get some health insurance for your children. Otherwise, you are responsible for finding and paying for your own health insurance. Unlike many countries, however, in the United States life insurance is quite affordable.

Insurance You *Must* Have

Auto Insurance

Every state requires that you have auto insurance or that you meet financial responsibility requirements. To find out the minimum coverage requirements in your state, you can ask an insurance agent or go to www.carinsurance.com. If you get into an accident or are stopped by a police officer, you must show your drivers' license and proof of insurance.

Auto insurance is really a collection of policies in one basket. Here are the most common types of coverage included in that basket:

- The liability piece of your auto insurance is the most important part of your policy. It pays for two types of damage: bodily injury and property damage. It covers medical expenses for others injured in the accident with no deducible. However, it does not cover you (the driver) or anyone else on your policy. Liability also takes care of repairing damage you cause to someone else's property. If possible, it is wise to buy more than the minimum liability insurance your state requires.
- Medical coverage pays medical expenses that are the result of a car accident, no matter which driver caused the wreck. This coverage applies to anyone listed on the policy and anyone else in your car.
- Uninsured and underinsured motorist protection pays for damage to your car or injuries caused by another driver who is not insured or who is underinsured. This coverage has become more important because there are so many uninsured motorists driving illegally. It may not be required in all states.
- Collision insurance pays to repair damage to your car caused whether you hit someone or someone else hits you. It is not required by the state, and it's limited to the cash value of

impacto. No es requerida por el estado y está limitada al valor en efectivo de su automóvil. Por lo tanto, si su vehículo no vale mucho, no le conviene comprarla.

- La cobertura a todo riesgo es opcional. Cubre las reparaciones o sustituciones de las partes dañadas por causas diferentes a choques, como un robo, un fuego, granizo o la caída de un árbol. Por eso, si su coche vale solamente dos mil dólares, no le conviene comprarla.

La mayoría de los estados exige hacerse responsable por el daño corporal y a la propiedad de terceros. Los seguros muestran el límite de su póliza de esta manera: 50/100/20. Estos números describen lo que pagará su seguro en caso de accidente: 50.000 dólares por daños físicos a personas excluido usted; 100.000 dólares por accidente por daño corporal y 20.000 dólares para reparar la propiedad dañada de alguien. Usted es responsable de pagar cualquier daño que supere estas cifras.

Generalmente los precios de los seguros se cotizan en base a la reclamación más grande de responsabilidad que paga la póliza y a la cobertura de seis meses. Tendrá que duplicar la cotización que le dan para saber el total que pagará por los doce meses del año. Los agentes independientes y www.insweb.com lo ayudan a encontrar uno.

Cuanto mayor sea la deducción en la póliza, menor será el monto de las primas. Otras cosas que influyen en lo que paga de seguro del automóvil son: su expediente como conductor, las millas que recorre al año, su edad, su sexo, el barrio donde reside y hasta su historial de crédito. Benefíciese de los descuentos disponibles: descuentos si su automóvil dispone de bolsas de aires, frenos antibloqueo, alarma, por haber tomado cursos especiales de tráfico o por ser buen estudiante.

Seguro de vivienda

Si tiene que pedir prestado para comprar una casa, su prestamista insistirá en que compre un seguro de propiedad de vivienda. Su casa puede ser lo más valioso que tiene. Si se quema, seguirá teniendo que pagar la hipoteca, las reparaciones o reconstrucción, más todo lo que tenga que reemplazar dentro.

El seguro de vivienda consta de dos partes. La primera asegura su vivienda y los edificios ubicados en su propiedad, los efectos personales y una parte de los gastos de alojamiento temporal mientras reparan su propiedad. Las pólizas de seguro no cubren el terreno. La segunda le cubre la responsabilidad de terceros, de

your car. So if your car isn't worth much, you don't need to buy this.

- Comprehensive coverage is also optional. It pays to repair or replace your car if damages are caused by something other than a wreck, such as theft, fire, hail, or a tree falling. Again, if your car is worth just a couple of thousand dollars, it may not be worth it to buy this coverage.

Most states require that you carry bodily injury and property damage liability. Insurers show the limits of your policy in this way: 50/100/20. Those numbers describe how much your insurer will pay in the case of an accident. In this case, the insurer will pay $50,000 toward bodily injury per person, excluding you; $100,000 per accident for bodily injury; and $20,000 to repair for someone else's property damaged per accident. You are responsible for any damages beyond those numbers.

Generally, prices are quoted based on the highest liability claim the policy pays and for coverage for six months. So you'll have to double the price quote to know the cost for the full year. Independent agents and www.insweb.com help you shop.

Again, the higher the deductible, the lower the cost of the premium. Other things that have a big impact on the cost of auto insurance include your driving record, how many miles you drive a year, your age, your gender, where you live, even your credit record. And take advantage of any discounts available. For instance, you can qualify for discounts if your car has air bags, antilock brakes, a car alarm, or if you've taken defensive driving courses or are a good student.

Home Insurance

If you have to borrow money to buy a house, your lender will insist that you buy homeowner's insurance. What's more, your home or condominium is most likely the most expensive thing you own. If it burned down, you would still owe the existing mortgage, plus what it would cost to repair or rebuild it and replace the contents.

Homeowner's insurance is divided into two parts. The first part insures your home, other buildings on your property, and personal belongings and pays you a small amount if you have to live away from

modo que si alguien sufre un daño físico en su propiedad, o un árbol, por ejemplo, daña la casa o el auto de un vecino, su seguro cubre parte de la reclamación contra usted.

Puede asegurar su casa por el valor actual de la propiedad, por el costo de reemplazar los daños hasta un límite establecido o por el costo sin límite de remplazar los daños. La póliza por el valor actual de la propiedad cubre el precio de la propiedad menos su desvalorización o pérdida de valor debido al tiempo de uso.

La póliza para reemplazo de daños cubre el costo de sustituir los bienes dañados aunque su valor suba. Los costos de propiedad y construcción han subido tanto y tan rápido que pocos aseguradores ofrecen una póliza de reemplazo con un precio asequible. Sin embargo, ofrecen reemplazar su vivienda hasta un cierto límite sobre el valor asegurado y, en algunos casos, añadir algo más, tomando en consideración los nuevos códigos sobre la construcción que hayan estado vigentes durante el tiempo que ha sido propietario de su vivienda.

Las pólizas más comunes para propietarios de vivienda cubren todos los bienes, menos los específicamente excluidos. ¡Sea prudente! Si vive a la orilla de un río, le conviene comprar un seguro para daños de inundación. Si vive en una región sísmica, le conviene comprar un seguro que cubra daños por terremotos. Si es un inquilino, le conviene comprar una póliza para proteger sus posesiones y obtener asistencia en caso de que un fuego o una catástrofe lo fuercen a abandonar su apartamento.

Generalmente ahorra unos dólares si asegura su vivienda y automóvil con la misma compañía. Asegúrese de obtener descuentos por tener alarma de fuegos y sistemas de seguridad.

El seguro que *desea*

Seguro de salud

El seguro de salud es muy costoso y difícil de obtener en Estados Unidos. En 2007, carecían de seguro 47 millones de personas. Sin él es muy caro acceder al cuidado médico que necesita, y un accidente o enfermedad podría destruirlo económicamente. El alto costo de los médicos es una de las razones principales por las que las personas se declaran en bancarrota.

Muchas personas están aseguradas, a través de su trabajo, con un plan de grupo. Por ello es importante considerar esta posible oferta, además del salario, cuando busca trabajo. Si tiene su propio negocio,

your home while it's being repaired. Insurance policies do not cover your land (*tierra*).

The other part gives you some liability insurance, so if someone falls and hurts themselves on your property, or one of your trees damages your neighbor's home or car, your insurer will help you pay the claim against you.

You can insure your home for actual cash value, for the replacement cost to a certain limit, or for the full replacement cost. Actual cash value insurance pays you for the cost of what you own, minus depreciation, that is, minus the value lost because of time and use.

A replacement policy means the insurance company pays you for the cost of replacing an item, even if its value rises. Property and building costs have risen so far so quickly that few insurers will offer a replacement policy at an affordable rate. Instead, they will offer to replace your home up to a certain limit above insured value, and in some cases tack on a bit more to account for new building codes passed during the time you've owned your home.

The most common homeowner's insurance policy protects your home from everything that isn't listed as excluded. Be careful. If you live on a riverbank, it's possible you will need to buy flood insurance. If you live in an area likely to be hit by an earthquake, you may want to buy earthquake insurance. If you are a renter, you may want to consider a renter's insurance policy to cover your possessions and provide you with assistance if you were forced out of your apartment due to a fire or catastrophe.

You may be able to save a few dollars by insuring your home and car with the same company and by making sure you get discounts for fire alarms and security systems.

Insurance You *Want*

Health Insurance

Health insurance is very expensive and difficult to get in the United States. As of 2007, 47 million people living here did not have health insurance. Without it, your options to receive the care you need are very limited and an accident or illness can destroy you financially. High medical bills are one of the main reasons people file for bankruptcy.

algunos estados le permiten acceder a un plan de grupo aunque tenga sólo un empleado. No pase por alto una empresa que le ofrezca estos planes, pues quienes no están asegurados por sus trabajos deben procurarse pólizas individuales de seguro médico.

Tener un seguro médico no garantiza la asistencia médica que necesita o el reembolso que piensa que obtendrá por el cuidado médico. Muchos doctores cada año cobran más por el simple privilegio de ser su paciente, aun antes de cobrar por sus servicios, como exámenes generales. Estos honorarios por "trato privilegiado" no están cubiertos por las pólizas de seguros. Aun teniendo el seguro, las regulaciones para usarlo se están volviendo más complicadas y los deducibles y *copagos* (cuotas fijas que se pagan por visita médica o medicinas) más caros; a este paso pronto, el acceso al cuidado de la salud sólo estará disponible para los que tienen mucho dinero o los que no tienen nada.

Los que son muy pobres pueden recibir ayuda estatal y federal a través del Medicaid (MediCal en California). También existe algo llamado Familias Saludables, que provee cuidado médico y dental para niños de familias de bajos ingresos. Si no puede pagar un seguro médico particular, trate de encontrarlo para sus hijos. Si tiene más de 65 años, podría recibir el servicio médico Medicare.

Si es joven y está saludable, puede encontrar un seguro a precio razonable, especialmente si la cobertura excluye los embarazos. Sin embargo, si sufre de alergias o cualquier otro tipo de antecedentes médicos, los costos aumentarán considerablemente. Puede optar por pólizas que ofrezcan cobertura por catástrofe que le cubren los gastos solamente si es admitido en el hospital porque tiene una enfermedad grave. Estas pólizas tienen deducciones muy altas de 3.000 a 5.000 dólares. Asegúrese de ahorrar lo suficiente como para poder pagar un tratamiento por daños no catastróficos, tales como un corte profundo, una infección o un tobillo torcido.

Muchas personas con seguro se inscriben en planes de asistencia administrada. Estos seguros ofrecen una asistencia médica limitada, por lo que pagan menos en las reclamaciones. Con planes estrictamente administrados, el agente de seguros "consulta" a doctores y especialistas para influenciar en sus decisiones acerca de los exámenes y procedimientos que se usarán de acuerdo con el costo.

Existen tres tipos principales de planes: organizaciones para el mantenimiento de la salud (HMO), organizaciones del proveedor preferido (PPO) y planes en el punto de servicio (POS). Los HMO

Most people who do have insurance have group health insurance through their employer. That is why it is important that you consider more than how much you are paid when looking for a job. If you are self-employed, some states will let you qualify for a group plan if you have just one employee. And don't overlook any industry associations that may offer group plans. Those not insured through their jobs must rely on individual health insurance policies.

But having insurance is no guarantee you will get the medical help you need or reimbursement you think you're getting for medical care. More doctors are charging individuals thousands of dollars in fees each year simply for the privilege of being their patient, even before they charge for services, such as checkups. Those "concierge" fees are not covered by health policies. Even with insurance, rules about using it are growing more complex, and deductibles and co-payments are getting bigger. If this continues, soon health care will be available only to the very poor and the very rich.

The very poor can find help through state and federally funded Medicaid (MediCal in California). There is also something called Healthy Families, which provides medical and dental care to children in low-income families. If you cannot afford health insurance for yourself, try to find it for your children. If you are eligible and over 65 years old, you can qualify for Medicare.

If you are young and very healthy, you may be able to find health insurance at a reasonable price, especially if coverage excludes pregnancy. However, if you suffer from allergies or any other preexisting conditions, costs will rise sharply. You may also opt for policies that offer catastrophic coverage, meaning they pay only if you are admitted to the hospital with a serious illness. These policies have very high deductibles, $3,000 to $5,000. Be sure you save that much so you can afford treatment for noncatastrophic injuries, such as a severe cut, infection, or sprained ankle.

Most people who have insurance enroll in managed care plans. In those, insurers limit the medical care available to you, so they pay less toward claims. And in strictly managed plans, the insurer "consults" with doctors and specialists to influence what tests and procedures are used on the basis of cost.

There are three main types of managed care plans: health maintenance organizations (HMOs), preferred provider organizations (PPOs), and point-of-service (POS) plans. HMOs provide hospital and doctor's services for prepaid premiums. You must use *only* the

le ofrecen servicios médicos y de hospital con primas pagadas con antelación. Podrá recurrir *sólo* a los médicos aprobados por la organización y deberá obtener un permiso de su doctor de cabecera para ver a un especialista. Estas pólizas son menos caras, pero también menos flexibles, excluyendo las de catástrofes.

Un PPO es un arreglo entre un empleador y un seguro de salud con incentivos para que recurra a los doctores y hospitales que haya dentro del sistema. Los incentivos incluyen deducciones y *copagos* bajos. Si lo desea, podría escoger un doctor fuera de la red, pero le costará más. Con un PPO, no necesita la aprobación de su médico para ver a un especialista.

El plan POS es conocido también como un HMO ilimitado. Este plan promueve el uso de doctores aprobados dentro de su red, pero no está restringido a este sistema solamente, ya que cubre también cuidados preventivos. La diferencia entre éste y el PPO es que con el plan del POS tiene que ver primero a su médico de cabecera para que lo refiera a un especialista; si no lo hace, le cobrarán mucho más por la visita del especialista.

Lea atentamente las regulaciones que su seguro impone, pues a veces le exigen que contacte las oficinas de su seguro para obtener permiso antes de recibir tratamientos de emergencia o ser admitido en el hospital. Confirme que tiene una póliza que le garantiza su renovación para que el seguro no se la cancele si se enferma. Por último, tenga mucho cuidado con los llamados servicios con descuentos, pues no tiene la garantía de obtenerlos y tal vez acabe pagando cuotas a cambio de nada.

Seguro de discapacidad

Igual le parece extraño que el seguro de discapacidad se considere más importante que el de vida, pero muchos consejeros financieros no piensan así. Consideran que tiene tres veces más probabilidades de quedar discapacitado que de morir antes de los 65 años. Este seguro reemplaza todo o parte de su salario mientras esté herido o enfermo. Si puede, conviene tener uno, aunque la Seguridad Social pague algo a las personas consideradas discapacitadas.

Para cobrar la Seguridad Social, tiene que ser considerado discapacitado para hacer casi cualquier tipo de trabajo. Los seguros comerciales le venden pólizas por discapacidad en dos situaciones. La cobertura cubre cuando trabaja por su cuenta y no puede realizar

approved doctors and get permission from your primary care doctor before seeing a specialist. These policies are the least expensive and least flexible health plans available, other than catastrophic policies.

A PPO is an arrangement between an employer and insurers that gives you incentives to use doctors and hospitals within a network. Incentives include lower deductibles and copayments. However, if you choose to see a doctor outside your network, you may, but you will pay more. In a PPO you do not have to get your primary doctor's approval to see a specialist.

The POS plan is also known as an open-ended HMO. That means you are encouraged to use a network of approved doctors, but are not restricted to that network only. It also covers preventive care. The difference between this and a PPO is that POS plans usually require you to go to your primary care doctor for referral to a specialist. If you chose not to, you will pay substantially more for seeing the specialist.

Be very careful to read the rules your insurer imposes. Those may include rules requiring that you call the insurer for permission to receive emergency treatment or to be admitted to the hospital. Check to see that you have a guaranteed renewable policy so the insurance company can't cancel your policy if you get sick. Finally, be extra careful about so-called discounted services. There is no guarantee you are getting a discount and you may be paying a monthly fee for nothing.

Disability Insurance

You may think it unusual that disability insurance would be listed before life insurance. But many financial advisers think it is even more important than life insurance. That's because you are three times more likely to be disabled than to die before age 65. Disability insurance replaces all or part of your income while you are injured or ill. If you can, it is a good idea to get this even though Social Security pays a small amount to those considered disabled.

Under Social Security, you must be considered disabled from doing almost any kind of work. Commercial insurers will sell you disability policies for two situations. Own-occupation coverage pays you if you are not able to do your specific job. Any-occupation disability insurance pays you if you can't do any job at all.

su trabajo específico. El seguro de discapacidad ante cualquier ocupación lo cubre si no puede hacer ningún tipo de trabajo.

MÁS

¿Cómo obtener un seguro de discapacidad? Puede comprar un seguro de discapacidad a largo plazo a través de su empleador. Antes de dejar el trabajo, averigüe si puede convertir la cobertura de discapacidad que ofrece su empleador en una individual.
Para más información sobre seguros de discapacidad, diríjase a la Asociación Americana de Seguros de la Salud en www.hiaa.org.

El costo de este seguro depende de su edad, salud, ocupación y cantidad de tiempo que está dispuesto a esperar antes de empezar a cobrar los beneficios (de 90 a 180 días). Le conviene escoger una póliza que le pague del 60 al 70 por ciento de su salario (los beneficios no se someten a impuestos). La póliza deberá garantizar su renovación y así la compañía de seguros no podrá cancelarla, aunque con una póliza renovable, las primas suben periódicamente.

Conviene que, después de haberse recuperado de la enfermedad o accidente, incluya los *beneficios restantes* para poder cobrar un porcentaje de su salario anterior en caso de que su nuevo salario sea inferior.

Seguro de vida

El seguro de vida beneficia a las personas que deja cuando usted muere. Hay dos tipos de seguros de vida: de plazo determinado y de valor en efectivo o permanentes. Las pólizas de plazo determinado duran un número específico de años, de diez a treinta. Si muere durante ese término de la póliza, sus beneficiarios reciben el valor nominal de su póliza. Éstas son las pólizas más baratas. Una póliza con un plazo de diez años para un hombre de 30 años otorga 500.000 dólares y puede costar de 81 a 117 dólares al año. Si usted no muriera durante ese plazo, el dinero que pagó en primas no se le devolvería.

Puede comprar una póliza de plazo con primas fijas o variables anualmente. Algunas se pueden renovar anualmente sin examen médico, otras lo requieren.

Las pólizas de valor en efectivo o permanentes cuestan de cuatro a nueve veces más que la de plazo. Este tipo de póliza destina una parte de su prima al seguro y la otra a inversiones, cuyo pago de impuestos queda aplazado, pero no recibe la desgravación de impuestos como con el plan

The cost of this insurance depends on your age, health, occupation, and the length of time you are willing to wait until benefits begin (90 or 180 days). You want the policy to pay you 60 to 70 percent of your income should you need it. (Benefits are not taxable.) The policy also should be guaranteed renewable so an insurer cannot cancel it. However, with a guaranteed renewable policy, premiums can be increased periodically. And you want your policy to include residual benefits. That means you will be paid a percentage of your old income if you work at a lower-paying job after your illness or accident.

MORE

Where can you get help for disability insurance? You may be able to buy long-term disability insurance through your employer. Before you leave a job, find out if you can convert disability coverage offered by your employer to an individual policy. For more information on disability insurance, check with the Health Insurance Association of America at www.hiaa.org.

Life Insurance

Life insurance pays the people you leave behind when you die. There are two types of life insurance: term and cash-value. Term policies last for a specific number of years, from 10 to 30 years. If you die during the term of your policy, your beneficiaries receive the face value of your policy. Term policies are the cheapest. A 10-year term policy for a 30-year-old man that pays $500,000 can cost anywhere from $81 to $117 dollars a year. Of course, if you don't die during the term of the policy, the money you paid toward premiums is not returned.

You can buy a level term policy with premiums that never change or a policy where the premiums rise each year. Some policies let you renew on a year-to-year basis without a medical exam. Other term policies require a medical exam.

Cash-value life insurance, sometimes sold as permanent life insurance, is about four to nine times more expensive than term life insurance. It puts part of your premium toward insurance and part toward investments, which grow tax deferred. However, you do not receive up-front tax deductions the way you do for putting money into an IRA, 401(k), or SEP-IRA (an IRA for business owners). Cash-value insurance is designed to be held for life and carry high

IRA, 401(k) o SEP-IRA (plan para propietarios de negocios). Este seguro está diseñado para ser mantenido de por vida y conlleva comisiones altas al comienzo. Si deja de pagar las primas, puede perder mucho dinero.

Hay tres tipos de seguros de valor en efectivo: completos, universales y variables. El completo tiene primas y beneficios fijos, pero los seguros no necesitan saber cuánto gana para establecer la porción de inversión de su póliza. El universal es más caro que el anterior y tiene primas y beneficios que se ajustan. Los beneficios del variable y su valor dependen de los honorarios del agente y del éxito de las inversiones que haga. Es más costoso que los dos últimos. En general, las pólizas de seguro de valor en efectivo o permanentes son una forma cara de crear riqueza, por lo tanto piénselo bien antes de comprar una. Recuerde que el seguro no es más ni menos que una forma de protegerse de una pérdida financiera grande.

Un seguro de vida: ¿Quién lo necesita?

Lo necesita, como regla básica, alguien que tenga a su cargo una o más personas. La idea de que una persona soltera no necesita seguro no se aplica entre los hispanos, pues por regla general mantienen económicamente a los miembros de la familia. Debería considerar comprar un seguro de vida si usted es:

- Una persona soltera con miembros de la familia que vivan o no en su casa, pero que dependan de usted.
- Un matrimonio con hijos.
- Una persona casada cuyo cónyuge no trabaja.
- Una ama de casa cuya ausencia significaría la necesidad de asistencia para sus hijos.
- Una persona casada cuyo cónyuge percibe un salario menor.
- Alguien con una hipoteca muy alta. (*No* compre seguro de hipoteca porque es más caro y no es necesario).

¿Quién no lo necesita?

- Los solteros que no tienen hijos o padres que dependan de ellos.
- Las parejas cuando ambos trabajan y no tienen hijos.
- Las personas mayores jubiladas que no tienen que pagar hipoteca.
- Los hijos pequeños, a menos que su sueldo mantenga a la familia (como sucedería con un actor o cantante).
- Las personas ricas con suficiente dinero para mantener al cónyuge que permanezca vivo.

up-front commissions. If you stop paying premiums, you could lose a lot of your money.

The three types of cash-value life insurance are whole, universal, and variable. Whole life has fixed benefits and premiums, but insurers are not required to tell you how much you're earning on the investment portion of your policy. Universal life policies are more expensive than whole life and have adjustable benefits and premiums. Variable life policies' benefits and value depend on the success of the insurer's investments. Their fees are higher than those charged for whole life policies. All in all, cash-value life insurance policies are an expensive way to build wealth, so think carefully before buying one. Remember, insurance is a way to protect you from serious financial loss—no more, no less.

Life Insurance: Who Needs It?

The most basic rule about life insurance is that you need it if someone else depends on you to survive. The common wisdom that a single person does not need life insurance becomes a little less wise when applied to Hispanics. That's because Latinos often help support family members financially. You should consider buying life insurance if you are:

- A single person with any family member who depends on your income, including children in a single-parent household as well as family members who may not live with you.
- A married couple with children.
- Someone married to a spouse who does not work.
- A stay-at-home mother whose death would mean the family would need child care.
- Someone whose spouse's income is much less than yours.
- Someone with a large loan on your home. (Do *not* buy mortgage insurance because it's more expensive than necessary.)

Who Does *Not Need It?*

- Single people with no children or parents who depend on them.
- Couples who both work and have no children.
- Seniors who have retired and no longer have to pay a mortgage.
- Children, unless the child's income supports a family (such as an actor or singer).
- Very wealthy people with enough income to support the remaining spouse.

¿Cuánto debe comprar? El monto de su seguro de vida dependerá de su edad. Si tiene hijos pequeños, es conveniente dejarles lo suficiente para que se mantengan y paguen sus estudios. Si tiene un cónyuge que puede trabajar pero no gana tanto como usted, le conviene dejar lo suficiente para que pueda mantener el tenor de vida que tenían cuando estaban juntos. Lo común es comprar de cinco a quince veces lo que gana al año si es joven y tiene hijos, y de cuatro a diez veces si tiene 40 años. Considere también los gastos futuros de su familia, los estudios y las emergencias.

Otros seguros

Hoy en día, todos vivimos una vida más larga, afortunadamente. Lo malo es que no siempre estamos preparados para ello. No ahorramos suficiente y no pensamos en el mañana o en que podamos caer enfermos o ser demasiado frágiles para poder mantenernos y ser autosuficientes. No nos planteamos el cuidado a largo plazo.

Este cuidado incluye cualquier servicio médico o de sustento que necesite por un período largo de tiempo. Puede incluir la estadía en una residencia de ancianos o que lo ayuden a bañarse, vestirse, hacer las compras o lavar la ropa. Éste es un hecho que nos choca. El Medicare, aunque ayuda a pagar los costos médicos de los ancianos y de los pobres, no incluye la asistencia a largo plazo, ni tampoco su estadía en una residencia para ancianos. Cubre, sin embargo, la convalecencia en un hospital por un corto plazo. Su seguro de salud tampoco lo cubre.

Para el año 2021, el promedio del costo anual por permanecer en una residencia de ancianos será de 175.000 dólares. El promedio del tiempo que se pasa en una de ellas es de dos años y medio, o sea costará aproximadamente 37 dólares por hora. A ese ritmo, sus ahorros se esfumarán rápidamente.

Pero un seguro no es la solución para todo el mundo. Si no tiene mucho dinero, lo acabaría gastando todo en primas, cuando usted podría estar en condiciones de recibir alguna ayuda del gobierno. Los muy ricos no tienen necesidad de seguros, sin embargo pueden comprar uno porque les reduce lo que tendrían que pagar de su bolsillo. Pero si pertenece a la clase media y tiene bienes que proteger para mantener a su cónyuge u otros miembros de la familia, debería buscar un seguro de asistencia a largo plazo que pueda pagar.

Debe tratar de comprar este seguro entre los 58 y los 60 años, de esta forma verá si será capaz de pagar las primas hasta que llegue

How Much Should You Buy?   The amount of life insurance you buy depends on your life. If you have young children, you want to be able to leave behind enough to support them and to pay for their education. If you have a spouse who can work but may not earn as much as you do, you'll want to leave enough so he or she can afford to maintain the lifestyle you built together. The basic rule is to buy between 5 and 15 times what you earn every year if you're young and have children, and between 4 and 10 times what you earn a year if you're over 40. Just remember to take into account your family's future living expenses, tuition, mortgage, and emergencies.

Other Insurance

More of us are living longer these days. That's the good news. The bad news is that we're not prepared to live longer. We aren't saving enough and we aren't planning for the day we can no longer take care of ourselves because we are too sick or too frail to do so. We have not considered the challenge of long-term care.

Long-term care is any medical or support service you need for a long period of time. It may include a stay in a nursing home, or something as simple as help bathing, dressing, shopping, and doing your laundry. And here's a shocking fact. Medicare, which helps pay medical costs for seniors and the poor, does not cover long-term care. Except for paying for a short period in a convalescent hospital, Medicare will not cover your stay in a nursing home. Your health insurance won't cover that either.

By the year 2021, the average yearly cost of staying in a nursing home is expected to be $175,000. The average time spent in a nursing home is two and a half years. Home care averages $37 an hour. At that rate, it won't take long until every dime you've saved is gone.

But insurance isn't the solution for everyone. If you have very little wealth, you would spend it all on premiums, and you'll probably qualify for some help from the government. The very wealthy may not need the insurance, but may buy it because it reduces what they have to pay out of pocket. But if you are in the middle, and have some wealth you need to protect for the survival of your spouse or other family members, you should look into what level of long-term care insurance you can afford.

You should try to buy long-term care insurance between the time you are between 58 and 60 years old. That way, you have a sense of

a los 84, aunque nadie lo fuerce a pagar primas más altas. ¿Cuánto cuesta el cuidado de la salud a largo plazo? Las primas son de 2.000 a 7.000 dólares al año según su edad, y tenga en cuenta que irán aumentando con el paso de los años. Benefíciese de los descuentos que pueda obtener. La cobertura de grupo de su empleador puede no proveer lo que necesita para el futuro.

Busque planes que sean lo suficientemente flexibles para que pueda obtener asistencia en casa. Vea los Programas de Asociaciones Estatales que ayudan a pagar seguros a largo plazo. Determine cuánto puede pagar antes de que comience la póliza en el llamado período de eliminación. Si sus gastos médicos y primas superan el 7,5 por ciento de su ingreso bruto ajustado, puede desgravar estas primas de sus impuestos. Si trabaja por su cuenta, también podrá desgravar parte de estas primas. Necesita comprender bien el grado de discapacidad que debe tener para que se le apliquen los beneficios.

Por último, sea un consumidor prudente y antes de comprar un seguro de largo plazo, pregunte por cuánto tiempo la compañía ha estado vendiendo estas pólizas. Compruebe que tenga al menos diez años de experiencia. Pregunte con qué frecuencia aumenta los precios, en qué estados ofrece sus pólizas y si está certificada por la Asociación Estándar de Seguros de Mercado.

whether you can afford to pay the premiums until you're 84 years old, but you won't be forced to pay the highest premiums. What does long-term health care cost? Premiums run $2,000 to $7,000 a year depending on your age. Remember that premiums are likely to increase over the years, and plan for that. Take advantage of any discounts you can get. However, group coverage from your employer may not provide what you need in the long run.

Look for plans that are flexible enough that you can get care at home. Look into state partnership programs that can help you afford long-term care insurance. Determine how long you can afford care before the policy kicks in. That's called the elimination period. If your medical expenses and premiums are more than 7.5 percent of your adjusted gross income, you can qualify for a tax deduction on your premiums. If you are self-employed, you may also deduct some of the cost of your premiums. You also need to be very sure you understand how incapacitated you need to be before your benefits begin.

Finally, be a wise consumer when buying long-term care insurance. Ask how long the company has been selling these policies. Look for 10 years' experience. Ask how often the firm has had a rate increase, in which states it offers policies, and whether the firm is certified by the Insurance Marketplace Standard Association.

21

Los impuestos: Otra cuestión financiera de la vida

Uno de los padres fundadores de esta nación, Benjamin Franklin, dijo una vez, "...en este mundo nada se puede decir que sea cierto, excepto la muerte y los impuestos." Aunque desearíamos que fuera lo contrario, esta afirmación es verdadera. Pero siendo prácticos, los impuestos son la forma de pagar la construcción de carreteras, alcantarillas y escuelas que todos usamos. En general, las personas que viven en Estados Unidos pagan voluntariamente los impuestos porque comprenden que el gobierno está orientado al bien común.

En este país, en términos generales, cuanto más dinero se gana, más impuestos se pagan. Parece simple, pero nuestras normas fiscales se han vuelto complicadas. En 2006, el 60 por ciento de los contribuyentes eligieron emplear a otros o usar programas para la declaración de impuestos que los ayudaran a rellenar todos sus formularios correctamente. Este capítulo no pretende explicar el código de los impuestos, sino lo básico. Es importante que encuentre a alguien calificado que lo ayude a declarar sus impuestos. Tiene cantidad de opciones, muchas de ellas, gratuitas.

Pagando lo justo

Es posible que escape de pagar los impuestos que debe, por un período. Pero así como el tiempo transcurre, la cantidad que debe aumenta y el riesgo de ser atrapado, también. Si lo agarran,

21

Taxes: Another Financial Fact of Life

Benjamin Franklin, one of this nation's founding fathers, once said, "...in this world nothing can be said to be certain, except death and taxes." As much as we might hope otherwise, that's true. But to be practical, taxes are how we pay for the roads, sewers, and schools we all use. For the most part, people who live in the United States pay taxes voluntarily because they understand that the government is established and conducted in the interests of the public, for the common good.

In general, in the United States, the more money you earn, the more taxes you pay. It sounds simple, but our tax laws have become extremely complicated. In 2006, 60 percent of taxpayers chose to hire others or to use tax preparation software to help them fill out all the tax forms correctly. This chapter will not explain the tax code, just some basics. So it's important that you find someone qualified to help you with your taxes. You have a lot of options, many of them free.

Paying Your Fair Share

It is possible to escape paying the taxes you owe—for a while. But as time passes and the amount you owe increases, your risk of getting caught grows. If you get caught, the government can file civil or criminal charges against you. That's the downside.

el gobierno puede presentar demandas civiles y criminales contra usted. Éste es el aspecto negativo.

La ventaja de presentar y pagar sus impuestos cada año, además de contribuir a la salud financiera del país, es que lo ayuda a asegurarse de que se le acrediten con exactitud los impuestos deducidos de su salario para su Seguridad Social. De esta forma, cobrará sus beneficios para cuando sea mayor y los necesite. El Servicio Ejecutivo de Inmigración y Aduanas (ICE), anteriormente conocido como el INS, puede pedir a los emigrantes hispanos que esperan solicitar la ciudadanía estadounidense que presenten sus declaraciones de impuestos como parte del proceso para obtener la ciudadanía.

Así que, si no ha presentado su declaración y pagado sus impuestos, aquí le damos algunos consejos. Contacte al IRS antes de que ellos lo llamen a usted. El IRS no penaliza a las personas que se presentan voluntariamente. Algunos profesionales del IRS proponen encontrar con usted una cifra razonable de los impuestos que debe, basándose en la documentación que haya disponible.

❧

MÁS

¿Notary o notario? En la mayor parte de América Latina y particularmente en México, un notario *es un abogado. En Estados Unidos, un* notario *es una persona que presta testimonio y verifica las firmas en documentos legales.* No los confunda. *Esto significa que un notario en Estados Unidos no es necesariamente un especialista en impuestos, un abogado fiscal, un Contable Público Certificado, un agente registrado o una persona acreditada para prepararlos. Si su intención es emplear a alguien para que le haga la declaración de renta o de impuestos o lo represente como un abogado fiscal, asegúrese de que esté calificado.*

La agencia del IRS no tiene un programa que le permita compartir información con oficiales de inmigración, excepto en dos casos: si se sospecha que usted está involucrado con el terrorismo o si es el objetivo de una investigación criminal; por lo demás, no mantiene un registro de quién esta legal o no en el país. Según las palabras del comisionado del IRS, Mark Everson, el trabajo del IRS "es asegurarse de que todo aquel que recibe un ingreso dentro de nuestras fronteras pague la parte correspondiente de impuestos." Ésta es su única responsabilidad. Otra cosa más, *no necesita un número de Seguridad Social para pagar los impuestos;* puede usar en su lugar un *número de identificación individual para el contribuyente (ITIN).*

The upside of filing and paying your taxes every year, besides contributing to the country's financial health, is that it helps you make sure you are credited accurately for Social Security taxes withheld from your paycheck. That way your old-age benefits are there when you need them. And for Hispanic immigrants who hope to apply for U.S. citizenship, the Immigration and Customs Enforcement Services (ICE), formerly the Immigration and Naturalization Service (INS), may ask for your tax returns as part of your naturalization process.

So, if you haven't filed and paid your taxes, here's some advice: Call the Internal Revenue Service (IRS) before they call you. The IRS does not punish people who come forward voluntarily. Any number of IRS professionals insist they will work with you to come up with a reasonable estimate of taxes you owe based on the records available.

What's more, the IRS does not have a program to share information with immigration officials. There are two exceptions to this: if you are suspected of being involved in terrorism or if you are the target of a criminal investigation. It does not keep records of who is here legally and who is not. In the words of IRS Commissioner Mark Everson, the IRS's job "is to make sure that everyone who earns income within our borders pays the proper amount of taxes." And that is all the IRS is responsible for doing. What's more, *you do not need a Social Security number to pay taxes.* Instead of using a Social Security number to file a tax return, you can use *an individual taxpayer identification number (ITIN).*

The IRS gives ITINs to noncitizens who are required to have a taxpayer identification number, but who are not eligible for a Social Security number. That includes people who live here, but who support themselves through investment income, or a spouse

MORE

Notary or notario? In much of Latin America and in Mexico, a notario *is often an attorney. In the United States, a* notary *is a person who witnesses and confirms signatures on legal documents.* Do not *get the two confused. That means that a notary in the United States is not necessarily a tax specialist, tax attorney, a certified public accountant, an enrolled agent, or an accredited tax preparer. If you intend to hire someone to do your taxes or represent you as a tax attorney, be sure they are qualified.*

El IRS provee números de identificación individual a los extranjeros que lo necesitan, pero que no tienen derecho a un número de Seguridad Social. Es el caso de personas que viven aquí, pero que se mantienen con ganancias de inversiones, o que no son ciudadanos y no trabajan en Estados Unidos pero están casadas o dependen de su cónyuge.

Un ITIN es un número de nueve dígitos que siempre comienza con un 9. No es válido para ninguna otra cosa sino para los impuestos. Para obtenerlo, tiene que presentar dos documentos que puede escoger entre una lista de trece documentos. Hay un formulario especial llamado W-7 para obtener un ITIN. Si necesita asistencia para rellenar uno de estos formularios, puede llamar al IRS al 800-829-1040. Puede mandar el formulario W-7 por correo, presentarlo en uno de los Centros de Asistencia al Contribuyente o darlo a un Agente de Aceptación. El IRS tiene una lista de estos agentes en la Web www.irs.gov.

Asistencia gratuita para los contribuyentes

El Servicio de Rentas Internas (IRS), la agencia que lleva a cabo las regulaciones de las rentas o impuestos en Estados Unidos, ofrece varios programas gratuitos para ayudarlo a presentar la declaración anual. A partir de 2007, si gana 39.000 dólares o menos, puede usar el programa de voluntarios de asistencia para la declaración de renta o impuestos, llamada el Volunteer Income Tax Assistance program (VITA). Los voluntarios del VITA están entrenados para preparar declaraciones básicas en las distintas comunidades a través del país. Generalmente trabajan con grupos comunitarios en centros de la comunidad, escuelas y centros comerciales, y en su mayoría son bilingües. Para encontrar un programa VITA cerca de donde vive, llame al 800-829-1040.

El IRS también patrocina el Programa de Consejería sobre Impuestos para las Personas de la Tercera Edad. Los voluntarios entrenados que provienen de organizaciones sin fines de lucro ayudan a las personas mayores de 60 años a hacer la declaración de renta. Este programa también apoya al servicio de consejos de la Asociación Americana para Personas Jubiladas que necesitan asistencia para hacer la declaración. Para encontrar más información sobre el TCE, llame al 800-829-1040. Para información sobre el Programa de Asistencia del AARP, llame al 888-227-7669.

or dependent who is a noncitizen and does not work in the United States.

An ITIN is a nine-digit number that always begins with the number nine. It is not a valid identification number for anything other than taxes. You need two types of documents from a list of 13 to get one. There is a special form to get an ITIN called the W-7. If you need help filling it out, you can call the IRS at 800-829-1040. You can file the W-7 form by mail, in person at IRS Taxpayer Assistance Centers, or with an Acceptance Agent. (This is per the IRS.) The IRS has a list of authorized Acceptance Agents on its Web site, www.irs.gov.

Free Help for Taxpayers

The IRS, the agency that carries out U.S. tax policy, offers several free programs to help you file your taxes. As of early 2007, if you earn $39,000 or less, you can use the Volunteer Income Tax Assistance (VITA) program. VITA volunteers are trained to prepare basic tax returns in communities across the country. They generally work with community groups out of community centers, schools, and shopping malls, and are often bilingual. To find the VITA program where you live, call 800-829-1040.

The IRS also sponsors the Tax Counseling for the Elderly (TCE) program. Again, trained volunteers from nonprofit groups help people over 60 with basic income tax preparation. This program also supports the AARP's Tax-Aide counseling service. To find out more about TCE, call 800-829-1040. For information on AARP's Tax-Aide program, call 888-227-7669. The Armed Forces Tax Council and the IRS provide members of the military and their families free tax preparation help at offices where they are stationed.

If you make up to $52,000 as of early 2007, you can use the File Free program. The IRS and 20 private software firms provide free tax preparation software. You can find that on the IRS Web site, www.irs.gov. Two of the companies are offering Free File in Spanish. Some firms offer free software for state income taxes as well.

If your income is higher than $52,000, congratulations. But you may have to pay a small amount to get help preparing your taxes. If you use a computer, one alternative is to use tax preparation

El Consejo sobre la Renta de las Fuerzas Armadas y el IRS proveen a los miembros del ejército y a sus familiares, en las oficinas de su localidad, asistencia gratuita para la declaración de renta.

Si gana menos de 52.000 dólares, a partir de 2007, podrá utilizar el Programa de Presentación Gratuita. El IRS y otras veinte firmas privadas proveen programas o software gratuitos para la preparación de la declaración de renta.

Si gana más de 52.000 dólares, ¡felicitaciones! Pero tal vez tenga que pagar algo para que lo asistan a preparar la declaración. Otra posibilidad es usar un programa o software especial para hacer la declaración. Hay dos tipos de programas: para computadora personal o de Internet. Una vez rellenados sus formularios de impuestos por Internet, puede enviarlos por esa misma vía, o si le parece más seguro, puede imprimirlos y enviarlos por correo al IRS.

Si le gusta utilizar Internet, puede recurrir a programas que lo ayuden a calcular sus impuestos, y luego presentarlos enviando los formularios por Internet; algunos programas cobran un cuota por procesarlos, otros no. Los dos paquetes de software más populares también ofrecen programas a bajo costo a través de Internet para personas que presentan declaraciones sencillas como el 1040-EZ. A propósito, a partir de la declaración de 2006, puede pedirle al IRS que deposite electrónicamente su reembolso en tres cuentas diferentes, incluyendo las de ahorro para la jubilación. Estos dos paquetes no le permiten hacer esto directamente; si busca, tal vez encuentre un programa menos conocido que permita hacer los depósitos electrónicamente en su cuenta bancaria.

Buscando una persona que me haga la declaración de renta

Si está experimentando cambios fundamentales en su vida, es dueño de un negocio, de inversiones, de propiedad en alquiler o simplemente no puede llevar la cuenta de tantas reglas, busque a alguien que lo ayude a preparar su declaración de renta. Existen especialistas en impuestos con diferentes costos y calificaciones. Pero tenga en cuenta que si desea obtener buenos consejos, necesita uno bueno y tiene que estar dispuesto a pagarlo. Usted es el responsable legal del contenido de su declaración aunque la haya preparado alguien diferente. Le conviene pagar más hoy por buenos consejos, que gastar mucho mañana por obtenerlos malos.

software. There are two types: desktop programs and online programs. If you are not comfortable sending your tax forms over the Internet, you can use desktop programs to do the work within your computer, print the filled-out forms, then mail them to the IRS.

If you are comfortable doing business online, you can use programs that help you calculate your taxes, and then file your tax forms over the Internet. Some include the fee for filing your forms. Some do not. The two most popular tax software packages also offer low-cost online programs for people who file simple tax returns, such as the 1040-EZ. By the way, starting with 2006 tax returns, you can ask the IRS to electronically deposit your refund into three different accounts, including retirement savings accounts. These two software packages do not allow that, so you may want to search for a slightly less popular program that will.

Finding a Tax Preparer

If you are experiencing major changes in your life; own a business, investments, or rental property; or just can't deal with lots of rules, find someone to help you with your taxes. There are tax specialists available at various price levels and with various qualifications. But first, remember this: If you want good advice, you need a good adviser. And you need to be willing to pay for it. In the end, you are legally responsible for what's on your tax return, even if someone else prepares it. If you don't pay for good advice now, the results of bad advice will cost you much more later.

No one is asking you to pay inflated prices for tax preparation. But using someone who gives advice while cutting hair, or who shows up once a year and then leaves town, or who calls you to pitch a tax service "that will double your money" is not a good idea.

How do you find a qualified tax adviser? First, determine your needs. If you have simple needs, find an accredited tax preparer. These people are not licensed, but have earned their accreditation by completing a basic tax preparation course given by the National Endowment for Financial Education. Enrolled agents stand on the next rung up the ladder. They are capable of handling complex tax returns. They are approved by the IRS to represent you during an audit. Enrolled agents pass a two-day exam on federal taxes, go

Nadie le está pidiendo que pague precios exorbitantes para obtenerlos. Recurrir a alguien que le da consejos mientras le corta el pelo, o que ve una vez al año, o que lo llama para venderle un servicio "que duplicará su dinero," no es una buena idea.

¿Cómo encuentra a alguien calificado? Primero, determine sus necesidades. Si son simples, busque un contable o agente acreditado que pueda hacerlo. Algunos contables no están licenciados, pero han obtenido su titulación tomando cursos sobre la preparación básica de impuestos dados por la Fundación Nacional sobre la Educación Financiera. Los agentes registrados están en una categoría más alta y son capaces de preparar declaraciones complicadas. Están aprobados por el IRS para representarlo durante una auditoría. Estos agentes pasan un examen sobre impuestos federales de dos días, se les hace una investigación sobre sus antecedentes y se les exige que se mantengan constantemente al día.

Los Contables Públicos Certificados, llamados CPA, tratan de forma rutinaria temas complicados fiscales. Son especialmente útiles si es dueño de un negocio o propiedades que producen ingresos y también lo representan si lo llaman para una auditoría. Tienen que asistir a 150 horas de clases de contabilidad en una universidad o instituto, pasar un examen muy difícil para probar que están calificados para hacer su trabajo y someterse a 40 horas de cursos de actualización cada año. Sus honorarios serán más altos que los de las personas que preparan los impuestos o los agentes registrados, pero menos que los de los abogados. Estos últimos se concentran en temas legales complicados e impuestos, incluyendo casos en la Corte y la venta de un negocio. Pueden cobrarle cientos de dólares por una hora.

Escogiendo al mejor

Ahora que sabe la clase de ayuda de que dispone, vamos a darle algunas directrices (válidas también con otras profesiones) para que encuentre a la persona competente.

- Pregunte a las personas que respeta a quién usan para que les prepare sus impuestos. Pregunte a su empleador, su clérigo, su doctor, su dentista, su gerente bancario, al director de la escuela de su hijo, o a cualquiera que piense puede informarle sobre el tema.

through a background check, and are required to take continuing education courses.

Certified public accountants (CPAs) routinely handle complicated tax issues and are especially helpful if you own a business or income property. They also represent you if you are audited. They must complete 150 hours of accounting classes at a university or college, pass a very difficult exam to prove they are qualified to do their jobs, and undergo 40 hours of continuing education each year. Their fees will be higher than tax preparers or enrolled agents, but lower than those of tax attorneys. Tax attorneys focus

Picking the Best Person

Now that you know what kind of tax help you can get, here are some guidelines to finding the best person for you. By the way, some of these tips apply to any professional you hire, whether for taxes, financial planning, or insurance.

- Ask people you respect who they use to prepare their taxes. Ask your boss, your pastor, your doctor, your dentist, your bank manager, your child's school principal, anyone you think could bring some knowledge to the subject that you don't have.
- Look for a tax preparer *before* tax season so you have time to shop around. Ask for the names of clients so you can check to see if they were satisfied.
- Make sure the person you hire to do your taxes does the job full time, not as a side business at the beauty parlor.
- Check their credentials. If you can't do that, ask someone else to help you. And check with the Better Business Bureau to see if they have a record of complaints.
- Ask them about fees. Avoid people who guarantee results or base their fees on a percentage of the refund.
- Interview candidates briefly, and listen to the questions they ask you. Do they treat you with respect when you talk to them?
- Make sure your preparer agrees to sign the return and give you a copy.
- *Never* sign a blank return, and *never* sign in pencil.

- Póngase a buscar a dicha persona con tiempo y *antes* de la temporada de impuestos. Pregúntele los nombres de sus clientes para averiguar con ellos si quedaron satisfechos de sus servicios.
- Asegúrese de que la persona a quien contrata para hacer sus impuestos se dedica a ello, y no es sólo para él o ella una actividad extra en el salón de belleza.
- Verifique su licencia o titulación. Si no puede hacerlo, pídale ayuda a alguien y averigüe a través de la Oficina de Mejores Negocios si existen informes de quejas.
- Pregúnteles cuánto son sus honorarios. Evite a las personas que le garantizan resultados o basan sus honorarios dependiendo de un porcentaje sobre su reembolso.
- Entreviste brevemente a los candidatos y escuche las preguntas que le hacen. ¿Lo tratan con respeto cuando les habla?
- Asegúrese de que la persona que le prepara los impuestos está de acuerdo en firmar la declaración y le da una copia.
- *Nunca* firme una declaración en blanco, *ni* con lápiz.

Hablando de impuestos

Antes de rellenar los formularios y pagarlos, le conviene comprender unos cuantos conceptos simples. El impuesto principal en Estados Unidos es el impuesto federal. Muchos estados tienen requisitos sobre los impuestos, de hecho, en algunas ciudades, como la de Nueva York, hasta los instituye. En Estados Unidos pagamos diferentes clases de impuestos: sobre cada cosa que compramos, sobre la propiedad y sobre los artículos de uso y consumo.

Existe la llamada FICA o Acta Federal del Seguro de las Contribuciones. Si recibe un pago de salario regular, verá que una gran parte va al FICA. Esa porción se acumula para los beneficios de la Seguridad Social y del Medicare para los mayores de 65 años. Su empleador paga la mitad del FICA y usted la otra mitad. Si tiene su propio negocio, lo paga todo.

Éstas son algunas de las palabras que también necesita conocer:

- *Estado civil para la declaración* es la manera como el IRS determina si tiene que presentar una declaración de renta y cuál será su desgravación fiscal estándar. Existen cinco categorías: soltero, cabeza de familia (soltero), casado, declaración conjunta o por separado, viuda/viudo con un hijo que es dependiente.

on complicated legal and taxation issues, including court cases and the sale of a business. They may charge hundreds of dollars per hour.

Talking Tax

Before you can fill out your tax forms and pay your taxes, it helps to understand a few simple concepts. The main tax in the United States is the federal income tax. Many states have income tax requirements. In fact, even some cities, such as New York City, impose income taxes. There are lots of other kinds of taxes we pay in the United States. We pay sales taxes on almost everything we buy, as well as property taxes and excise taxes.

Then there's something called FICA, or the Federal Insurance Contributions Act. If you get a regular paycheck, you'll see that a big chunk of it goes to FICA. That chunk goes to support Social Security benefits and Medicare benefits for people over 65. Your employer pays half of FICA and you pay the other half. If you are self-employed, you pay it all.

There are some words you need to know as well:

- *Filing status.* That's how the IRS determines whether you have to file a tax return and what your standard deduction will be. There are five categories: single; head of household (single); married, filing jointly; married, filing separately; qualifying widow/widower with a child who is dependent on you.
- *Deductions* are expenses that can be subtracted from your income. When you "take a deduction," it lowers your income, and that reduces the amount of income tax you owe by a certain percentage. There are three kinds of deductions. A standard deduction is a flat subtraction you make based on your filing status. An itemized deduction is a specific subtraction you make from your income for items such as contributions to charity and mortgage interest. The third type of deduction is called an adjustment, which you can claim even if you don't itemize, along with your standard deduction. Adjustments include certain contributions to an IRA, student loan interest, alimony you pay, and moving expenses.

- Las *desgravaciones fiscales* son los gastos que puede desgravar de sus ingresos. Cuando "tiene una desgravación" disminuye su ingreso y esto reduce un poco la cantidad de impuestos total que debe. Hay tres clases de desgravaciones fiscales: una estándar, que es una desgravación fija basada en su estado civil; una detallada, que es una sustracción específica que hace de sus ingresos por gastos tales como contribuciones benéficas o intereses hipotecarios; la tercera se llama desgravación fiscal de ajuste, que puede presentar aunque no lo detalle en la desgravación estándar. Los ajustes fiscales incluyen ciertas contribuciones para el IRA, el interés por un préstamo de estudiante, la pensión que paga y los gastos por mudanza.

- Una *exención fiscal* es una desgravación que no está relacionada con los gastos o con su estado civil, es simplemente una cantidad que la ley de impuestos le permite desgravar de su ingreso. Hay dos clases de exención fiscal: la exención personal, que es la cantidad que puede desgravar por usted y su cónyuge; y la exención por un dependiente si tiene dependientes, hijos o familiares, reconocidos como tales, que viven con usted. Los hijos se consideran dependientes si son estudiantes, menores de 24 años y reúnen ciertos criterios.

- Un *crédito fiscal* es una reducción dólar-por-dólar de los impuestos que paga y que disminuye los impuestos más que las otras desgravaciones fiscales. Los que están disponibles incluyen crédito del ingreso ganado, de estudios, por hijos, por gastos para el cuidado de hijos, de dependientes y de personas adoptadas.

- Su *ingreso bruto* es el ingreso total que se puede gravar *antes* de que reste las desgravaciones fiscales, exenciones y otros ajustes. *El ingreso bruto ajustado* o AGI es todo su ingreso incluyendo el salario, las propinas, los intereses que se pueden gravar menos "los ajustes permitidos" y no toma en consideración ninguna desgravación o exenciones fiscales. Por último, se encuentra *el ingreso gravable*, que se determina al sustraer el importe de desgravaciones y exenciones fiscales de su AGI. (¡No me culpe si es complicado. Yo no escribí las leyes fiscales!).

- *Un tramo fiscal* es una de los cinco niveles de ingresos establecidos por las leyes fiscales. Cada escala conlleva su propio gravamen. Generalmente, mientras más alto sea su nivel de ingresos, más alto es su gravamen.

- La *Alternativa del Impuesto Mínimo* o el llamado AMT es un segundo sistema fiscal federal paralelo a las leyes fiscales tradicionales.

- An *exemption* is a deduction not related to expenses or your filing status. It's simply an amount the tax law lets you subtract from your income. There are two kinds. The personal exemption is the amount you can subtract for yourself or your spouse. The exemption for a dependent is what you subtract if you live with a "qualifying" child or relative. Children can be named as dependents if they are students, under 24 years old, and meet certain tests.

- A *tax credit* is a dollar-for-dollar reduction in the taxes you pay. Tax credits reduce your tax bill by more than deductions do. Tax credits available include earned income credit, education credit, child tax credit, child and dependent care expenses credit (day care), and adoption credit.

- Your *gross income* is your total taxable income *before* you subtract deductions, exemptions, or other adjustments. *Adjusted gross income*, or AGI, is all of your income including salary, tips, and taxable interest, minus "allowable adjustments." It does *not* take into account any deductions or exemptions. Finally, there is *taxable income*. That's determined by subtracting the amount of deductions and exemptions from your AGI. (Don't blame me. I didn't write the tax laws.)

- A *tax bracket* is one of five income levels established by tax law. Each bracket carries its own income tax rate. Generally, the higher your income level is, the higher your tax rate is.

- The *alternative minimum tax* (AMT) is a second federal tax system that is parallel to traditional tax law. It's often called a secret tax. Here's why. You must calculate what you owe under traditional tax law, and what you might owe under the AMT—*and then pay the higher amount*. It was supposed to keep the very rich from avoiding all taxes. But it was never indexed for inflation and now snags people making around $100,000 or less, if they have three children and live in states with high income taxes.

- A *refund* is money the IRS returns to a taxpayer who pays too much tax. This happens primarily because U.S. tax laws are so complex that citizens are unable to avoid paying more than they have to without paying too little. Some people think this is a good way to save money. It's not. When you send too much

Generalmente se llama el impuesto secreto porque tiene que calcular cuánto debe bajo la ley tradicional y lo que pudiera deber bajo el AMT, *y entonces pagar la cantidad mayor.* Fue creado para que los ricos pudieran evadir el pago de impuestos, pero nunca fue regulado tomando en consideración la inflación, y ahora afecta a las personas que ganan aproximadamente 100.000 o menos si tienen tres hijos y viven en estados con impuestos altos.

- Un *reembolso* es el dinero que el IRS le devuelve al contribuyente que pagó demasiado. Esto sucede porque las leyes fiscales en Estados Unidos son tan complejas que los ciudadanos no pueden evitar pagar más de lo que deben por no quedarse cortos al final. Algunas personas piensan que es una buena manera de ahorrar, pero no lo es. Cuando paga demasiado dinero al IRS, está dándole al gobierno básicamente un préstamo sin interés.

- Después está la *auditoría*, que es un examen de sus registros para determinar si declaró la renta correcta y pagó lo apropiado al IRS. Puede ser auditado años después de haber presentado su declaración de renta. Si el IRS encuentra una diferencia entre lo que declaró que debe en impuestos y lo que sus registros indican, puede estar obligado a pagar la diferencia más interés y multas. La mayoría de las personas no está sujeta a una auditoría. Pero es conveniente hacer su declaración con la prudencia necesaria para evitarlo.

MÁS

Aprenda el lenguaje de los impuestos. El IRS emite un glosario de las palabras que usa en inglés y español a través de la Publicación 850. Puede ordenarla llamando al 800-829-477.

El IRS puede hacer una auditoría de sus declaraciones dentro de tres años, aunque existen excepciones. Si no declara un cuarto de su ingreso, el IRS puede esperar seis años antes de hacerle una auditoría a sus documentos. Si reclama una pérdida por acciones sin valor o una mala deuda, el IRS puede investigar sus registros durante siete años. Si no presenta una declaración o hace una fraudulenta, IRS puede auditarlo en un plazo de tiempo ilimitado.

money to the IRS, you are essentially giving the government an interest-free loan.

- And then there is the *audit*. This is an examination of your records to determine whether you declared the correct amount of income and paid the appropriate amount of taxes to the IRS. You can be audited years after you file your tax return. If the IRS finds a difference between what you claimed you owed in taxes and what your records indicate you owed, you can be found liable for the difference, plus interest and penalties. Most people are not audited. But it's a good idea to handle your taxes as though you might be.

The IRS can audit your return within three years. There are exceptions. If you fail to report one-fourth of your income, the IRS can wait six years before auditing your tax papers. If you claim a loss from worthless stock or a bad debt, it has as long as seven years to go back over your records. There is *no* limit on how long they have to audit you if you fail to file a return or file a fraudulent return.

MORE

The IRS produces an English-Spanish glossary of words it uses in IRS Publication 850. To learn tax talk, you may order it by calling 800-829-4477.

Papers You Need to Keep

You need records of your income and of anything that can be part of an exemption, deduction, tax credit, or adjustment to verify what you tell the IRS in your tax return. It's not hard to do at all. If you get a paycheck, put the stub into a folder. If you pay a tax preparer, put the receipt into another folder. The first folder is a record of income. The second folder holds records of deductible expenses. Here is a list of records that will help you complete your tax return:

- Keep copies of your actual tax forms indefinitely. They are required when you apply for a home loan, insurance, or financial aid.

Papeles que debe guardar

Necesita los comprobantes de sus ingresos y de todo lo que pueda ser considerado una exención, desgravación, crédito o ajuste fiscales para confirmar la información que da al IRS en su declaración de impuestos. No es difícil hacer esto: Cuando reciba un pago de su salario, guarde su recibo de pago en una carpeta. Si le paga a una persona por prepararle los impuestos, guarde el recibo en otra carpeta. En la primera, archive los registros de los ingresos, y en la segunda, conserve los de los gastos que se pueden desgravar. A continuación, le damos una lista de consejos sobre la declaración de renta:

- Mantenga indefinidamente las copias de los formularios de impuestos actuales. Se las piden cuando solicita un préstamo para una casa, un seguro o ayuda financiera.
- Mantenga los registros de cada declaración de renta por lo menos tres años. Esto incluye los formularios W-2 de su empleador, el 1099 que muestra lo que gana de interés, dividendos, ingreso por la jubilación y los recibos de pago de su salario.

- Mantenga registradas las inversiones a largo plazo y los bienes mientras los tenga durante tres años o después de venderlos. Guarde los documentos de compra, de arreglos y reparaciones de su vivienda y de todos los bienes raíces que posea, y los comprobantes de compra o venta de acciones, bonos o fondos de inversión con sus fechas respectivas.

MÁS

Use el nombre correcto. El IRS tiene que mantener los informes de millones de nombres; por lo tanto, es muy importante que use la versión apropiada de su nombre para los documentos de registro en Estados Unidos. En este país no se utiliza el segundo apellido; por eso, use sólo el primero, el apellido de su padre, o el de casada. Así el IRS sabrá que ha presentado todas sus declaraciones y que el dinero deducido de su salario para la Seguridad Social y el Medicare no se le atribuye a otra persona por error.

Los contribuyentes tienen derechos

Si no puede presentar su declaración para la fecha límite del 15 de abril, puede solicitar una extensión. Esta solicitud se llama formulario 4868, "Solicitud para una Extensión Automática

- Keep records relating to your tax return for at least three years. That includes your W-2 forms from your employer, 1099 forms listing what you earn from interest, dividends, retirement income, and paycheck stubs.
- Keep records of long-term investments and assets for as long as you own them, and then three years after you sell them. This includes records for buying or improving your home or other real estate and records of when you buy or sell stocks, bonds, or mutual funds.

Taxpayers Have Rights

If you cannot file your tax return by the April 15 deadline, you can apply for an extension. You will find the application forms—Form 4868, "Application for Automatic Extension of Time to File U.S. Individual Income Tax Returns"—on the IRS Web sites, at some post offices and libraries, and your IRS Taxpayer Assistance Centers. But you must pay any taxes you owe, even if you don't file a return. If you don't, you could be forced to pay interest and late payment penalties. Try to send in at least 90 percent of what you think you owe. A safe way to handle this is to pay at least what you paid the previous year.

If you can't afford to pay what you owe the IRS all at once, you can pay in installments. Use Form 9465 to set up an installment plan, or set one up on the IRS Web site. You can also pay your taxes by credit card.

If the IRS sends you a letter saying you will face an audit, don't ignore it. Call a CPA or a tax attorney. You have the right to be represented during an audit. You need someone who knows the tax code, because you have to prove to the IRS your tax return was

MORE

Use the correct name. The IRS has to keep track of millions of names, so it is very important that you use the version of your name that is considered appropriate for record-keeping purposes. In the United States you do not use your mother's maiden name at the end of your last name. Instead, use your father's last name or your married surname to identify yourself. That way, the IRS will know that you have filed all of your tax returns, and money withheld from your paycheck for Social Security and Medicare won't be credited to someone else by mistake.

de Tiempo para la Presentación de la Declaración Individual de Impuestos sobre la Renta en Estados Unidos," y está disponible en la Web del IRS, en algunas oficinas de correos, bibliotecas y Centros de Asistencia al Contribuyente del IRS. Tendrá que pagar los impuestos que deba, aunque no presente una declaración. Si no lo hace, puede ser forzado a pagar interés y multas por pagos tardíos. Trate de enviar al menos un 90 por ciento de lo que piensa que debe. Un forma sencilla de hacerlo es pagando al menos lo que abonó el año anterior.

Si no puede pagarle todo lo que debe al IRS en una vez, puede hacerlo a plazos. Use el formulario 9465 para establecer un plan de pagos a plazos o hágalo por Internet a través la Web del IRS. También puede pagar sus impuestos usando una tarjeta de crédito.

Si el IRS le envía una carta diciéndole que lo van a auditar, no la ignore. Llame a un contable público certificado o a un abogado fiscal, pues tiene derecho a ser representado por un abogado durante la auditoría. Necesita a alguien que conozca el código fiscal, porque tiene que probar ante el IRS que su declaración era correcta. Cuando la auditoría termine, se le dará un informe mostrándole lo que debe. Si está de acuerdo, puede firmarlo; si no, tiene el derecho de solicitar una revisión.

Si no puede resolver un problema fiscal a través de los canales ordinarios del IRS, tiene derecho a dirigirse a la oficina local de "Defensa de los Contribuyentes," que depende del Congreso y no del IRS.

correct. When the audit is complete, you'll get a report showing what you owe. If you agree with the report, you may sign it. If you don't agree with it, you have the right to request an appeal.

If you can't solve a continuing problem through regular IRS channels, you have the right to go to your local Office of the Taxpayer Advocate, who reports to Congress, not the IRS.

22

Enviando dinero a casa

Al comienzo de este libro, descubrió que el dinero no es la cosa más importante de la vida. Sin embargo, lo es por lo que puede hacer. En muchos casos, les hace la vida más fácil a las personas que quiere y que se han quedado atrás. Hay personas de todo el mundo que envían dinero a sus países de origen dondequiera que estén. Para 2010, se calcula que los hispanos que trabajan fuera de sus países de origen enviarán más de 100 billones de dólares, o sea, un promedio dc 200 a 400 dólares al mes.

Muchos de ustedes, aunque no sean ricos, están dispuestos a enviar todo lo que puedan, por eso, es importante estar informado sobre el costo total del envío, su seguridad, fiabilidad y disponibilidad. Enviar dinero hoy día es muy diferente de cuando la Señora Vega llegó a Estados Unidos. Por aquel entonces podía enviarlo a su país llevándolo consigo o dándoselo a un familiar de confianza. Si tenía que usar un servicio comercial, le costaba en general el 15 por ciento del efectivo que enviaba.

Hoy hay más servicios de envío y más competencia. Este servicio ahora atrae al servicio postal de Estados Unidos, los grandes bancos, las cooperativas, Home Depot, Wal-Mart y empresarios de alta tecnología, además de la Western Union y MoneyGram. Esto significa que el costo de enviar dinero a su país está bajando. En 2006 costaba aproximadamente el 5,7 por ciento del importe que se transfería.

Transferencias de efectivo

Una de las cosas más importantes que hay que considerar cuando se envía dinero es si la persona a quien se lo remite lo obtiene fácilmente.

22

Sending Money Home

At the beginning of this book you learned that money is not the most important thing in life. However, it is important for what it can do. In many cases, it can make the lives of those you love, but left behind, easier. People from all over the world send money home, wherever that is. By 2010, Hispanics working outside their countries of birth are expected to send home more than $100 billion in amounts averaging $200 to $400 a month.

Those of you sending money may not be rich, but you are dedicated to sending what you can. That's why it's important to be aware of the total cost, security, reliability, and availability of what you send. Sending money home now is a lot different than when Mrs. Vega first arrived in the United States. Then she would bring money to her former home by carrying it herself or sending it with a trusted relative. If she had to use a commercial service, it would often cost her 15 percent of the cash she was sending.

But now there is a lot of competition for her business and yours. The business of transferring money is attracting the U.S. Postal Service, big banks, credit unions, Home Depot, Wal-Mart, and high-tech entrepreneurs, in addition to Western Union and MoneyGram. This means the cost of sending money home is falling. By 2006, it cost about 5.7 percent of the money being transferred.

Cash Transfers

One of the most important things to consider when sending money home is whether the person to whom you're sending it can get it

Si no existe una sucursal bancaria o ATM (cajero automático) donde vive su familiar, no le podrá enviar dinero de un banco a otro o con transferencias de tarjeta de débito. En este caso, le conviene hacer la transferencia de la forma tradicional, a través de la Western Union o MoneyGram.

La Western Union existe desde 1851, tiene unos 240 mil agentes en 200 países y, aunque ofrezca también servicios de transferencias bancarias directas, por Internet, por teléfono o con tarjetas de comercios, la ventaja es que con la Western Union puede remitir dinero a una tienda en un región remota en Yucatán a través de una transferencia de efectivo por efectivo. Tal vez no sea el servicio más barato, pero puede ser el único que le garantice que el dinero estará donde desea y cuando desea.

Su familiar podrá retirarlo a la media hora en la mayoría de las localidades sin pagar cuotas, si presenta un documento de identificación. Es conveniente llevar consigo el número de identificación de la transferencia. El servicio básico cobra una cuota por la transferencia, impuestos y la tasa de cambio exclusiva de la Western Union, que suele ser más alta que la que ofrece un banco. En algunas regiones puede pedir que le entreguen el dinero directamente a la casa de su familiar. Existe un cargo separado por este servicio y por cualquier mensaje que envíe con el dinero. Si no tiene acceso a Internet, puede averiguar dónde están los locales de los agentes que transfieren dinero, sus cargos y procedimientos llamando al 800-325-6000.

Como hemos mencionado brevemente, la Western Union ofrece servicios a través de Internet. Entre en su página Web, regístrese y busque cuánto le costará el envío de dinero. Si usa Internet o el teléfono, tendrá que pagar con una tarjeta de crédito o de débito.

MoneyGram, que compite con la Western Union, se fundó en 1940. Tiene aproximadamente 100 mil agentes en 170 países, y también promete transferencias rápidas y servicios por Internet. Junto con las transferencias de efectivo, los clientes obtienen una llamada complementaria de 3 minutos para avisar a la persona que va a recibir el dinero que el mismo está por llegar y también un mensaje de diez palabras. Para más información, llame al 800-666-3947 o al 800-955-7777. Los precios de MoneyGram y la Western Union varían de acuerdo con la cantidad que remite y la destinación. Los precios cambian frecuentemente, por eso es mejor llamar o consultar las oficinas para saber lo que pagará.

easily. There may be no bank branch or automated teller machine (ATM) where your relative lives. That means you may not be able to use bank-to-bank or debit card transfers. In that case, making cash transfers in the traditional manner through Western Union or MoneyGram may be your best choice.

Western Union has been around since 1851. It has about 240,000 agents in 200 nations. Though Western Union offers direct-to-bank transfers, online or telephone transfers, or stored card services, its advantage is that you can send money to a bodega in a remote area of the Yucatan in a cash-to-cash transfer. That cash-to-cash transfer may not be the cheapest service, but it may be the only service you can trust to get the money to where it needs to be when you need it.

Your relative can pick up the money within a half hour in most locations without paying a fee by presenting identification. It also helps if he or she has the money transfer control number. The basic service includes a transfer fee, taxes, and Western Union's own rate of exchange for currency conversion, which may be higher than a bank's. In some areas you can have the cash delivered directly to your family's home. There is a separate fee for that and for any message you want to send along with the money. If you do not have access to the Internet, you can learn the locations of money transfer agents, fees, and procedures by calling 800-325-6000.

As mentioned briefly, Western Union offers an online service. You log onto its Web site, register, and use its calculator to learn how much it will cost to send money. If you use the Internet or phone, you pay by using a credit or a debit card.

MoneyGram, which competes directly with Western Union, has been in business since 1940. It has about 100,000 agents in 170 nations. It, too, promises quick transfers and offers Internet service. Along with cash transfers, customers get a complimentary three-minute call to alert the person receiving the money that it's coming and a 10-word message along with the cash. You can get information by calling 800-666-3947 or 800-955-777. Fees for MoneyGram and Western Union vary by the amount of the transfer and where it's going. The fees change frequently, so it's best if you call or visit agents to determine what you'll pay.

Giros postales

Otra manera de enviar dinero a América Latina es usar giros postales. Puede obtenerlos a través de un banco o del Servicio Postal de Estados Unidos. Este último le cobra 3,45 dólares por giros de hasta 700 dólares, se pueden enviar a treinta países diferentes y hacerlo efectivo en bancos y en la mayoría de oficinas de correos. Asegúrese de guardar la copia numerada en sus registros. Si le preocupan los servicios estándares de correo, puede enviar los giros a través del correo con prioridad global (Global Priority Mail) o correo exprés global (Global Express Mail). Los precios de los bancos por sus giros son más altos y la cantidad máxima del giro es de 1.000 dólares.

El Servicio Postal de Estados Unidos también ofrece "Dinero Seguro" (www.usps.com/money/suremoney). Es similar a un giro, pero más rápido. Le permite remitir diariamente hasta 2.000 dólares por transacción y debe mostrar una identificación. Si no tiene una de Estados Unidos puede enviar como máximo 1.000 dólares. La compañía *Dinero Seguro* hace transferencias electrónicas entre el servicio postal y las sucursales bancarias de diez naciones del sur y centro de América que son: Argentina, Colombia, República Dominicana, Ecuador, El Salvador, Guatemala, Honduras, México, Nicaragua y Perú. Para más información llame al 888-368-4669.

Las agencias de mensajería como Exprés Gigante, Exprés Mateo y Exprés King también entregan giros y paquetes en Centroamérica y el Caribe. Pero a diferencia de la Western Union, MoneyGram o Dinero Seguro, el dinero no llega inmediatamente a su destino, tarda unos dos días.

Giros bancarios y telegráficos

Un giro telegráfico es cuando el dinero se transfiere de un banco o cooperativa a otro. Hacen la transferencia sin que el remitente o el destinatario toque el dinero. En la mayoría de los casos, ambos deben tener una cuenta bancaria. Cuando la señora Vega hace una transferencia bancaria, se asegura de que tiene dinero de sobra en su cuenta. Siempre pregunta en el banco cuánto le van a cobrar, a cuánto está el cambio del dólar con respecto a la moneda extranjera y cuánto tiempo tardará en llegar a su destino. Normalmente es un día.

Los bancos están trabajando para facilitar el envío de giros, por lo que puede abrir una cuenta con ellos y comenzar una larga

Money Orders

Another way to send money to Latin America is to use money orders. You can get those at banks and the U.S. Postal Service. The Postal Service charges $3.45 for money orders of up to $700. They can be sent to 30 countries and can be cashed in banks or post offices in most nations. Be sure you keep the numbered carbon copy for your records. If you worry about standard mail services, you can send these through Global Priority Mail or Global Express Mail. Bank fees for money orders are higher, and the maximum amount of each money order is $1,000.

The U.S. Postal Service also offers Dinero Seguro (www.usps.com/money/suremoney). It is similar to sending a money order, but is much faster. It allows you to send up to $2,000 per transaction per day as long as you have U.S. identification. If you do not have U.S. identification, you can send no more than $1,000. Dinero Seguro makes electronic wire transfers between the Postal Service and bank branches in 10 Central and South American nations, including Argentina, Colombia, the Dominican Republic, Ecuador, El Salvador, Guatemala, Honduras, Mexico, Nicaragua, and Peru. You can call 888-368-4669 for more information.

Courier agencies such as Gigante Express, Mateo Express, and King Express also deliver money orders and packages in Central America and the Caribbean. But, unlike Western Union, Money-Gram, or Dinero Seguro, the money does not arrive at its destination immediately. It may take two days.

Banking or Wire Transfers

A wire transfer involves moving money from one bank or credit union account to another. The bank or credit union does the transfer without the sender or the person receiving the money ever touching it. In most cases, people on both sides of the money transfer must have bank accounts. When Mrs. Vega makes a banking transfer, she makes sure she has enough money in her account plus a little more. She always asks the bank how much it charges for making the transfer and what the exchange rate is to convert her U.S. money to the foreign currency. She also asks how long it will take for the money to reach where it's going. Usually, it takes less than one day.

Banks are working at making money transfers easy so you will open an account with them and begin a long-term financial relationship.

relación financiera. El banco de la señora Vega le permite enviar dinero desde cualquier sucursal, ATM, Internet y hasta por teléfono. En algunos bancos, lo puede enviar a sus familiares de forma gratuita si mantiene un saldo mínimo y fijo en su cuenta corriente.

Si un banco no tiene una sucursal en la localidad adonde usted necesita enviar dinero, una cooperativa puede que sí la tenga. Si la misma usa la Red Internacional de Envíos, el destinatario no necesita tener una cuenta. Esto se debe a que esta red envía el dinero a la cuenta de una cooperativa y, si fuera necesario, lo envía a través de servicios comerciales de transferencia, tales como MoneyGram. De esta manera, el dinero puede ser pagado en efectivo o mandado a domicilio en forma de cheque. Otras cooperativas usan un sistema parecido al de los bancos que es la transferencia de una cuenta a otra, pero el destinatario también debe tener una cuenta con la cooperativa. El costo por usar este sistema es muy bajo, normalmente de cinco dólares.

Además tenemos el Xoom, que permite a bancos y a usuarios usar la red Internet para transferir dinero de forma segura. Para que un remitente pueda usar el Xoom, necesitará tener acceso a Internet, tarjetas de crédito o una cuenta bancaria. Podrá enviar dinero directamente de su cuenta a la de sus familiares, acordar que su pariente recoja el dinero en una oficina o que se lo entreguen personalmente. Todo depende del país a donde lo envía. Los precios van de 5 a 29 dólares y el tiempo de la transferencia puede tomar hasta cuatro días laborales.

Transferencias de dinero usando "plástico"

Las tarjetas de transferencia de dinero prepagadas se usan también para enviar dinero efectivo al extranjero. Son emitidas por los bancos más importantes, compañías de tarjetas de crédito tales como Visa y MasterCard y hasta ciertos comerciantes. A Pedro, el hijo de los Vega, le gustan estas tarjetas porque las puede usar en el verano, cuando va a ver a sus primos. Hay diferentes clases de tarjetas, además de las usadas sólo para envío de dinero, que le permiten retirar dinero de un cajero automático (ATM). Las tarjetas de débito prepagadas también se usan en cajeros automáticos o para comprar artículos en las tiendas que las aceptan. Las telefónicas le permiten solamente hacer llamadas. La señora Vega no dejó que Pedro utilizara tarjetas de débito prepagadas porque las perdía y podía perder todo el dinero que había puesto en ellas.

Mrs. Vega's bank lets her send money from any branch, from an ATM, through the Internet, or even by telephone. At some banks, you can send money to your relatives for free, if you keep a minimum balance in your checking account all the time.

If a bank doesn't have a branch where you need to send the money, a credit union may. If the credit union uses the International Remittance Network (IRnet), the person receiving the wire transfer does not need to have an account. That's because IRnet sends money to credit union accounts and, if necessary, sends it through commercial transfer services, such as MoneyGram. That way, the money can be paid in cash or delivered to homes in the form of checks. Other credit unions use a system more like the one banks use, an account-to-account transfer. So the person receiving the money also must have an account at a credit union. The cost of using this system is very low, usually under $5.

Then there's Xoom. It provides individuals and banks a way to use the Internet to transfer money in a secure manner. The basic requirements for a sender to use Xoom include access to the Internet and a credit card or bank account. You can send money directly from your bank account to your relative's account, arrange to have your relative pick the money up from an agent, or have it delivered. It all depends on the country. Fees range from $5 to $29, and the transfer can take up to four business days.

Money Transfers via Plastic

Prepaid money transfer cards are also used to send money overseas. They are issued by large banks, credit card companies such as Visa and MasterCard, and even big retailers. Mr. and Mrs. Vega's son Pedro likes these cards because he can use them when he visits his cousins during the summer. There are several kinds of card besides the remittance-only card, which allows you to withdraw money from an ATM. Prepaid debit cards let you pick up money at an ATM or buy things at stores that accept them. Telephone cards let you make phone calls only. Mrs. Vega won't let Pedro use prepaid debit cards, because if he loses one, she worries that all the money that's been loaded onto that card will be lost.

Another option is the MiCash card, which started in Washington, D.C. It is a prepaid debit card, ATM card, and phone card all in one. It requires some form of government identification. You buy a

Otra opción es la tarjeta MiCash, que se originó en Washington D.C. Es al mismo tiempo una tarjeta de débito prepagada, ATM y de teléfono. Requiere cierta forma de identificación del gobierno. Puede comprar un paquete de dos tarjetas por 7,95 dólares y enviar una a un familiar y después llamarlo usando un código que las activa y conecta. Lo siguiente es determinar cuánto dinero le va a enviar cuando llama, usa Internet o va a los establecimientos de MiCash, y luego, dar su consentimiento. Su familiar puede retirar el dinero en un cajero automático ATM. Además del costo de las dos tarjetas, se le cobra un extra si desea enviar dinero. El máximo permitido es de 2.500 dólares. MiCash vende sus tarjetas en las tiendas de Home Depot en la ciudad de Washington y en Florida. Otras firmas, como Comunicaciones Smart, le permiten usar su móvil o celular para conectarse con su cuenta corriente y transferir dinero a una tarjeta de débito prepagada por un costo reducido de transferencia y, además, cualquier costo del teléfono o de mensaje.

Escoja

Como puede ver, existen muchas maneras de enviar dinero a las personas que quiere. Como en cualquier transacción financiera, compare precios y busque el sistema más seguro. Otro aspecto importante es la capacidad del destinatario de retirar y usar el dinero enviado. Y recuerde: ¡Guarde siempre el recibo o comprobante de la transferencia cuando envíe dinero al extranjero!

package of two cards for $7.95 and send one card to your relative. Then you call your relative with a code that activates and links the cards. Next, you designate how much money you are sending your relative by calling, using the Internet, or going to MiCash outlets and giving the okay. Your relative can then get the money from any ATM. In addition to the cost of the two cards, there is an extra $7.95 charge to send up to $2,500. MiCash now sells its cards at Home Depot stores in the D.C. area and Florida. Other firms, such as Smart Communications, let you use your cell phone to connect to your checking account and transfer money to a prepaid debit card for a small transfer fee and any phone or messaging costs.

Take Your Pick

As you can see, there are lots of ways to send money to the people you love. As with any other financial transaction, shop for the best price and the most secure system. Another important issue is the ability of the person who is receiving the money to collect it and use it. And always get a receipt or some record of what you've done with your money when you send it overseas.

23

Dejando dinero: El plan para la herencia

Ninguno de nosotros se va de este mundo vivo. La muerte viene, estemos preparados o no. Por lo tanto, es mejor estarlo. ¿Por qué? Primero, porque puede enfermarse por un período largo y necesitar a alguien que tome decisiones médicas por usted y haga los arreglos financieros para pagar su atención médica. Segundo, si tiene hijos menores, dejarlos sin protección cuando muera es no tener corazón y ser cruel. Tercero, nuestras vidas son complicadas hoy día y puede que tenga más de una familia que considerar, pero hablar del tema con los suyos y hacer planes para cuando usted no esté, son actos de amor que reducirán la terrible tensión por la que pasaría su familia si usted enfermara gravemente o muriera.

Las personas vienen antes que el dinero

Más que preocuparse por lo que vaya a pasar a las *cosas* que dejará cuando muera, es mejor tener en cuenta a las *personas* a quienes afectará que usted finalice su vida. Eso depende de usted, tanto si es joven como si no lo es, ya que puede tener un accidente o contraer una enfermedad que lo deje incapacitado. Por esta razón, debe preparar un documento de instrucciones anticipadas de la atención médica (*advance health care directive*, también conocido como poder notarial permanente para atención médica), para que se le dé el tratamiento médico de su voluntad cuando no esté en condiciones de hablar para expresarlo.

23

Leaving Money Behind: Estate Planning

Nope of us gets out of this world alive. Death comes whether we prepare for it or not. So we may as well prepare for it, and then go on with living. Why prepare? First, you may be sick for a long time. You may need someone to make medical decisions for you and to make financial decisions to pay for your medical care. Second, if you have young children, leaving them unprotected upon your death is heartless and cruel. Third, our lives are complicated these days. You may have more than one family to consider. What's more, having these conversations and making plans are acts of love. They reduce the stress your family will face should you become severely ill or die—times of already heightened stress.

People before Money

Before dealing with what will happen to the *things* left behind when you die, it's time to consider the *people* affected near the end of your life. And that begins with you. Whether you are young or old, you can face an accident or illness that leaves you unable to care for yourself. For that reason, you should prepare an advance health care directive (also known as durable power of attorney for health care) that gives you control over your medical treatment if you cannot speak for yourself.

It allows you to appoint someone—a spouse, family member, or trusted friend—who will, as your health care agent, have the legal

Le permite designar a alguien—el cónyuge, un miembro de la familia o un amigo de confianza—que representará su voluntad sobre la atención médica y tendrá el poder legal de decidir cuando usted no sea capaz de hacerlo. Asegúrese de indicar por escrito que desea que se sigan las decisiones de esta persona, cualesquiera sean los deseos de los otros miembros de su familia.

Este documento también le permite dejar instrucciones escritas para la futura atención médica, de manera que todo el mundo sepa cuáles son sus deseos y nadie tenga que adivinar si quiere que lo mantengan vivo tanto si se puede recuperar como si no, e indistintamente de lo que cueste; o si no desea permanecer vivo, a menos que exista una esperanza de recuperación. Esta característica fue especialmente importante para la abuela Vega, quien dio a conocer sus deseos a toda la familia, llevó una copia a su doctor y otra al hospital. Muchos estados ofrecen formularios gratuitos en las clínicas y hospitales públicos.

❧ MÁS

Segunda advertencia: Un notario no es un abogado. Por favor, no vaya a un notario público para que lo ayude a escribir su testamento o fideicomiso en vida. Como hemos mencionado en el capítulo 21, en Estados Unidos un notario es una persona que atestigua y verifica las firmas en un documento legal. Si necesita hacer un testamento o fideicomiso, recurra a un abogado usando como referencia el servicio local de estos profesionales.

Las voluntades anticipadas para la atención medica (o poder notarial permanente) se aplican sólo a las decisiones médicas. Para las voluntades legales o financieras anticipadas necesitará otros documentos. Por lo tanto, es importante otorgar a alguien de confianza un poder notarial que permanecerá en efecto incluso si se encuentra muy enfermo para tomar decisiones, pero termina una vez que haya fallecido. Utilice solamente poder notarial "permanente" porque, si no es capaz de hablar por sí mismo, puede que no reconozcan otro tipo de poderes. Los formularios de poder notarial se encuentran en Internet (www.nolo.com), o si prefiere se lo puede hacer un abogado.

Por último, provea lo necesario a sus hijos. Es poco común que ambos padres mueran al mismo tiempo, pero podría suceder. Por lo tanto, si sus hijos son menores de 18 años, por lo menos haga un testamento en el que asigne un tutor principal y otro alternativo. (Hablaremos de testamentos más adelante en este capítulo.) Esto es lo que los Vega han hecho para proteger a Pedro. Aunque el tribunal

power to make health care decisions for you when you are no longer able to make them for yourself. Make sure you put into writing that you want the decisions of your health care agent followed, whatever the wishes of other members of your family.

It also lets you make written instructions for your future health care, so you can let everyone know what your wishes are. This means that no one has to guess whether you want to be kept alive as long as possible whatever the chance of recovery or cost, or whether you do not want to be kept alive any way possible, unless there's hope of recovery. This feature was especially important to Grandma Vega. She's made her feelings known to her whole family, and has given a copy to her doctor and the hospital she's most likely to go to. Most states have a standard form that you can get free at public health clinics and hospitals.

The advance health care directive (or durable power of attorney for health care) applies only to medical decisions. It does not apply to legal or financial decisions that need to be made if you can't make them. Therefore, it is important to grant a durable power of attorney to someone. It stays in effect even if you are too ill to make a decision, but does not extend beyond your death. Use only a "durable" power of attorney because other types will not be recognized if you are not able to speak for yourself. You can find forms online (www.nolo.com), or an attorney can help you.

MORE

Second warning: A notario is not an attorney! Please, do not go to a notary public for help with writing your will or living trust. As noted in Chapter 21, in the United States, a notary is a person who witnesses and confirms signatures on legal documents. If you need help with your will or living trust, find an attorney by going to the local lawyer referral service.

Finally, provide for your children. It is unusual for both parents to die at the same time, but it does happen. So, if your children are younger than 18 years old, at least make a will that names a guardian and an alternate guardian. (We'll discuss wills later in this chapter.) That's what Mr. and Mrs. Vega have done to protect Pedro. Though the court does not have to appoint the person you choose, it usually does. If you name a guardian in your will, your relatives won't have to petition the court to let them take care of your children. The Vegas also bought a life insurance

no tiene que nombrar a la persona que elige, normalmente lo hace. Si nombra a un tutor en su testamento, sus familiares no tendrán que solicitar al tribunal que les permitan tomar el cuidado de sus hijos. Los Vega también compraron una póliza de seguro de vida porque saben que la abuela cuidaría de su hijo, pero ella sólo cuenta con la pensión de la seguridad social y su pequeño ingreso por su trabajo parcial; lo más probable es que tanto ella como Pedro necesiten ayuda económica.

Los testamentos no permiten a menores que tomen posesión de grandes sumas de dinero hasta que tengan al menos 18 años. Así que puede incluir un Fideicomiso para hijos en su testamento que se lleva a término en el tribunal, o uno en vida, que no lo hace así. En ambos casos, usted asigna un fideicomisario para que administre la herencia de sus hijos y establezca la edad en la cual desea que reciban el dinero. También puede dejarle activos a su hijo menor a través de una UTMA o cuenta de acta uniforme para transferencia a menores. La cuenta está a nombre del menor, pero éste tiene que esperar hasta los 18 o 21 años para tener acceso a aquélla.

¿Qué sucederá el día que usted muera?

Cuando muera, otra persona tendrá que decidir lo que pasará con las cosas que posee, su patrimonio. En Estados Unidos, lo que deja, hasta cierto límite de valor, es gravado. Esto se denomina impuesto sobre el patrimonio. Le conviene dedicar unos momentos para planificar apropiadamente su patrimonio pues asegurará más tarde que lo que posee será distribuido de la forma que desea, podrá reducir sus impuestos de patrimonio y así dejar más a las personas queridas.

En la mayoría de los casos, cuando fallece, con o sin testamento, su patrimonio pasa a través de un tribunal de testamentarías. Es un procedimiento del tribunal que distribuye sus posesiones. Implica hacer un inventario, una valoración de su propiedad, el pago de las deudas y los impuestos, y la distribución de lo que queda para sus beneficiarios, que son las personas que heredan sus propiedades o bienes. Puede tomar de seis meses a dos años. Aunque el tribunal puede otorgar a su familia una pensión durante el proceso de testamentarías, sus herederos no podrán controlar la propiedad o cuentas bancarias y tendrán que pagar los costos de este proceso.

policy because they know Grandma Vega would care for their son. Since she relies on Social Security and her small income from a part-time job, it's likely she and Pedro would need help with finances.

Wills do not allow young children to take possession of large sums of money until they are at least 18. So you can include a child's trust in your will, which will go through the courts, or in a living trust, which will not. In either case, you appoint a trustee to manage your child's inheritance and set the age at which you want your child to receive it. You can also leave assets to a young child though a Uniform Transfer to Minors Act (UTMA) account. The account is in the child's name, but the child has to wait until the age of 18 or 21 to get it.

What Happens when You Die?

When you die, someone else has to decide what will happen to the things you owned—your estate. What's more, in the United States, what we leave behind, over a certain value, is taxed. These are called estate taxes. Taking a short amount of time for proper estate planning now will ensure that what you own will be distributed the way you chose. It can also reduce estate taxes and leave more for the people you leave behind.

In a majority of cases, when you die, with or without a will, your estate goes through probate. That is a court procedure to distribute your possessions. It involves doing an inventory and appraising your property, paying debts and taxes, and distributing what's left to your beneficiaries, that is, the people who will inherit your assets. This can take anywhere from six months to two years. Though the court may grant your family an allowance during the probate process, your heirs do not control property or bank accounts, and they have to pay fees for the process.

Then there are taxes. If income taxes are due while an estate is in probate, they must be paid, though you can get an extension from the IRS. Most people (99 percent of us) do not leave enough to require payment of estate taxes. However, if they are owed, your family will have to pay them in nine months from the date of death, even if the probate process is not complete. That can be a severe hardship on those you leave behind.

Después vienen los impuestos que estará obligado a pagar aunque el patrimonio esté todavía en el tribunal de testamentarías. Puede obtener una prórroga del IRS. La mayoría de las personas (el 99 por ciento de nosotros) no deja lo suficiente en la herencia para pagar los impuestos sobre el patrimonio. Su familia tendrá que pagarlos en el arco de los nueve meses posteriores a la fecha de su fallecimiento, aunque el proceso de herencia no haya terminado, lo que puede suponer una gran carga económica para su familia.

Impuestos sobre la propiedad

Su patrimonio es lo que posee cuando muere, menos sus deudas. Cuando un cónyuge fallece, no es necesario pagar impuestos sobre el patrimonio si se le deja todo al esposo o esposa que sobrevive. Y, por el momento, no los deberá si hereda menos de 2 millones de dólares después de restar cualquier deuda. Si deja más que esta cantidad, sus herederos pueden tener que pagar el 4 por ciento en impuestos. Si cree que nunca tendrá tanto dinero, recuerde, una casa en California, Illinois o Nueva York puede fácilmente valer 500.000 dólares. Los impuestos federales sobre el patrimonio están cambiando; para 2009, la cantidad del patrimonio sujeto a impuestos *aumentará* a 3,5 millones de dólares. Pero para 2011, esta cantidad *bajará* a un millón. Descabellado, ¡pero cierto!

Si fallece sin tener un testamento o fideicomiso, en la mayoría de los estados el tribunal le concede un tercio o la mitad de los bienes al cónyuge que sobrevive. Si no hay hijos, el esposo o esposa obtiene un tercio o la mitad del patrimonio y el resto va a los padres o hermanos de la persona que murió. Si es un padre soltero que muere sin un testamento, todos los estados conceden el patrimonio completo a sus hijos.

Formas de evitar una testamentaría

Una de las formas más simples de evitar un tribunal de testamentaría es ser dueño de cualquier bien en "propiedad comunal con derecho de supervivencia," lo que significa que posee algo con otra persona y, si uno de los dos muere, el otro se convierte en dueño de todo. Esto se

Estate Taxes

Your estate is what you own minus your debts when you die. When a spouse dies, there is no estate tax due if everything is left to the surviving spouse. And, at the moment, you will not owe estate taxes if you inherit less than $2 million after subtracting any debts. If you leave more than that, your heirs may have to pay 45 percent in estate taxes. If you think you will never have that much money, remember, a house in California, Illinois, or New York can easily be worth $500,000. But federal estate taxes are changing. By 2009, the size of an estate subject to estate taxes will *grow* to $3.5 million. But by 2011, the size of an estate subject to taxes will *fall* to $1 million. Crazy, but true!

If you die without a will or trust, in most states the court awards one-third to one-half of anything left behind to the surviving spouse. If there are no children, the spouse gets one-third to one-half of the estate, and the rest goes to parents or brothers and sisters of the person who died. If you are a single parent who dies without a will, all states award the entire estate to your children.

Ways to Avoid Probate

One of the simplest ways to avoid probate court is to own any asset in "joint tenancy with right of survivorship," which means you own something with someone else, and if one of you dies, the other becomes owner of the whole thing. This can apply to a car, home, bank account, retirement account, and stocks and bonds. This does not mean you can avoid having a will if you have young children, as noted earlier. But there is no need to list what you own in joint tenancy with right of survivorship in the will. *However*, some states limit what can be owned this way and who can own it, so check with an attorney. In community property states, married couples who hold assets as community property may still have to go through probate when one spouse dies.

puede aplicar a un auto, casa, cuenta bancaria y de jubilación, acciones y bonos. Esto no quiere decir que no haga un testamento si tiene hijos menores, como hemos indicado anteriormente. Pero no hay necesidad de citar la propiedad comunal en el testamento. *De todas formas,* algunos estados limitan la cantidad de lo poseído conjuntamente y quién es el dueño; por eso, debe consultarlo con un abogado. En los estados donde existe la propiedad comunal, las parejas casadas que tienen bienes de esta manera pueden tener que ir a la testamentaría cuando uno de los cónyuges fallece.

Otra forma fácil de eliminar la necesidad de la testamentaría es mantener cuentas bancarias pagaderas al morir. Se llaman Fideicomisos Totten. Si establece una cuenta con una declaración de que usted es el dueño y con instrucciones de su voluntad, al morir el dinero irá a la persona que haya nombrado. Es útil cuando, en el estado que reside, existen restricciones de la propiedad comunal.

Si deja un patrimonio muy pequeño, su propiedad puede ser transferida a alguien ya sea a través de un acta o testamentaría sumaria según el estado donde resida. Después de haber fallecido, la persona que heredará su propiedad puede usar un testimonio para tomar posesión de sus bienes. Esa persona escribe una declaración, firmada bajo juramento, afirmando que tiene el derecho a sus posesiones hasta una cierta cantidad, la cual varía en cada estado. Después, se presenta la declaración y una copia del certificado de defunción en el banco o cooperativa que mantiene sus bienes o en el departamento de vehículos motorizados si es un auto. En algunos casos, los bienes raíces no pueden ser transferidos con un acta. Una testamentaría sumaria es una versión más rápida que la regular y se aplica a patrimonios pequeños de cierto valor, según donde resida y se puede usar aunque haya bienes raíces involucrados. Éstos están limitados por lo regular al cónyuge sobreviviente o hijos.

Otra forma de evitar que su patrimonio esté sujeto a una testamentaría es preparar un fideicomiso en vida, que consiste en un acuerdo donde nombra a alguien que administrará su patrimonio si fallece o está muy enfermo para hacerlo por sí mismo. Un fideicomiso es una vía más económica de dejar un patrimonio que un testamento. Hablaremos del fideicomiso en vida más adelante, en este capítulo.

Another easy way to eliminate the need for probate is to hold payable-on-death bank accounts. These are called Totten Trusts. You set up an account with a statement that you own it, and with instructions that when you die, the money goes to the person you name. This is useful if there are restrictions on joint tenancy with right of survivorship in your state.

If you leave a very small estate, your property can be transferred to someone either by an affidavit or a summary probate, depending on the state in which you live. After you die, the person who will inherit your property can use an affidavit to take possession of your assets. That person writes a declaration, signed under oath, stating that he or she is entitled to your possessions up to a certain value, which varies by state. Then the declaration and a copy of the death certificate are presented to the bank or credit union that holds the assets, or to the department of motor vehicles for a car. In some cases, real estate cannot be transferred with an affidavit. A summary probate is a faster version of regular probate, and applies to small estates up to a certain value, depending where you live. This can be used even if real estate is involved. These are often limited to a surviving spouse or children.

Another way to avoid having your estate tied up in probate is to prepare a living trust. That is a written agreement that names someone who will manage your estate if you are too sick to do it yourself or if you die. It can be a more economical way of leaving an estate than a will. Living trusts will be covered a little later in this chapter.

Wills

A will is a document that gives instructions on how you want your money and property to be distributed after you die. And, if needed, you can name a guardian for your children. A will is open to public inspection, and the probate court will transfer any property listed in it to your beneficiaries, those who inherit your estate. Wills do not require you to transfer titles of any property before you die. You should not list anything you own in joint tenancy with right of survivorship, pension or retirement plans that already have a

Testamentos

Un testamento es un documento que da instrucciones de cómo desea que su dinero y propiedad sean distribuidos después de su muerte, y, si es necesario, puede también asignar un tutor para sus hijos. Este documento está disponible para una inspección pública y el tribunal de testamentaría transferirá los bienes de propiedad citados en él a sus beneficiarios, o sea, a los que heredan su patrimonio. Los testamentos no requieren la transferencia de títulos de propiedad antes de que fallezca. No debe citar los bienes que tenga en propiedad comunal, pensión o planes de jubilación donde ya haya nombrado a un beneficiario, cuentas bancarias pagaderas al morir o cualquier cosa que pueda incluir en un fideicomiso en vida.

En su testamento nombra a un ejecutor, que es alguien en quien confía, que pagará las cuentas y los impuestos, y asegurará que sus deseos se cumplan. Debe indicar que el ejecutor no necesita ser asegurado. Es muy importante que le diga dónde encontrar las inversiones que mantiene en su casa o caja fuerte de depósitos, y que deje una lista de las cuentas bancarias y de mercado. Pero tenga en cuenta que aunque nombre a un ejecutor, los abogados de la testamentaría designados por el tribunal son los que controlarán la distribución real de su propiedad. Esto puede hacer el proceso lento, costoso para su patrimonio, y en algunas instancias, desagradable.

No necesita ir a un abogado para hacer un testamento. Muchos estados tienen formularios aprobados para este documento. Use el aprobado por su estado. Puede obtenerlo a través de Internet buscando en la Asociación Estatal de Abogacía, una agencia que regula a los abogados, o puede comprar formularios impresos en librerías o papelerías. También puede comprar programas de computación que lo ayuden a escribirlo. Necesita rellenar los espacios en blanco apropiados en estos formularios y obtener la firma de dos testigos que no sean nombrados como beneficiarios. No necesita llevarlo a un notario.

Existe otra clase de testamento que es aun más básico. Se llama testamento hológrafo, que significa escrito a mano. Todo lo que tiene que hacer es describir su voluntad atentamente, insisto, *atentamente*. Primero, tome una hoja de papel limpia, que no lleve su nombre ni el de alguna compañía. Tiene que asegurarse de que en el papel aparezca *sólo su escritura a mano*. Si comete un error, no lo tache: Rompa ese papel y empiece a escribir en otro nuevo. *No* necesita testigos ni

beneficiary named, payable-on-death bank accounts, or anything you may have included in a living trust.

In your will, you appoint an executor, that is, someone you trust who pays bills and taxes and makes sure your wishes are carried out. You should indicate that your executor does not need to be bonded. It is very important that you tell your executor where to find investments you keep at your home or in safety deposit boxes and that you leave a list of bank and brokerage accounts. But be aware, even though you appoint an executor, it is the probate lawyers appointed by the court who finally control the actual distribution of your property. This can make the process slow, expensive for your estate, and, in some cases, unpleasant.

You do not need to go to a lawyer to make a will. Most states have an approved will form. Use the approved will for your state. You can get that on the Internet through the state bar association, an agency that regulates attorneys, or you can buy preprinted forms at bookstores and stationery stores. Also, you can buy computer software that will help you write a will. You need to fill in the appropriate blanks on the forms and get the signatures of two witnesses who are not named as beneficiaries. You do not need to get your will notarized.

There is another type of will that is even more basic. It's called a holographic will. That means it is handwritten. All you have to do is carefully write out your instructions. But the key word here is *carefully*. First, you must use a clean piece of paper. You cannot have your name or a company name printed on it. You must make sure there is *no other* handwriting on the paper. If you make a mistake, you may not cross it out. Instead, you have to tear it up and write it again. You do *not* have witnesses sign this or a notary notarize it. When you are done, you simply sign and date it.

If you can afford it, it is best to go to an attorney who specializes in estate and probate law, not the local *notario*'s brother-in-law. You can get recommendations from someone you trust, or from the state bar association. An attorney's advice can help you handle special circumstances—such as two families joined by a second marriage, business partnerships, and estate taxes. Don't be penny wise and pound foolish. If you have a lot of assets, it's worth paying the lawyer now so you save your family a lot of money later. Lawyers' fees can range from about $150 to thousands of dollars, depending on the size of your estate, the complexity of your personal situation, and

llevarlo a un notario. Cuando termine, simplemente, fírmelo y escriba en él la fecha.

Si se lo puede permitir económicamente, vaya a un abogado que se especialice en derecho patrimonial y testamentario, no al notario de su cuñado. Pregunte a sus familiares o amigos si le pueden aconsejar uno o busque en la Asociación Estatal de Abogacía. La consulta de un abogado puede ayudarlo a resolver circunstancias especiales, tales como dos familias unidas por un segundo matrimonio, sociedades de negocios y los impuestos sobre el patrimonio. No sea ni tacaño ni derrochador. Si tiene muchos bienes, vale la pena pagar a un abogado ahora para ahorrarle dinero a su familia más tarde. Los honorarios de un abogado pueden fluctuar de 150 a miles de dólares, dependiendo del tamaño de su patrimonio, la complejidad de su situación personal y el tipo de consejos que necesita sobre los impuestos. Asegúrese de darle una copia de su testamento a alguien en quien confíe, además de guardar una para usted en un lugar seguro.

Confiando en un fideicomiso

Es *casi* tan fácil establecer un fideicomiso en vida como escribir un testamento. ¡Casi! Porque, en realidad, es ligeramente más complicado. ¿Por qué usarlo? La razón principal es que un fideicomiso revocable le evita la espera y los gastos de la testamentaría. Pero existen otras razones por las que a la gente le gusta. Los fideicomisos le permiten nombrar a alguien de confianza, tal como su cónyuge o a usted mismo, mientras esté vivo, como fideicomisario para administrar su propiedad y, si tiene hijos menores, para proteger sus intereses financieros. Si se encuentra muy enfermo para valerse por sí mismo, sus fideicomisarios pueden entrar en acción y administrar sus asuntos sin tener que ir al tribunal para obtener un tutor asignado o un protector. Los fideicomisos protegen su privacidad porque no son públicos y, además, no necesita recurrir a un abogado cuando llega el momento de distribuir su patrimonio.

Pero cuesta más constituir unos fideicomisos que un testamento y además son ligeramente más caros. El más popular es el revocable. Se llama "revocable" porque usted puede cambiarlo cuando quiera. Para crear uno, tiene que transferir los títulos de los bienes que estén a su nombre como individuo al nombre de usted como fideicomisario de un fideicomiso. (¡Vaya trabalenguas!) Pero como

how much tax advice you need. Make sure to give a copy of your will to someone you trust, in addition to keeping a copy for yourself in a safe place.

Trusting a Trust

It's *almost* as easy to establish a living trust as it is to write a will. Almost. But if it's even the slightest bit more trouble, why would you use one? The main reason to use a revocable living trust is that it lets you avoid the time and expense of probate. But there are other reasons people like them. Living trusts let you name someone in whom you have confidence (trust), such as your spouse, or even yourself while you're alive, as trustee to manage your property, and if you have young children, to protect their financial interests. If you are too ill to take care of yourself, your trustee can jump in to manage your affairs for you without having to go to court to get a guardian or conservator appointed. Living trusts protect your privacy because they are not public. What's more, there is no need to hire an attorney when the time comes to distribute your estate.

But living trusts do take more work than a will to set up and that setup is slightly more expensive. The most popular one is a revocable living trust. It's called *revocable* because you can change it whenever you want. To create a revocable living trust, you transfer the titles to your assets from your name as an individual to your name as the trustee of your trust. I know it sounds confusing. But since your property is in the name of the trust, and you are the trustee, nothing really changes while you are alive. When you die, your successor trustee automatically manages your estate, avoiding probate.

So you or your attorney will have to take the time to transfer the title of your home, a small business, your bank accounts, money market accounts, CDs, and brokerage accounts to your trust. In general, you put your most valuable property into the trust. You do not put individual retirement accounts (IRAs), 401(k)s, or life insurance policies that designate a beneficiary into a one. Nor do you put personal checking accounts or cars into one.

And there is one more step that needs to be taken to complete your revocable living trust. You need to establish a special will,

su propiedad está bajo el nombre del fideicomiso y usted es el fideicomisario, nada cambia realmente mientras esté vivo, y cuando muera, su fideicomisario o sucesor administrará automáticamente su patrimonio evitando así la testamentaría.

Usted o su abogado tendrán que transferir el título de su vivienda, su pequeño negocio, sus cuentas bancarias y de mercado monetario, CD, y cuentas de correduría, a su fideicomiso. En general, le conviene incluir sus posesiones más valiosas en el fideicomiso, pero no incluya el plan IRA, 401(k) o pólizas de seguro que asignen un beneficiario en ellas, ni tampoco las cuentas corrientes personales o los automóviles.

Hay algo más que precisa hacer para que esté listo su fideicomiso revocable en vida. Necesita establecer un testamento especial llamado en inglés *pour-over will*. Éste asegura que los bienes que posea que no hayan sido citados en su fideicomiso se distribuyan cuando usted muera. Sin embargo, los bienes citados en ese testamento tendrán que ir a los tribunales de testamentaría. Le conviene revisar su fideicomiso al pasar unos años para asegurarse de que todos sus bienes están incluidos en el fideicomiso y no los deja en el testamento *pour-over will*. Es en éste donde asigna a un tutor para sus hijos menores y donde puede hacer los arreglos para su funeral. Una vez que el fideicomiso en vida y el testamento *pour-over will* estén preparados, necesita firmar estos documentos en frente a un notario.

¿Testamento o fideicomiso?

Muchas personas no necesitan un testamento o un fideicomiso. Si no tienen hijos o son adultos y su patrimonio es lo suficientemente pequeño para ser tratado como se ha explicado anteriormente en este capítulo—como la propiedad comunal, actas, testamentaría sumaria o cuentas pagaderas al morir—lo único que necesita hacer es constituir un documento de voluntades anticipadas para la atención médica y dar a alguien en quien confíe un poder notarial permanente para que pueda hacerse cargo de usted en caso de ser necesario.

Pero si tiene hijos menores de 18 años, es dueño de un negocio o deja un patrimonio muy grande que requiere un proceso más complejo, considere seriamente hacer un fideicomiso en vida; puede que comporte más trabajo al principio, pero luego les ahorrará a sus herederos tensiones y dinero. El tiempo y los costos

called a pour-over will. This ensures that any property you own when you die that is not listed in your trust is distributed. The property named in that will, however, will have to go to probate court. So it makes sense to review your trust every few years to make sure all of your assets are included in the trust and not left in the pour-over will. The pour-over will is also where you are allowed to name a guardian for young children and where you can make arrangements for your funeral. Once your living trust and your pour-over will are prepared, you will need to sign the documents in front of a notary.

Will or Trust?

Many people don't need either a will or a trust. If you have no children or your children are grown, and your estate is small enough to be dealt with in one of the ways we discussed earlier in the chapter—by joint tenancy with right of survivorship, affidavits, summary probate, or payable-on-death accounts—you don't need much. All you need to do is set up an advance health care directive and give someone you trust a durable power of attorney, so you can be taken care of if you can't care for yourself.

But if your children are under 18, you own a business, or you'll leave an estate too large for those simple fixes, give strong consideration to creating a living trust. It may be more work in the beginning, but it can save your heirs stress and money. The time and costs of going through probate will erode a mid-sized estate quickly.

Estate Tax Rules for Noncitizens

There are special estate tax rules that apply if your spouse is *not* a citizen of the United States. The law puts a limit on how much a spouse who isn't a citizen can inherit tax free from his or her citizen spouse. To avoid this problem you can set up a qualified domestic trust (QDOT). No estate tax is assessed when the spouse who is a citizen dies. The noncitizen spouse gets the income from the QDOT as long as he or she lives. Estate taxes have to be paid when the noncitizen spouse dies. If your estate is $2 million or

de recurrir a una testamentaría se pueden comer un patrimonio medio en poco tiempo.

Regulaciones en los impuestos sobre el patrimonio para extranjeros

Existen regulaciones especiales en los impuestos sobre el patrimonio que se aplican si su cónyuge *no* es un ciudadano de Estados Unidos. La ley pone un límite de lo que su cónyuge extranjero puede heredar de un ciudadano. Para evitar este problema, puede establecer un fideicomiso familiar calificado. No se gravan impuestos sobre el patrimonio cuando el cónyuge que es ciudadano fallece. El cónyuge extranjero obtiene el ingreso del fideicomiso familiar QDT mientras viva, pero los impuestos sobre el patrimonio tendrán que ser pagados cuando el cónyuge extranjero muera. Si su patrimonio es de 2 millones de dólares o menos hasta 2008, en este caso puede que no deba impuestos y no tenga que preocuparse por las regulaciones especiales; pero si su patrimonio es mayor de dicha cifra, tendrá que tomar precauciones para su cónyuge.

El dejar propiedad, dinero y recuerdos para aquellos que ama no es complicado, ni lo es el dar dinero para ayudar a los necesitados. Si sigue leyendo, obtendrá consejos sobre cómo hacerlo.

less through 2008, you would owe no estate tax in any case, and would not have to worry about the special rules. But if your estate is worth more, you may have to make special provisions for your spouse.

Leaving property, money, and memories behind for those you love is not complicated. Neither is giving money away to help those in need. Keep reading for tips on giving back.

24

Retribuyendo

Los latinos estamos acostumbrados a dar, porque es parte de nuestra cultura. ¿Cuántas veces ha hecho pollo y arroz, enchiladas o empanadas para un amigo o familiar que se encuentra en el hospital? ¿Cuántas veces ha dado albergue a una sobrina o sobrino porque su familia está pasando por un mal momento? ¿Cuántas veces ha ayudado a un amigo a reparar su auto cuando ha tenido otras cosas que hacer? Nuestra cultura es la cultura de la ayuda. Lo hacemos de la misma forma que respiramos. Es una cultura basada en las relaciones: con la iglesia, con nuestras familias y con nuestros amigos.

Reconocemos que nuestro tiempo, consejos y energía son muy valiosos. Cuando tenemos poco dinero, dar estas cosas no tiene precio. Aunque tengamos poco dinero, lo compartimos. Lo ponemos dentro de un sobre los domingos, como parte de nuestro ritual, de nuestra responsabilidad con la iglesia. Lo enviamos a nuestros familiares, de nuevo como un acto de amor y responsabilidad. Además, muchas personas remiten dinero desde Estados Unidos a mutualistas, asociaciones mutualistas de asistencia, o a las de nuestras ciudades de origen. Los mutualistas usan ese dinero para lidiar con las necesidades sociales o económicas. Las asociaciones de nuestras ciudades usan nuestras contribuciones para proyectos, junto con los fondos de corporaciones y del gobierno. Donar una pequeña contribución produce un gran impacto.

Pero los latinos estamos ascendiendo en la escala económica. La parte de la población hispana que está crecimiento más rápidamente

CHAPTER 24

Giving Back

Latinos are used to giving. It's part of our culture. How many times have you made chicken and rice, or enchiladas, or empanadas for a friend or relative in the hospital? How many times have you taken in a niece or nephew whose family is going through a rough patch? How many times have you helped a friend repair a car when you had other things to do? Our culture is a culture of doing for each other. We do it in the same way that we breathe. It's a culture based on relationships—with the church, our families, and our friends.

Recognize that our time, advice, and energy are worth a lot. When we have little money, giving those things is priceless. And even when we do have very little money, we share it. We put some it into the Sunday envelope as part of our ritual, part of our responsibility to the church. We send money to relatives, again an act of love and responsibility. What's more, many people send money from the United States to *mutualistas,* mutual assistance associations, or to hometown associations. *Mutualistas* use that money to deal with social or economic needs. Hometown associations use your contributions, matching funds from corporations, and money from the government for projects in hometowns. This way of giving gives a small donation big impact.

But Latinos are moving up the economic ladder. The fastest-growing part of the Hispanic population in the United States is among households earning $50,000 a year or more. That means the size of what we give can grow. So why do we, as a group, give less money than

en Estados Unidos es la integrada por familias que ganan unos 50.000 dólares al año o más. Lo que significa que los que podemos dar, aumentamos. Entonces, ¿por qué, como grupo, damos menos? Toma tiempo subir por esa escala. A medida que ascendemos, cuesta dejar atrás viejas actitudes.

La doctora Sandra Hernández, una mujer cuya vida está dedicada a ayudar a los demás, es la ejecutiva principal de la Fundación de San Francisco. Ésta es una organización sin fines de lucro que dona más de 60 millones de dólares al año para tratar de resolver problemas difíciles que enfrenta la gente, como el carecer de atención médica. La doctora Hernández observa que las personas que no tienen mucho dinero suelen reaccionar con el *temor* de que necesitan hasta el último centavo para sobrevivir, en vez de tener la *esperanza de* poder arreglárselas con lo que tienen o pensar que su economía mejorará. Mírese en un espejo. ¿Usted, sus padres o sus abuelos vinieron a Estados Unidos para desprenderse de la angustia de seguir viviendo sin dinero? Lo más probable es que usted o sus familiares hayan venido aquí con la esperanza de mejorar su vida y realizar sus sueños.

Viola González, exdirectora ejecutiva de la Fundación para la Comunidad Latina, dice que los latinos que ascendemos en la escala económica podemos usar nuestro éxito para ayudar a otros a hacer tres cosas. Primero, a creer en nuestros valores y actuar de acuerdo con ellos. Segundo, a concentrarnos en organizaciones que apoyen a la comunidad. Busque qué grupos lo hicieron con usted o con alguien que conoce. Estas organizaciones podrían contar con su ayuda como un voluntario, como miembro de su junta directiva o como contribuyente. Tercero, incluya en su plan de inversión las donaciones. Trabaje con un asesor financiero para determinar cómo puede usar sus inversiones para fundar contribuciones o dejar una parte de su patrimonio a una organización benéfica de su preferencia. Haga un presupuesto de su donación. El ejemplo de presupuesto que se encuentra al final de este libro tiene espacios para anotar sus donaciones. En otras palabras, use las herramientas que tiene como latino y las nuevas que adquiere al ascender por la escala económica para hacer del mundo que lo rodea un mundo mejor.

Según la doctora Hernández, una manera de mejorar el mundo es enseñar a nuestros hijos a tener un corazón generoso. Explíqueles por qué manda comida a una familia cuando alguien de ellos fallece. Antes de que sus hijos pidan ropa nueva, pregúnteles qué quieren

others? It takes time to move up that ladder. And as we climb it, it takes time to shed old attitudes.

Dr. Sandra Hernandez, a woman whose life is defined by doing for others, is the chief executive officer of the San Francisco Foundation. This is a nonprofit organization that gives away more than $60 million a year to try to solve difficult problems facing communities, such as access to health care. Dr. Hernandez notes that people who don't have a lot of money often operate in *fear* that they will need every last quarter, rather than with *hope* that they will manage with what they have or that they will improve their financial fortunes. Look at yourself in the mirror. Did you or your parents or grandparents come to the United States out of fear to live in fear? Most likely, you or your relatives came here with the hope of making a better life. If we embrace that hope, we will realize our dreams.

Viola Gonzales, former executive director of the Latino Community Foundation, says as Latinos climb the economic ladder we can use our success to help others by doing three things. First, believe in your values and act on them. Second, focus on organizations that support the community. Look at which groups helped you or someone you know. These organizations can use your help as a volunteer, a board member, or a contributor. Third, make giving part of your investment portfolio. Work with a financial planner to determine how you can use investments to fund contributions or how to leave a piece of property to your favorite charity. Budget your giving. The budget in Appendix B has lines for you to list your donations. In other words, use the tools you have as a Latino and the new tools you learn on the way up the economic ladder to make the world around you a better place.

Dr. Hernandez says part of making the world a better place is teaching your children to be generous of heart. Explain why you take food to a family when someone dies. Before your children buy new clothes, ask them what they want to do with the ones they've outgrown. She says giving back can start at a very early age. Her own daughter chooses books that she no longer uses, packs them up, brings them to the library, and tells the librarian that she's donating them. As young as her daughter is, she understands that she's done something good.

In fact, Dr. Hernandez says that giving can transform your life. It makes you feel good. It makes you feel empowered and connected. It extends your values to others. It changes lives. And the benefits

hacer con la que les quedó pequeña. Dicen que retribuir a los demás puede empezar a tierna edad. La hija de la doctora Hernández toma los libros que ya no usa y los lleva a la biblioteca donde los dona. Aunque es sólo una niña, comprende que está haciendo algo bueno.

De hecho, la doctora Hernández dice que dar puede transformar la vida, la hace sentir bien, le da poder y la une más a la gente. Ella transmite sus valores a otras personas, cambia vidas. Y los beneficios no son sólo espirituales; el gobierno de Estados Unidos valora tanto la generosidad de sus contribuyentes que otorga desgravaciones sobre los impuestos al donar por beneficencia. Haga una lista detallada de sus donaciones y obtendrá una reducción de los ingresos que están sujetos a impuestos. Asegúrese de tener un recibo o carta de la organización con el comprobante de su donación.

Cómo dar

Dé de corazón. Dé con pasión. Pregúntese: ¿Qué es lo que me interesa? ¿Cuánto deseo retribuir? ¿Quiénes comparten mis valores? La doctora Hernández recomienda que pregunte lo siguiente a los que le piden su donación: ¿Qué hará con el dinero? ¿A quién se destinará? ¿Cuál es su misión o meta? ¿Cómo sabe si tendrá éxito? Usted tiene el derecho de considerar su propio dinero como algo importante. Si las personas que le piden una donación no contestan sus preguntas de modo satisfactorio, puede dirigir su contribución a otra entidad.

Hay diferentes maneras de dar, además de las mencionadas, por ejemplo, puede ofrecer su tiempo, su experiencia profesional o su dinero. No necesita ser rico para dar; las personas que ganan medianamente dan, en proporción a lo que tienen, mucho más que las que ganan de 200 mil a un millón de dólares al año. Puede donar directamente. Si su empleador trabaja con United Way u otra fundación comunitaria o pública, puede hacer que su donación se retire directamente de su salario. Con United Way, puede escoger la entidad de beneficencia a la que quiere donar su dinero. Puede encontrar en el apéndice A una breve lista de algunas organizaciones latinas a las que podría dar su apoyo.

Si hay algo por lo que usted, su familia y amigos sienten un profundo interés, pueden formar un círculo de donación. Escoja una entidad de beneficencia a la que quiera ayudar, reúna el dinero y dónelo como grupo. De esta manera puede tener mayor impacto

are not just spiritual. The U.S. government values the generosity of its taxpayers so much that it gives you tax deductions for donating to charity. If you itemize your deductions and list your donation, it reduces the amount of your income subject to taxes. Just make sure you get a receipt or letter from the organization acknowledging your gift.

How to Give

Give from your heart. Give from your passion. Ask yourself: What do I care about? What do I want to give back? Who shares my values? And then, Dr. Hernandez recommends that you ask those who request a donation questions: What will you do with the money? Who do you serve? What is your mission or goal? How will you know if you've been successful? You owe yourself the respect of treating your own money as though it's important. If someone can't answer these questions, you may decide to make your contribution elsewhere.

There are different ways to give. Some have been listed already. You can volunteer your time, give professional advice, or give money. You don't have to be wealthy to give money. People who earn modest incomes give more of their wealth to charity and those who make between $200,000 and $1 million. You can give directly to a charity. If your employer works with the United Way or other community or public foundations, you can have your donation deducted directly from your paycheck. You can even pick the charity or the cause to which the United Way will direct your money. You can find a brief list of some Latino organizations you may want to support in Appendix A.

If there's something you and your family and friends care deeply about, you can form a giving circle. Pick a charity you want to support, pool your money, and donate it as a group. That way, you can make a bigger impact than if you give as an individual. If you own a business, you can offer donations of goods and services. Or you can develop a corporate giving program or a corporate foundation. In that case, the money your business gives comes from corporate profits. You may want to match contributions your employees give to nonprofit groups. That not only increases the amount of money given, it sets an example that encourages employees to think about helping others.

que si lo da individualmente. Si es dueño de un negocio, puede ofrecer donaciones de bienes y servicios, o puede desarrollar un programa social de donación o fundación; de esa forma, el dinero que su negocio dona viene de las ganancias de la firma. Le conviene donar el equivalente a las contribuciones que sus empleados aportan a grupos sin fines de lucro; con ello, no sólo aumenta el dinero dado sino que establece un ejemplo que estimula a los trabajadores a seguir donando a otros.

Si es capaz de ascender el último peldaño de la escala, es una buena idea hablar con un asesor financiero, una fundación o un abogado y escoger el mejor sistema para usted. Si cree que va a dejar un patrimonio abundante a su familia, puede dedicar una parte de él a la organización benéfica de su preferencia. Las fundaciones comunitarias aceptan propiedades o acciones que generan ingreso. También podría establecer un fideicomiso para beneficencias. O sea, transfiere bienes financieros que posee a un fideicomiso legal que provee a dos beneficiarios, que recibirán dichos bienes. Los primeros beneficiarios son usted y su cónyuge; los segundos son las entidades benéficas que nombre. Durante su tiempo en vida, recibe beneficios de la propiedad del fideicomiso que compensan parcialmente con la desgravación de los impuestos por donar a la beneficencia.

Pero usted es el que decide lo que puede donar. Ponga en práctica la generosidad que su cultura le infunde para hacer de este mundo un lugar mejor. Esta actitud lo convertirá también en una persona mejor.

Unas últimas palabras

Usted ha recorrido un círculo completo desde el principio de este libro. Ha aprendido que el dinero puede fluctuar desde ser una herramienta para sobrevivir hasta ser una ayuda para que otros sobrevivan. Para mí, ha sido el camino de la esperanza y la confianza: la esperanza de que este libro facilite su vida y la de sus hijos y haga esta nación más fuerte; y la confianza de que usted conseguirá eso y mucho más. ¡Buena suerte!

If you manage to climb to the top rung of the financial ladder, it is a good idea to talk to a financial planner, a community foundation, or an attorney to pick the best giving tool for you. If you think you'll leave a large estate to your family, you can direct a portion of it to your favorite charity. Community foundations accept property or stocks that generate income. You may be able to set up a charitable remainder trust. That is a way to transfer financial assets you own to a legal trust that provides for two beneficiaries, that is, those who receive money or property. The first beneficiaries are you and a spouse. The second beneficiaries are the charities you name. During your lifetime, you get income from the property in the trust that is partially offset by a charitable income tax deduction. What's more, when you die, the assets in the trust are not subject to estate taxes, and indeed gain another tax deduction before they are turned over to the charity.

However you decide to give, whatever you can afford to give, make use of the impulse that your culture has given you to make the world a better place. It will leave you a better person.

The Final Word

You've come full circle from the beginning of this book. You have learned that money can range from being a tool for your own survival to a tool to help others to survive. For me, it's been a journey of hope and confidence: hope that you will use this book to make your life easier, make your children's lives better, and make our nation stronger; and confidence that you will do all of that and more. Buena suerte.

Recommended Resources
Recursos recomendados

Banking

Industria bancaria

To find out if a bank or a savings and loan is insured:
Para averiguar si un banco o asociación de ahorros y préstamos está asegurado:

Federal Deposit Insurance Corporation (FDIC)
Office of Consumer Affairs
5501 17th Street NW
Washington, DC 20429
877-275-3342
www.fdic.gov

To learn if a credit union is insured:
Para averiguar si una cooperativa de crédito está asegurada:

National Credit Union Administration
1775 Duke Street
Alexandria, VA 22314
703-518-6300
www.ncua.gov

For basic banking information:
Para información básica sobre los bancos:

Federal Reserve Education
www.federalreserveeducation.org

To learn and compare interest rates on credit cards, checking, savings, money market accounts, and CDs:

Para aprender y comparar las tasas de interés de las tarjetas de crédito, cuentas corrientes, de ahorros, Mercado Monetario y los CD visite el sitio:

Bankrate, Inc.
11760 U.S. Highway 1, Suite 200
North Palm Beach, FL 33408
561-625-4540
www.bankrate.com (English)
www.bankrate.com/esp (Español)

BanxCorp
222 Bloomingdale Road, Suite 116
White Plains, NY 10605
914-644-1800
800-666-2000
www.banxquote.com

Retirement Savings

Ahorros para la jubilación

The ASEC Choose to Save program offers a very useful Web-based retirement planning calculator and savings education. Some brochures are offered in Spanish.

El Consejo Americano sobre Educación para los Ahorros y su programa para Elegir el Ahorro ofrecen un plan de jubilación e información muy útil sobre los ahorros en la red de Internet. Se ofrecen algunas publicaciones en español.

American Savings Education Council (ASEC)
Employee Benefit Research Institute (EBRI)
2121 K Street NW, Suite 600
Washington, DC 20037-1896
202-659-0670
www.asec.org
www.ChoosetoSave.org

Social Security

Seguridad social

To get an estimate of your Social Security benefits at retirement and publications in Spanish:

Para obtener un presupuesto de los beneficios de su Seguridad Social y publicaciones en español al jubilarse:

Social Security Administration
800-772-1213
www.ssa.gov

AARP
601 E Strcet NW
Washington, DC 20049
800-687-2277
www.aarp.com

Pensions

Pensiones

Department of Labor
Benefits Security Administration
Francis Perkins Building
200 Constitution Avenue NW
Washington, DC 20210
866-444-EBSA
www.dol.gov/ebsa

Pension Benefit Guaranty Corporation (PBGC)
P.O. Box 151750
Alexandria, VA 22315-1750
202-326-4000
800-400-7242
www.pbgc.gov

Credit and Debt

Crédito y deuda

To compare credit card rates:
Para comparar las tasas de interés de las tarjetas de crédito:

Bankrate, Inc.
561-625-4540
www.bankrate.com (English)
www.bankrate.com/esp (Español)

CardWeb.com
8359 Beacon Boulevard, Suite 217
Fort Myers, FL 33907
301-631-9100
800-874-8999
www.cardweb.com

You may order one free credit report a year from each bureau:
Puede pedir un informe gratuito al año de cada oficina:

Annual Credit Report Request Service
P.O. Box 105283
Atlanta, GA 30348
877-322-8228
www.annualcreditreport.com

To reach the credit bureaus:
Para localizar las oficinas de crédito:

Equifax Information Services
PO Box 740241
Atlanta, GA 30374
800-685-1111
www.equifax.com

Experian
PO Box 1017
Allen, TX 75013
888-397-3742
www.experian.com

Transunion
P.O. Box 390
Springfield, PA 19064
800-916-8800
www.transunion.com

To learn your credit score:
Para averiguar su puntuación de crédito:

MyFico, a division of Fair Isaac Corporation
    800-319-4433
    www.myfico.com

For help with debt and to find a credit counselor in your area:
Para ayuda con la deuda y encontrar un asesor de crédito en su zona:

National Foundation for Consumer Credit Counseling
    800-388-2227
    www.nfcc.org

Debtors Anonymous
    P.O. Box 920888
    Needham, MA 02494
    718-453-7743
    www.debtorsanonymous.org

For fraud alerts, tips on managing credit, and others in English and Spanish:
Para alertas sobre el fraude, consejos para el manejo del crédito y otros asuntos relacionados con el crédito, en inglés o español:

Consumer Action (San Franciscso)
    221 Main Street, Suite 480
    San Francisco, CA 94105
    415-777-9635
    www.consumer-action.org

To file complaints about predatory lending, debt collectors, or identity theft, or to learn about your rights as a consumer in English or Spanish:
Para presentar quejas sobre prestamistas depredadores, cobradores de la deuda, el robo de identidad o para saber sobre los derechos del consumidor, en inglés o español:

Federal Trade Commission
    600 Pennsylvania Avenue NW
    Washington, DC 20580
    800-382-4357
    www.ftc.gov

Car Loans
Préstamos para autos

To compare rates and calculate payments:
Para comparar las tasas y calcular los pagos:

Bankrate, Inc.
561-625-4540
www.bankrate.com (English)
www.bankrate.com/esp (Español)

To determine your car's value:
Para determinar el valor de su automóvil:

The Kelley Blue Book
195 Technology
Irvine, CA 92618
www.kbb.com

Edmunds Inc.
www.edmunds.com

Paying for College
Pagar la universidad

To find calculators, information on scholarships, loans, financial aid applications, and more:
Para encontrar programas de cómputo, información sobre becas, préstamos, solicitudes de ayuda financiera y demás:

Federal Student Aid
800-433-3243
studentaid.ed.gov

FinAid!
www.finaid.org

Free Application for Federal Student Aid (FAFSA)
800-433-3243
www.fafsa.ed.gov

Students.gov
830 1st Street NE
Washington, D.C. 20202-5269
www.students.gov

Savingforcollege.com
www.savingforcollege.com

Also, from the Department of Education, a pamphlet in English and Spanish: *Funding Education Beyond High School.*

También, del Departamento de Educación, un panfleto en inglés o español: Fondos para la Educación más allá del Bachillerato.

The Department of Education
El Departamento de Educación
www.ed.gov

The Hispanic Scholarship Fund
55 Second Street, Suite 1500
San Francisco, CA 94105
877-473-4636
www.hsf.net

The National Association of Hispanic Press Foundation
Tom Oliver, Executive Director and CEO
1085 National Press Building
Washington, DC 20045
202-662-7250
www.scholarshipsforhispanics.org

Student.com
www.collegeboards.org

FastWeb
www.fastweb.com

The Hispanic Association of Colleges and Universities (HACU)
8415 Datapoint Drive, Suite 400
San Antonio, TX 78229
210-692-3805
www.hacu.net
www.nelnet.net/hacu

For information on the First in My Family Scholarship Program:
Para información sobre el Programa de Becas el Primero de Mi Familia:

The Sallie Mae Fund
12061 Bluemont Way
Reston, VA 20190

www.thesalliemaefund.org
www.salliemae.com

A recommended book:
Un libro recomendado:

How to Go to College Almost for Free by Ben Kaplan (Gleneden
    Beach, OR: Waggle Dancer Media, 2005)

Buying a Home

Comprar una casa

For general information about buying a home, FHA loans, re-
verse mortgages, and assistance to avoid foreclosure in English or
Spanish see the Department of Housing and Urban Development
(HUD) Web site. It is also the location for information in the Federal
Housing Administration:

Para información general de cómo comprar una casa, los
préstamos del FHA, hipotecas negativas y asistencia para evitar un
embargo, en inglés o español. También el sitio para información
sobre la Administración Federal de Viviendas:

Department of Housing and Urban Development (HUD)
451 Seventh Street SW
Washington, DC 20410
888-466-3486
www.hud.gov

For help avoiding foreclosure:
Ayuda para evitar el embargo de su vivienda:
800-569-4287

For the *HUD Home Buying Guide* in English or Spanish:
Para la *Guía de la Compra de una Casa del HUD*, en inglés o
español:
800-767-7468

Department of Veterans Affairs
800-827-1000
www.homeloans.va.gov

For information on mortgage loan rates and terms:
Para información sobre las tasas de préstamos para hipotecas y
los plazos:

Bankrate, Inc.
  561-625-4540
  www.bankrate.com (English)
  www.bankrate.com/esp (Español)

HSH Associates, Financial Publishers
  973-617-8700
  800-873-2837
  www.hsh.com

For information on home programs to increase home ownership in the United States:

Para información sobre programas de vivienda para aumentar la propriedad de casas en Estados Unidos:

Fannie Mae
  800-732-6643
  www.fanniemae.com (English/Español)

Freddie Mac
  800-373-3343
  www.freddiemac.com

Associate of Community Organizers for Reform Now (ACORN)
  www.acorn.org

Mortgage Bankers Associate, stopmortgagefraud.com
  www.stopmortgagefraud.com

Other information:
Otra información:

National Hispanic Real Estate Professionals
  www.realestateespanol.com

League of United Latin American Citizens (LULAC) Mi Casa program:
  www.lulacmicasa.org

For information on managing loans from your relatives:
Para información sobre cómo administrar los préstamos de sus familiares:

CircleLending
  800-805-2472
  www.circlelending.com

For information on reverse mortgages:
Para información sobre hipotecas negativas:

AARP
www.aarp.org/money/revmort

Business Borrowing

Pedir o prestar para negocios

For information on family loans:
Para información sobre préstamos de la familia:

Circle Lending
800-805-2472
www.circlelending.com

For general information and lending sources in English and Spanish:
Para información general y fuentes para pedir prestado en inglés y español:

U.S. Small Business Administration
800-827-5222 (for locations of local development centers/ para la dirección de centros de desarrollo locales)
www.sba.gov

U.S. Hispanic Chamber of Commerce
800-874-2286
www.ushcc.com

U.S. Chamber of Commerce Foundation
202-429-0516

For information on micro loans:
Para información sobre los micropréstamos:

Women's Initiative and ALAS
415-641-3460
www.womensinitiative.org

Alternativas para Latinas en Autosuficiencia (ALAS)
415-641-3460
www.minegocito.org

Acción USA
866-245-0783
www.accionusa.org

National Minority Business Council
212-693-5050
www.nmbc.org

Investing

Invertir

For general information:
Para información general:

MoneyChimp
www.moneychimp.com

To invest in U.S. government bonds, notes, and bills:
Para invertir en bonos, notas y letras de cambio del gobierno de
Estados Unidos:

**United States Department of the Treasury, Bureau of the Public
Debt**
www.treasurydirect.gov

For information on municipal bonds, you can check:
Para información sobre bonos municipales puede averiguar en:

The Bond Market Association
www.bondmarket.com

The Securities Industry and Financial Markets Association
www.investinginbonds.com

Besides the normal investment channels, such as stockbrokers,
mutual fund companies, and other financial institutions, you can
buy small amounts of stock at very low commissions. A selection of
so-called dividend reinvestment plan (DRIP) sites includes:

Además de los canales normales para inversiones, tales como
corredores de bolsa, compañías de fondos mutualistas y otras
instituciones financieras, puede comprar pequeñas cantidades de
participaciones con comisiones a muy bajo costo en:

DRIP Advisor
www.dripadvisor.com

Better Investing from the National Association of Investors Corporation
www.betterinvesting.org

OneShare.com
www.oneshare.com

First Share, Inc.
800-683-0743
www.firstshare.com

To check on a broker's record:
Para averiguar sobre el historial de un corredor de bolsa:

Financial Industry Regulatory Authority (FINRA) (formerly National Association of Securities Dealers)
www.finra.org (click on/presione BrokerCheck)

Securities and Exchange Commission (SEC)
800-732-0330
www.sec.gov

To evaluate mutual funds:
Para evaluar los fondos de inversión:

Morningstar Mutual Funds
www.morningstar.com

To calculate your fund's costs:
Para calcular los costos de un fondo:

Personal Fund, Inc.
www.personalfund.com

A site on index funds:
Un sitio en Internet para fondos de indicadores:

Index Funds, Inc.
www.indexfundsonline.com

Protecting Your Financial Reputation

Proteger su reputación financiera

Federal Trade Commission
877-3824
www.ftc.gov

Identity Theft Resource Center
P.O. Box 26833
San Diego, CA 92196
858-693-7935
www.idtheftcenter.org

Insurance

Seguro

For information on insurance provided by state regulators:
Para información sobre el seguro provista por los reguladores estatales:

National Association of Insurance Commissioners
202-624-7790
www.naic.org (English)
www.InsureUonline.org/espanol (Español)

AARP
888-687-2277
www.aarp.com

Health Insurance Association of America
202-824-1600
www.hiaa.org

To determine the health of your insurer's finances:
Para determinar el estado de las finanzas de su asegurador:

Standard & Poor's
212-438-2400
www.standardandpoors.com

A. M. Best
908-439-2200
www.ambest.com

Taxes

Impuestos

Before you ask anyone else for advice about taxes, go online to the Internal Revenue Service site. It gives information in English

and in Spanish. If you cannot to find the correct information you need there, then call or turn to a private tax professional.

Antes de preguntarle a alguien para que lo aconseje sobre los impuestos, vaya al sitio en Internet del Servicio Interno de Rentas. Éste da la información en inglés o español. Si no puede encontrar la información correcta que necesita, entonces llame o busque a un profesional privado que sepa sobre impuestos.

Internal Revenue Service (IRS)
   800-829-1040 (for individuals)
   800-829-4933 (for businesses)
   877-777-4778 (taxpayer advocate)
   877-829-4477 (To order an English-Spanish glossary of tax terms in Publication 850./Para obtener un glosario de los términos usados con los impuestos en inglés o español de la Publicación 850.)
   www.irs.gov

AARP's Tax-Aide Counseling
   888-227-7669

Estate Planning

El plan para la herencia

For advance health care directives (durable power of attorney for health care) and for other advice on wills, living trusts, charitable trusts, and so on:

Para las Voluntades Anticipadas sobre la Atención Médica (Poder Notarial Permanente para la Atención Médica) y para otros consejos sobre testamentos, fideicomiso en vida y los de beneficencia, etcétera.:

Nolo
   950 Parker Street
   Berkeley, CA 94710
   800-728-0895
   www.nolo.com

Lawyers.com from Martindale-Hubbell
   908-464-6800 ext. 8001
   800-526-4902 ext. 8001
   www.lawyers.com

LegalZoom, Inc.
www.LegalZoom.com

Compassion & Choices
800-247-7421
www.compassionandchoices.org

For a list of atronéis:
Para una lista de abogados:

Martindale-Hubbell Law Directory
www.martindale.com

AARP
800-687-2277
www.aarp.org/estate_planning

Giving Back

Retribuyendo

Here is a partial list of Hispanic organizations that can use your help. Many offer scholarships:

A continuación una lista parcial de organizaciones hispanas que pueden serle de ayuda. Muchas ofrecen becas:

American GI Forum
866-244-3628
www.agif.org

ASPIRA
202-835-3600
www.aspira.org

Cuban American National Council
305-642-3484
www.cnc.org

Dominican American National Roundtable
202-238-0097
www.danr.org

Hispanic Association of Colleges and Universities (HACU)
210-692-3805
www.hacu.org

Hispanic Federation
866-432-9832
www.hispanicfederation.org

Latino Community Foundation
415-733-8581
www.latinocf.org

League of United Latin American Citizens (LULAC)
877-585-2201
www.lulac.org

Mexican American Legal Defense and Education Fund (MALDEF)
202-293-2828
www.maldef.org

National Council of La Raza (NCLR)
202-785-1670
www.nclr.org

San Francisco Foundation
415-733-8518
www.sff.org

SER–Jobs for Progress
972-506-7815
www.ser-national.org

APÉNDICE B

Su plan para la independencia económica

Un presupuesto: El ingreso

Categoría	Semana	Mes	Año
Salarios			
Trabajo 1			
Trabajo 2			
Trabajo 3			
Trabajo 4			
Ingresos por autoempleo			
Ingresos por la propiedad alquilada			
Ingresos por interés			
Ahorros y mercado monetario			
Certificados de depósito (CD)			
Bonos			
Dividendos			
Ingreso por la jubilación			
Pensión			
401(k)			
IRA			
Pensión conyugal/sustento para los hijos			
TOTAL DE INGRESO			

APPENDIX B

Your Plan for Financial Independence

Your Budget: Income

Category	Week	Month	Year
Wages			
Job 1			
Job 2			
Job 3			
Job 4			
Self-Employment Income			
Income from Rental Property			
Interest Income			
Savings & Money Market			
Certificates of Deposit (CDs)			
Bonds			
Dividends			
Retirement Income			
Pension			
401(k)			
IRA			
Alimony/Child Support			
TOTAL			

Un presupuesto: Los gastos

Categoría	Semana	Mes	Año
Retribúyase primero a sí mismo (ahorros)			
401K			
IRA/Roth IRA			
Fondo de emergencia			
Educación			
Casa			
Otros			
Hipoteca/Alquiler			
Pagos mensuales			
Cuotas del condominio			
Pagos por el garaje			
Mantenimiento de la casa			
Gas y electricidad			
Basura			
Agua			
Pintura/techo/reparación			
Artículos para el jardín/servicios			
Administración de la casa			
Muebles			

Alimentos

En casa	Víveres
	Licores/otros
Fuera de casa	Comida (trabajo/escuela)
	Cafés
	Comida rápida
	Cenas

Telecomunicaciones
  Teléfono
  Celular
  Servicios para responder llamadas
  Radiomensajes (pagers)
  Asistente digital personal

Obligaciones Financieras
  Impuestos sobre la propiedad
  Seguro de la casa/apartamento
  Seguro del carro
  Seguro de vida/incapacidad
  Pensión conyugal/sostenimiento de los hijos

(Continúa)

Your Budget: Expenses

Category	Week	Month	Year
Pay Yourself First (savings)			
401(k)			
IRA/Roth IRA			
Emergency Fund			
Education			
Home			
Other			
Mortgage/Rent			
Monthly Payments			
Condominium Fees			
Garage Fee			
Home Maintenance			
Gas & Electric			
Garbage			
Water			
Painting/Roof/Repair			
Garden Supplies/Service			
Housekeeping			
Furniture			
Food			
In Groceries			
Liquor/Other			
Out Lunch (work/school)			
Coffees			
Fast Food			
Dinners Out			
Telecommunications			
Telephone			
Cell Phone			
Answering Service			
Pagers			
Personal Digital Assistant			
Financial Commitments			
Property Tax			
Home/Apt. Insurance			
Car Insurance			
Life/Disability Insurance			
Child Support/Alimony			

(Continued)

Un presupuesto: Los gastos *(Continúa)*

Categoría	Semana	Mes	Año
Costos por servicios financieros			
Cuotas bancarias			
ATM/cuotas por débitos			
Caja fuerte para depósitos			
Cuotas de correduría			
Préstamos (Incluye pagos tardíos)			
Préstamo para el coche			
Préstamo de estudiante			
Préstamos de tarjetas de crédito			
Pagos			
Cuota de asociado			
Préstamo sobre el derecho de la propiedad de la casa			
Gastos médicos			
Prima del seguro médico			
Deducciones			
Copagos para los doctores			
Medicinas con prescripción			
Medicinas sin prescripción			
Lentes/frenillos dentales			
Hijos			
Niñera			
Guardería			
Matrícula/honorarios de la escuela			
Libros/provisiones			
Lecciones/tutoría			
Dinero que se esfuma			
Transportación			
Pasajes de autobús/tren/metro			
Gasolina			
Honorarios de registro			
Mantenimiento (neumáticos, etcétera)			
Peaje por puente/camino			
Estacionamiento/Coche de alquiler			
Vestuario			
Adultos			
Niños			
Zapatos			
Lavado en seco/tintorería			

(Continúa)

Your Budget: Expenses *(Continued)*

Category	Week	Month	Year
Financial Services			
Bank Fees			
ATM/Debit Fees			
Safety Deposit Box			
Brokerage Fees			
Loans (Include late fees)			
Auto Loan			
Student Loan			
Credit Card Loans			
Payment			
Membership Fee			
Home Equity Loan			
Medical			
Health Insurance Premium			
Deductibles			
Copayments for Doctors			
Prescription Drugs			
Over-the-Counter Drugs			
Glasses/Braces			
Children			
Baby-Sitter			
Day Care			
Tuition/School Fees			
Books/Supplies			
Lessons/Tutoring			
Into-Thin-Air Money			
Transportation			
Bus/Train/Subway Fares			
Gasoline			
Registration Fees			
Maintenance (tires, etc.)			
Bridge/Road Tolls			
Parking/Taxi			
Clothing			
Adults			
Children			
Shoes			
Dry Cleaning/Laundry			

(Continued)

Un presupuesto: Los gastos *(Continúa)*

Categoría	Semana	Mes	Año

Regalos
Regalos de sostenimiento familiar
Cumpleaños
Aniversarios
Bodas/bautizos, etcétera

Días feriados
Gastos por regalos/correo
Tarjetas y estampillas
Árbol/Decoración
Fiestas
Transportación

Mascotas
Alimento
Cuentas del veterinario
Juguetes/collares/correas/jaula
Cuidado de la mascota/estadía

Cuidado personal
Corte de pelo/tinte
Clases de ejercicios/honorarios del club
Cosméticos
Otros (uñas, faciales)

Ordenador
Ordenador/Impresora
Programas de computación
Internet de alta velocidad
Juegos
Otros (grabadora de CD, etcétera)

TV/VIDEO SUSCRIPCIONES
TV/radio
Cuotas por el uso de cable o satélite
Caja Tivo/honorarios
Otros (funcionar/grabar DVD)

Entretenimiento
Fiestas para niños
Fiestas para adultos
Bebidas con amigos
Películas/videos/juegos de pelota
Museos/conciertos/teatro
Libros/revistas
Equipos para deportes

(Continúa)

Your Budget: Expenses *(Continued)*

Category	Week	Month	Year
Gifts			
Family Support Gifts			
Birthdays			
Anniversaries			
Wedding/Baptism, etc.			
Holidays			
Gifts & Mailing Expenses			
Cards & Stamps			
Tree/Decorating			
Parties			
Travel			
Pets			
Food			
Veterinarian Bills			
Toys/Collar/Leash/Cage			
Grooming/Boarding			
Personal Grooming			
Haircuts/Color			
Exercise Classes/Club			
Cosmetics			
Other (nails, facials)			
Computer			
Computer/Printer			
Software			
High-Speed Internet			
Games			
Other (CD burner, etc.)			
TV/Video Subscriptions			
TV/Radio			
Cable or Satellite Fees			
TiVo Box/Fees			
Other (DVD player/recorder)			
Entertainment			
Kids' Parties			
Adult Parties			
Drinks with Friends			
Movies/Videos/Ballgames			
Museum/Concert/Theater			
Books/Magazines			
Sports Equipment			

(Continued)

Un presupuesto: Los gastos *(Continúa)*

Categoría	Semana	Mes	Año
Vacaciones			
Viaje			
Hoteles			
Alimentos			
Cuota de admisión			
Beneficencia			
Iglesia			
Donaciones (United Way, etcétera)			
Miscelánea			
TOTAL DE LOS GASTOS			
SALDO			
(Total de ingreso − Total de los gastos)			

Your Budget: Expenses *(Continued)*

Category	Week	Month	Year
Vacations			
Travel			
Hotels			
Food			
Admission Fees			
Charity			
Church			
Donations (United Way, etc.)			
Miscellaneous			
Total Expenses			
BALANCE (Total Income − Total Expenses)			

APPENDIX
APÉNDICE

Sample Documents
Ejemplos de documentos

YOUR BANK

Account Applicant Information

Personal Information

Federal law requires all financial institutions to obtain, verify, and record information identifying each person who opens an account. We cannot process or approve your application without the required information.

First Name	Middle Name	Last Name	
Home Address	City	State	ZIP Code
Home Phone Number	Work Phone Number	Cell Phone Number	
Mother's Maiden Name			
City/Country of Birth			
Occupation		Current Employer	
Title/Position		Number of Years	

Primary Identification

Social Security Number	Date of Birth (mm/dd/yyyy)
Driver's License Number	Driver's License State (Attach Photocopy)
Major Credit Card Type	Card Number (Attach Photocopy)

Account Type

☐ Savings Account   ☐ Checking Account   ☐ Gold Account

Authorization

The information I have provided is true and correct. I have received and read the Your Bank Members Agreement, and I understand and agree to its terms and conditions

Applicant's Signature	Date

Sample application form to open a bank account

YOUR BANK
Account Number: 025-4576420
STATEMENT FOR

Statement Period
Jan 27 through Feb 24, 2007

José Vega
5555 Main St.
Anywhere, USA

Checking Account Activity Summary

Balance on 05/23/07	$228.07
Total Deposits	2,628.10
Total Withdrawals	1,632.15
Total Fees and Charges	12.50
Balance on 02/24/07	1,211.52

Activity Detail

Checks

Number	Date	Amount	Number	Date	Amount
2818	01/31	158.63	2821	02/01	65.09
2819	02/01	688.37	2822	02/08	302.25
2820	02/14	135.00	2823	02/17	222.81

Total Checks	1,572.15
Monthly Service Fee	12.50

Other Debits/Withdrawals

Date	Description	Amount
01/28	ATM Withdrawal ID 0023D	20.00
02/11	ATM Withdrawal ID 0023A	20.00
02/22	ATM Withdrawal ID 0023B	20.00
	Total Withdrawals	1,632.15

Deposits/Other Credits

Date	Description	Amount
01/31	Customer Deposit #03491 01/29	98.56
01/31	Online Transfer Ref #IBDFQCKX9 From 8956-010497	250.00
02/02	Customer Deposit #05065 02/02	1,528.77
02/11	Online Transfer Ref # ICFGSEVX9 From 8956-010497	750.77
	Total Deposits	2,628.10

Thank You for Banking with Your Bank

Sample monthly bank statement

YOUR BANK

Payment Address
P.O. Box 62203
Anytown, USA

Credit Card Statement

Account Number	Name	Statement Date
4834-8650-5920-4998	José Vega	06/25/07
	Credit Line Available	Credit
	$21,600	$21,368

Account Summary

Previous Balance	$824.11
Payments/Credits	−$824.11
Cash Advances	$0.00
Purchases/Debits	+$231.14

Finance Charges:

Periodic Rate	$0.00
Transaction Fee	$0.00

New Balance	$231.14

Billing Cycle/Payment Information

Days in Billing Cycle	31
Closing Date	06/22/07
Payment Due Date	07/17/07
Current Payment Due	$10.00
Past Due Amount	$0.00
Minimum Payment Due	**$10.00**

Transactions Amount

Trans Date	Description	Reference Number	Credit	Debit
05/25	Triangle Gas San Francisco	91407592		$44.00
06/01	Famous Restaurant Daly City	63795120		$56.00
06/14	Payment – Thank You	83476105	$824.11	
06/14	Video King San Francisco	74089732		$37.75
06/15	Office Supply San Francisco	54476081		$49.89
06/20	Shirt Shop San Rafael	11672358		$43.50

Finance Charge Schedule

Category	Daily Periodic Rate	Corresp. Apr (1)	Finance Charge Due to Periodic Rate	Transaction Fee	Accumulated Fin Charge	Finance Charges
Purchases	V.05066%	18.49%	$0.00	$0.00	$0.00	$0.00
Cash advances	V.06573%	23.99%	$0.00	$0.00	$0.00	$0.00
Total Finance Charges			$0.00			

Effective Annual Percentage Rate (APR): 0.00% (2)

1. The rate of interest you pay when you carry a balance on any transaction category
2. Your total finance charges including transaction fees expressed as a percentage

CUSTOMER SERVICE
800-XXX-XXXX
FOR LOST OR STOLEN CARDS
800-XXX-XXXX

Make Check Payable to Your Bank.

Sample monthly credit card statement

YOUR BANK

Credit Card Application
Personal Information

The information you provide on this application allows us to verify your identity and ensure your personal information remains secure. By completing this application you certify that the information is true and accurate, and you agree that Your Bank may use it along with the information contained in a credit bureau report, for the purpose of qualifying you for a credit card.

I am applying for a: ☐ New Credit Card   ☐ Credit Line Increase of $_____

Applicant
(*Please print clearly*)

_____

Social Security Number   Mother's Maiden Name

_____

Last Name   First Name   Middle Initial

_____

Driver's License Number/State   Date of Birth   Home Phone

_____

Current Address   City   State   ZIP Code

_____

Years at this address   Email Address

_____

Current Employer   Work Phone

_____

Employer's Address   City   State   ZIP Code

_____

Date of Hire   Job Title

_____

Gross Monthly Income

_____

Monthly Payment (*check one*)   ☐ Mortgage   ☐ Rent

_____

_____

Name and Address of Nearest Relative Not Living With You

Co-Applicant

☐ Spouse Co-Applicant   ☐ Non-Spouse Co-Applicant
☐ Non-Applicant Spouse in a community property state

Social Security Number   Mother's Maiden Name

Last Name   First Name   Middle Initial

Driver's License Number/State   Date of Birth   Home Phone

Current Address   City   State   ZIP Code

Years at this address   Email Address

Current Employer   Work Phone

Employer's Address   City   State   ZIP Code

Date of Hire   Job Title

Gross Monthly Income

Monthly Payment (*check one*)   ☐ Mortgage   ☐ Rent

List any other names under which you and/or the co-applicant have applied
for credit

PLEASE INCLUDE A COPY OF YOUR MOST RECENT PAYCHECK STUB.
Any income (your's or spouse/co-applicant's) you wish to include
for consideration must be verified. Alimony, child support, spousal
income, and separate maintenance income need not be disclosed
if you do not wish to have it considered as a basis for repaying this
obligation.

PLEASE SEE THE REVERSE SIDE FOR IMPORTANT INFORMATION ABOUT RATES, FEES, AND OTHER COSTS.

IMPORTANT NOTICE: I understand that my credit line will be set after you have reviewed my financial information. If my application is approved, you will send me a Cardholder Agreement and Disclosure with my card(s). I understand that by keeping, signing, or using the card(s) or the related account, I am agreeing to the terms.

_____

Applicant's Signature   Date

_____

Print Name (as you wish it to appear on your credit card)

_____

Co-Applicant's Signature   Date

_____

Print Name (as you wish it to appear on your credit card)

Sample credit card application

Fecha
Su nombre y apellido
Su dirección
Su ciudad, estado y código postal

Nombre de la agencia de crédito
Dirección
Ciudad, estado y código postal

Estimado Sr. o Sra.:
Le estoy escribiendo para disputar la información incorrecta en su reporte sobre mi expediente de crédito. El artículo (o los artículos) que deseo corregir está/están dentro de un círculo en la copia adjunta del reporte que recibí.

(Nombre los artículos que está disputando e indique la fuente de la información incorrecta, tal como: acreedores o la Corte de impuestos).

La información es (inexacta o correcta) porque (indique el motivo).

Le requiero que (suprima o corrija) esta información.

Estoy adjuntando las copias de (los registros de pago o documentos de la Corte) para respaldar mi petición. Por favor, investigue este asunto y (suprima o corrija) el artículo (o los artículos) en disputa tan pronto sea posible.

Sinceramente,
(firma)
Su nombre completo

Ejemplo de la carta de litigio para corregir su informe de crédito

Date
Your Name
Your Address
Your City, State, Zip Code

Name of Credit Agency
Address
City, State, Zip Code

Dear Sir or Madam:
I am writing to dispute fictitious information reported in my credit file. The item(s) I wish to correct are circled on the attached copy of the report I received.

(Name the item you are disputing and indicate the source of the misinformation, such as creditors or tax court.)

The information is (inaccurate or incomplete) because (state why). I request that you (delete or correct) the information.

I am enclosing copies of (payment records or court documents) to support my request. Please investigate this matter and (delete or correct) the disputed item(s) as soon as possible.

Yours truly,
(sign)
Your name

Sample dispute letter to correct your credit report

Buying and Owning a Home
MORTGAGE SHOPPING WORKSHEET
Find this and other resources at http://www.freddiemac.com/buy_own/calcs_tools/

If the loan is an adjustable-rate mortgage				
What is the initial rate?				
What is the maximum the rate could be next year?				
What are the rate and payment caps each year and over the life of the loan?				
What is the frequency of rate change and of any changes to the monthly payment?				
What is the index that the lender will use?				
What margin will the lender add to the index?				
Credit life insurance				
Does the monthly amount quoted to you include a charge for credit life insurance?				
If so, does the lender require credit life insurance as a condition of the loan?				
How much does the credit life insurance cost?				
How much lower would your monthly payment be without the credit life insurance?				
If the lender does not require credit life insurance, and you still want to buy it, what rates can you get from other insurance providers?				

Source: Federal Interagency Task Force on Fair Lending (FRB1-750000,0199C)

Freddie Mac mortgage shopping worksheet
Source: Freddie Mac

Sobre la autora

Lynn Jimenez, quien ha sido galardonada con varios premios, es reportera de negocios de la estación de radio KGO de San Francisco. Lynn ha transmitido reportajes breves sobre negocios, cerca de dos décadas, desde el piso de opciones de la Bolsa de Nueva York en San Francisco. Creció en una familia que administraba una pequeña empresa, por lo que ya antes de integrarse a KGO tuvo que aprender a hablar "la lengua del dinero", lenguaje que usa para traducir las noticias de negocios y finanzas a sus oyentes. Lynn también formó parte del equipo que creó el primer programa televisivo sobre el sida que ofrece educación y ayuda a los hispanos de California, a la vez que la línea de teléfono de respuestas rápidas para la compañía telefónica más grande del norte de California. La señora Jimenez también es una oradora conocida. Se pueden contactarla en las direcciónes Web www.sehabladinerobook.com o www.sehabladinero .info.

About the Author

Lynn Jimenez is an award-winning business reporter for KGO Radio in San Francisco. She has delivered fast-paced business reports from the options floor of the New York Stock Exchange in San Francisco for nearly two decades. Though she was raised in a family that ran a small business, prior to joining KGO she had to learn how to "speak money" so she could translate business and financial news for her listeners. She was also part of a team that developed California's first Hispanic Aids education television program and telephone hotline for northern California's largest telephone company. Ms. Jimenez is also a popular public speaker who can be contacted at www.sehabladinerobook.com or www.sehabladinero.info.

Índice

Index